高等院校立体化创新经管教材系列

电子商务概论

(第3版)

全新顺　于　博　编著

清华大学出版社
北京

内 容 简 介

1994 年 Internet 的商业化促进电子商务的迅猛发展，其在 20 余年的发展历程中不断涌现理论与实践创新成果。在此背景下，针对电子商务专业的知识体系进行了重新整合，在之前版本的基础上，新增了“直播电商理论与实践”一章；删掉了“电子商务法律”一章，将其中的部分内容融入“电子商务安全与风险管理”。全书共分三篇，第一篇为基础篇，包括电子商务概述和电子商务基础知识；第二篇为运作篇，包括网络零售、网络营销理论与应用、订单履行与物流配送、网络商店的规划与运营、移动电子商务的内容；第三篇为支撑环境篇，包括直播电商理论与实践、电子支付与网络银行、电子商务安全与风险管理等内容。

通过对本书的学习，学生可对电子商务有一个整体的认识，并能够了解电子商务的基本原理和关键模式，初步掌握电子商务的基本技能。

本书可作为高等学校本科及专科电子商务专业、物流管理专业、市场营销专业、国际贸易专业和国际商务专业的教材，也可作为各类成人高等教育教学用书，以及社会各类企事业单位相关人员的培训教材和自学参考书。

图书在版编目(CIP)数据

电子商务概论/仝新顺，于博编著. —3 版. —北京：清华大学出版社，2023.1(2024.7 重印)
高等院校立体化创新经管教材系列
ISBN 978-7-302-62290-1

Ⅰ. ①电…　Ⅱ. ①仝…　②于…　Ⅲ. ①电子商务—高等学校—教材　Ⅳ. ①F713.36

中国版本图书馆 CIP 数据核字(2022)第 253152 号

责任编辑：陈冬梅
封面设计：刘孝琼
责任校对：周剑云
责任印制：刘海龙
出版发行：清华大学出版社
　　网　　址：https://www.tup.com.cn, https://www.wqxuetang.com
　　地　　址：北京清华大学学研大厦 A 座　　**邮　　编：**100084
　　社 总 机：010-83470000　　**邮　　购：**010-62786544
　　投稿与读者服务：010-62776969, c-service@tup.tsinghua.edu.cn
　　质量反馈：010-62772015, zhiliang@tup.tsinghua.edu.cn
　　课件下载：https://www.tup.com.cn, 010-62791865
印 装 者：北京鑫海金澳胶印有限公司
经　　销：全国新华书店
开　　本：185mm×260mm　　**印　张：**15　　**字　数：**365 千字
版　　次：2010 年 11 月第 1 版　2023 年 1 月第 3 版　　**印　次：**2024 年 7 月第 2 次印刷
定　　价：49.80 元

产品编号：098189-01

前　　言

自从因特网步入商业化以来，电子商务得到了迅猛发展。2022 年 2 月 25 日，中国互联网络信息中心(CNNIC)在京发布第 49 次《中国互联网络发展状况统计报告》(以下简称《报告》)。《报告》显示，截至 2021 年 12 月，我国网民规模达 10.32 亿，较 2020 年 12 月增长 4296 万，互联网普及率达 73.0%；我国网民使用手机上网的比例达 99.7%，手机仍是上网的最主要设备。2021 年我国互联网应用用户规模保持平稳增长：第一，即时通信等应用基本实现普及。截至 2021 年 12 月，在网民中，即时通信、网络视频、短视频用户使用率分别为 97.5%、94.5%和 90.5%，用户规模分别达 10.07 亿、9.75 亿和 9.34 亿。第二，在线办公、在线医疗等应用保持较快增长。截至 2021 年 12 月，在线办公、在线医疗用户规模分别达 4.69 亿和 2.98 亿，同比分别增长 35.7%和 38.7%，成为用户规模增长最快的两类应用；网上外卖、网约车的用户规模增长率紧随其后，同比分别增长 29.9%和 23.9%，用户规模分别达 5.44 亿和 4.53 亿。另据商务部数据显示，2020 年全年电子商务交易额为 37.21 万亿元,同比增长 6.9%。目前，很多高校都开设了电子商务专业，部分高校的经济类、管理类、信息类及电子计算机类专业也纷纷开设了电子商务课程。

电子商务概论作为电子商务等专业的基础课程，其地位既特殊又非常重要。电子商务概论课程的意义在于帮助初学者迅速建立起对电子商务的基本概念，勾勒出它的专业体系轮廓，并引导读者继续深入学习。

本书融系统性、新颖性、丰富性和应用性于一体，理论联系实际，拓宽了学生的知识面，突出电子商务专业的综合性，为电子商务专业课程体系中后续专业课程的学习打好了基础。总结起来，本书的特点有以下几个。

(1) 主线清晰。电子商务是由多学科交叉融合而形成的，本书从管理的角度出发，以应用和创建电子商务环境为主线，突出概论课的“导论特点”，围绕基本知识、运作和支撑环境这条主线，力求做到体系完整，结构合理。

(2) 理论与实践相结合。本书在选取内容时，参阅了大量相关的科技文献和最新研究成果，力争与国内外最新教学内容基本保持同步。除了理论知识之外，还精选了多个详尽分析的案例。特别是在案例选择上，以本土案例为主，并尽可能选自不同的领域。

(3) 体系科学先进。每章都包括“学习要求及目标”“核心概念”“引导案例”“本章内容”“本章小结”“思考题”，在对内容系统进行整合的同时，考虑到本书读者为电子商务专业低年级学生和非电子商务专业学生，因此本书相对降低了某些章节在技术上的难度。

(4) 载体和配套内容丰富多样。除纸质教材外，本书还配有 PPT 课件、拓展案例、教学大纲、习题与答案、部分教学视频。

本教材于 2015 年 11 月入选河南省“十二五”普通教育规划教材。

本书共有十章，第一、第二章由郑州轻工业大学的仝新顺编写，第三、第四章由中原科技学院的王婷婷编写，第五、第九章由洛阳师范学院的秦小康编写，第六、第七章由郑州轻工业大学的于博编写，第八、第十章由河南工学院的孙金丽编写。仝新顺教授负责全书结构的策划和最后的统稿。研究生徐雅洁、刘旭倩、孙圣翔参加了相关内容的研究和电

子教案制作，并为本书提供了大量有价值的资料，在此一并致以衷心的感谢。

本书的修订再版得到郑州轻工业大学国家级一流专业“物流管理”建设点项目和河南省一流专业建设点“电子商务”项目的大力支持；特别感谢郑州轻工业大学、河南工学院、中原科技学院的支持与帮助；清华大学出版社的编辑为本书的出版付出了大量心血，在此表示最衷心的感谢！

本书虽然有一定的编写基础，但仍难免存在疏漏之处，恳请各界专家、学者批评指正，以使其日臻完善。

编　者

目　　录

第一篇　基　础　篇

第一章　电子商务概述......3

第一节　电子商务导论......4
一、电子商务时代......4
二、电子商务的形成与发展......5
第二节　电子商务的发展现状与发展趋势......8
一、电子商务的发展现状......8
二、电子商务的发展趋势......10
第三节　电子商务与传统商务的区别及其优势......12
一、电子商务与传统商务的区别......12
二、电子商务的优势......13
第四节　电子商务对社会经济生活的影响和作用......14
一、电子商务对经济发展的重大影响......15
二、电子商务对人类工作和生活方式的影响......16
三、电子商务的效益分析......17
本章小结......19
思考题......20

第二章　电子商务基础知识......21

第一节　电子商务概念......22
一、电子商务的定义......23
二、电子商务的概念模型......26
三、电子商务参与对象......27
第二节　电子商务的功能与特性......29
一、电子商务的功能......29
二、电子商务的特性......30
第三节　电子商务的分类......31
一、按电子商务的交易对象划分......31
二、按交易过程划分......33
三、按商品交易过程完整程度划分......34
四、按使用网络类型划分......35
五、按交易地域范围划分......36
第四节　电子商务运作体系框架......37
一、电子商务的一般框架......37
二、电子商务的应用框架......40
三、电子商务系统框架......42
本章小结......47
思考题......48

第二篇　运　作　篇

第三章　网络零售......51

第一节　网络零售业概况......52
一、网络零售概述......52
二、全球网络零售市场发展概况......53
三、中国网络零售市场发展概况......57
第二节　适合网络零售的商品......59
一、适合网络零售的产品......59
二、网络购物品类发展的不同阶段......61
第三节　网络零售对传统零售行业的影响......61
一、商品流通的未来发展趋势......61
二、网络零售给传统零售业带来的影响......61
三、传统企业开展网络零售的意义......63
四、传统企业开展网络零售的几种方法......63
第四节　中国网络零售的主要竞争者......64

一、内贸网络零售......64
二、外贸网络零售......66
第五节 网络零售存在的问题......68
一、电子中介......68
二、渠道冲突......68
三、价格竞争......69
四、欺诈......69
第六节 在线旅游......69
一、在线旅游的定义及分类......69
二、中国在线旅游市场规模......70
三、中国在线旅游细分市场......70
四、中国在线旅游度假市场发展格局......71
五、中国在线旅游度假市场发展趋势......72
本章小结......73
思考题......73

第四章 网络营销理论与应用......74

第一节 网络营销概述......75
一、网络营销的概念......75
二、网络营销的职能......78
三、网络营销的理论基础......79
第二节 网络市场调查......80
一、网络市场调查的含义......80
二、网络直接市场调查......80
三、网络间接市场调查......82
第三节 网络广告......84
一、网络广告的概念及发展状况......84
二、网络广告的类型......85
三、网络广告的投放......86
四、网络广告投放过程中的注意事项......88
五、网络广告效果测定的标准......88
第四节 常用的网络营销方法......89
一、博客营销......89
二、微博营销......90
三、微信营销......92
四、病毒性营销......95
五、其他方法......98
本章小结......98
思考题......98

第五章 订单履行与物流配送......99

第一节 订单履行概述......100
一、订单履行的概念及其过程......100
二、B2C电子商务的订单履行......102
三、B2B电子商务的订单履行......104
四、电子订单履行与物流的关系......106
第二节 供应链管理与协同商务......107
一、价值链与供应链......107
二、供应链管理......108
三、协同商务......113
第三节 物流管理......114
一、物流基本知识......114
二、第三方物流......116
第四节 退货处理与客户支持......118
一、物品退换策略......119
二、远程技术支持......119
本章小结......120
思考题......120

第六章 网络商店的规划与运营......121

第一节 构建网络商店前的准备......121
一、网络商店的规划......121
二、网络商店的定位......122
三、确定网络商店的基本内容......124
四、网络商店的系统配置......128
五、网络商店建设费用预算......130
第二节 后台数据处理与配置......131
一、后台数据处理的功能......131
二、后台数据的配置......131
第三节 会员服务......133
一、会员服务设计......133
二、商品列表设计......134
三、购物车设计......134
四、支付结算......136
五、在线商店的服务与支持......136

第四节 购物与订单处理......137
一、网上商店购物流程......137
二、网络订单处理......138
第五节 系统管理......138
一、系统账号管理......138
二、站点及商品资料管理......139
第六节 数据分析统计系统......140
一、数据仓库技术......140
二、数据挖掘技术......141
三、商业智能与在线分析技术......141
本章小结......142
思考题......142
第七章 移动电子商务......143
第一节 移动电子商务的技术基础......144
一、无线通信网络......144
二、移动终端......146
第二节 移动电子商务概述......147
一、移动电子商务的概念......147
二、移动电子商务的优势......148
三、移动电子商务的发展概况......149
第三节 移动电子商务的典型应用......149
一、移动金融......149
二、移动购物......150
三、O2O 电子商务......151
四、OTT 通信......152
五、移动娱乐......153
六、基于位置的服务......153
本章小结......154
思考题......154

第三篇 支撑环境篇

第八章 直播电商理论与实践......157
第一节 直播电商概述......159
一、直播电商的概念......159
二、直播电商的优势......159
三、直播电商的发展历程......160
四、直播电商的发展现状......162
第二节 直播电商平台......163
一、传统电商平台......163
二、娱乐内容平台......164
三、导购社区平台......165
四、社交平台......166
第三节 直播电商运作......167
一、直播电商产业链运作......167
二、直播电商运作模式......171
三、直播电商运作特性......171
第四节 直播电商规范发展......172
一、直播电商风险的概念......172
二、直播电商风险的主要类型......173
三、直播电商风险的防范措施......174
四、直播电商的规范......175
本章小结......178
思考题......179
第九章 电子支付与网络银行......180
第一节 电子商务中的电子支付......182
一、电子支付在电子商务中的地位......182
二、电子支付的概念......182
三、电子支付与传统支付方式的区别......183
四、电子支付的发展阶段......183
五、电子支付系统的基本构成......184
六、电子支付系统的基本流程与要求......185
第二节 电子货币......186
一、电子货币概述......186
二、电子货币的分类......189
三、电子货币的职能......190
四、电子货币的运行条件......191
五、电子货币的应用......192
第三节 网上支付......192
一、网上支付的产生与发展......192

二、网上支付的内涵 193
三、第三方支付 197
第四节 网络银行 200
一、网络银行的概念 200
二、网络银行的特点 200
三、网络银行的分类 202
四、网络银行的运作模式 203
五、网络银行的发展战略 204
本章小结 207
思考题 207

第十章 电子商务安全与风险管理 208

第一节 电子商务安全概述 209
一、电子商务安全的含义 209
二、电子商务安全的主要问题 209
三、电子商务的安全管理策略 210
第二节 威胁和攻击的种类 212
一、入侵性病毒 212
二、扩展类威胁 214
三、网络侵害 215
第三节 电子商务通信安全 216
一、访问控制与身份认证 216
二、PKI 219
第四节 电子商务网络安全 220
一、防火墙技术 220
二、VPN 224
三、入侵检测系统 225
第五节 电子商务交易安全 226
一、电子合同 226
二、电子商务签名法的主要内容 227
三、电子认证制度 228
四、电子支付制度 229
本章小结 229
思考题 230

参考文献 231

第一篇　基 础 篇

第一章　电子商务概述

【学习要求及目标】

1. 认识学习电子商务的重要性，掌握电子商务的本质。
2. 了解电子商务产生的背景。
3. 掌握电子商务的特点与优势。
4. 把握电子商务的发展现状与趋势。

【核心概念】

电子商务基础　电子商务现状　电子商务发展趋势　电子商务优势

【引导案例】

亚马逊的护城河

1994 年，贝佐斯在西雅图成立了亚马逊公司；1995 年 7 月，亚马逊网站开始提供在线图书销售服务；25 年后的今天，亚马逊已经成长为了全球市值最高的线上零售和云服务企业，其业务版图还延伸到了线下零售、消费电子、云服务、流媒体服务等多个领域。2019 年，亚马逊实现总收入 2805 亿美元，同比增长 20.45%，近五年的 CAGR(Compound Annual Growth Rate，复合年均增长率)达到了 27.24%。从分业务来看：线上商店业务仍是亚马逊的主要收入来源，2019 年营收 1412 亿美元，占总营收的 50%，同比增长 15%。亚马逊第三方卖家服务收入包括佣金、FBA 收入等，2019 年营收 538 亿美元，占比 19%，同比大幅增长 26%。亚马逊云服务(AWS)业务 2019 年营收 350 亿美元，占比 12%，同比增长 37%，依然保持高增速水平。订阅服务业务以 Prime 会员为主，2019 年营收 192 亿美元，占比 7%，同比增长 36%。线下商店业务以全食超市(Whole Foods)为主，收入 172 亿美元，占比 6%。以广告收入为主的其他业务营收 141 亿美元，占比 5%，同比增长 39%，增速超过其他业务板块。亚马逊就像巴菲特所说的，将会“像一个发电厂那样，对很多零售商产生冲击”。亚马逊的发展也同时见证了全球范围内的互联网经济热潮。全球使用互联网的用户在快速增长，1999 年全球互联网人口只有 2 亿人，而截至 2020 年已经超过 46 亿人，占世界人口比重 59.6%，互联网人口的快速增长和这些用户生活习惯、购买习惯的变革推动了亚马逊、eBay 和阿里巴巴这些电子商务企业的飞速发展。在 25 年的成长过程中，亚马逊从大量同业竞争者与传统零售巨头的夹击中脱颖而出，除贝佐斯的个人能力与互联网浪潮的推动因素之外，我们相信其成功背后还有着诸如商业模式构建以及战略规划演进等更深层次的原因。

亚马逊股价自 1997 年上市后保持了快速增长的趋势，直到 2000 年被互联网泡沫破灭重创，其重资产模式开始被市场质疑，股价一度下跌 80%后总市值被 eBay 超越。此后，亚马逊开始放缓履约中心扩张速度，转而深耕研发，并相继推出 Prime 会员、FBA(Fulfillment by Amazon)服务，以及 AWS、Kindle 等创新产品及服务，公司逐渐重新被市场认可，于 2008 年市值反超 eBay。自此之后，亚马逊一骑绝尘，在估值相对较高的 AWS 业务快速成长的加持下，市值于2015年超越了传统零售霸主沃尔玛，成为美国乃至世界上市值最大的以线上零售为主业的公司。

2015年后，亚马逊通过推出Prime Day会员日及加码增值服务等方式打造会员生态，实现了会员数量快速增长，带动收入增长高位加速。而亚马逊能够实现FBA-Prime循环促进的发展模式，其核心关键在于：通过大规模、高技术、高投入的履约设施，保障商品较高的流通效率。

(资料来源：未来智库，2020年3月25日，http://www.vzkoo.com/)

案例导学

亚马逊是全球最早同时也是最成功的电子商务企业之一，亚马逊的发展见证了互联网在过去十余年时间里对人类经济社会的革命性影响。电子商务这一新生事物正在引发深刻的经济和社会变革。这场革命极大地改变了消费者行为、企业形态和价值创造方式。

电子商务已经成为全球经济发展的主要推动力之一。在电子商务的推动下，经济活动开始向网络空间迁移，这不仅改变了社会经济系统的运作方式，极大地提高了社会经济系统运行的效率，而且也改变了社会经济系统的结构。在这样的环境下，各个国家和地区均推出相应的电子商务计划。电子商务能力不仅已经成为企业竞争力的重要表现形式，更是国家综合发展战略和信息化进程的重要内容。

第一节　电子商务导论

一、电子商务时代

从1946年第一台电子数字计算机的出现算起，当代的信息革命已经有了70余年的历史。这是一场可与农业革命、工业革命相比拟的伟大变革。这场革命促使人类社会进入了全新的网络化时代。如今，IT技术被广泛地运用到各个领域，人们的工作方式、生活方式、学习方式、娱乐方式，甚至是政治活动都因此发生了巨大变化。其中最明显的变化无疑体现在经营方式上的改变，特别是如何经营市场以及进行贸易。

在技术创新、市场需求以及社会投资的多重要素驱动下，全球电子商务市场规模不断扩大，企业应用不断深入，网络购物迅速增长，相关服务业快速跟进。在中国，电子商务正在推动生产与消费模式的加速变革。网络购物已经成为中国普通消费者重要的新型消费方式。网络零售平台作为重要的新兴商业基础设施，正在改变和塑造信息时代的商业组织、商业行为、商业模式、商业文化和制度环境。电子商务的活力还体现在新行业和新职业的诞生中。随着电子商务的发展壮大，第三方服务业开始崛起，以此催生出一批新的职业类型，如电子商务软件服务商、第三方支付服务企业、网店装修服务等。特别是物流快递行业，在电子商务的引领下，众多第三方物流配送企业迅速发展壮大。

现阶段，电子商务已经与国民经济深度融合，涉及制造业、零售业、服务业、金融业等。电子商务的整体市场正在逐步成熟和完善。在移动互联网技术、云计算、大数据等新型计算模式和社会化网络应用的推动下，电子商务正面临着新一轮的发展机遇。

小贴士

中国互联网络发展状况统计报告(摘要)

中国互联网络信息中心(CNNIC)于2022年2月在北京发布了《第49次中国互联网络发展状况统计报告》(以下简称《报告》)。《报告》数据显示，截至2021年12月，我国网民规模达10.32亿，较2020年12月增长4296万，互联网普及率达73.0%。

二、电子商务的形成与发展

(一)电子商务产生与发展的环境

电子商务的产生和发展依赖于一定的技术和经营环境。

1. 技术环境

技术环境包括以下几个方面内容。

(1) 计算机的大规模应用。自20世纪70年代中期以来，伴随着越来越快的处理速度、越来越强的处理能力、越来越低的价格和使用门槛，计算机在全世界范围内得到了广泛的应用。计算机的大规模应用为电子商务的发展提供了基础条件。

(2) 互联网的普及和成熟。诞生于美国的互联网技术，开启了一个以网络化为特征的新时代。全球上网用户呈几何级数增长趋势，互联网已经成为连接全球用户的一个虚拟社区，它为电子商务的发展提供了一个快捷、安全、低成本的信息交流平台。

(3) 信用卡及其他电子支付手段的普及。信用卡以其方便、快捷、安全等优点成为人们消费支付的重要手段，并由此形成了完善的信用卡计算机网络支付与结算系统；同时电子资金转账(Electronic Funds Transfer，EFT)已逐渐成为企业间资金往来的主要手段，这为电子商务中的网上支付提供了重要的保证。

(4) 安全协议的应用。安全套接协议(SSL)、安全电子交易协议(SET)、安全超文本传输协议(S-HTTP)、安全交易技术协议(STT)和安全电子邮件管理协议(S-MIME)等一系列电子商务安全标准的建立和应用，为人们在互联网上开展电子商务提供了安全保障。

(5) 我国网络基础设施全面建成，5G建设稳步推进，IPv6进入“流量提升”时代。截至2021年12月，我国移动电话基站总数达996万个，累计建成并开通5G基站达142.5万个；我国IPv6的发展走过“网络就绪”“端到端贯通”等关键阶段后，正式步入“流量提升”时代。截至2021年12月，移动通信网络IPv6流量占比达35.15%。

2. 经营环境

经营环境包括市场环境和政府大力支持两个方面。

(1) 市场环境。经济全球化使得企业面临的市场越来越大、竞争对手越来越多、客户越来越强势，同时又面临着资源短缺、技术发展不平衡等问题。因此，企业一方面要在全球范围内调整产业布局，优化资源配置，降低经营成本；另一方面还要通过改变经营手段获得竞争优势，快速响应市场环境的变化成为企业实施电子商务的内在动力。

目前，市场环境的特征如下。

① 以传统的纸质方式传递文档无论是时间周期还是成本控制都已经不能适应全球化贸易的要求，跨国公司和分公司之间迫切要求提高商业文件、单证等各类文档的传递和处理速度、空间跨度和准确度，“无纸化”成为所有贸易伙伴的共同需求。

② 传统的大批量生产方式已不能满足来自不同区域市场的客户的要求，取而代之的是柔性的小批量、多品种的产品生产。

③ 在强势的客户面前，传统的客户服务已经无法使客户满意，客户更愿意以参与者的身份与企业进行沟通、交易。

④ 传统的大型、纵向、集中式的组织形式无法应对全球产业布局的调整，转而向横向、分散式、网络化发展。跨国企业的内部机构之间、企业与供应商之间、分销商和消费者之间的广泛协同成为新型经济环境的共同要求。

⑤ 降低交易成本成为企业保持竞争优势的关键。交易成本包括信息搜索与收集、谈判、中介、产品或服务的供应等环节所产生的费用。以服装零售商为例，首先要在市场上寻找服装供应商，交易成本包括搜寻识别、访问联系、谈判、安排发货、收货检查等；进货后，零售商要将服装销售给最终客户，交易成本包括市场研究、店铺和仓库租用、销售等。电子商务可以帮助人们改善信息流并增加行动的协调性，从而降低交易成本。

(2) 政府大力支持。1997年欧盟率先发布了欧洲电子商务协议，随后美国政府发布了“全球电子商务纲要”，自此以后电子商务开始受到世界各国政府的重视。

(二)电子商务的发展历程

如果把电子商务定义为借助一切电子手段从事商务活动，那么电子商务的实践甚至可以追溯到1839年电报出现的时候。但是，目前一般意义上的电子商务是指借助计算机网络从事商务活动，因此人们普遍接受的观点是电子商务起始于20世纪70年代末。目前人们常把电子商务的发展划分为三个阶段，即EFT和EDI电子商务阶段、互联网电子商务阶段、E概念电子商务阶段。电子商务的发展历程如图1-1所示。

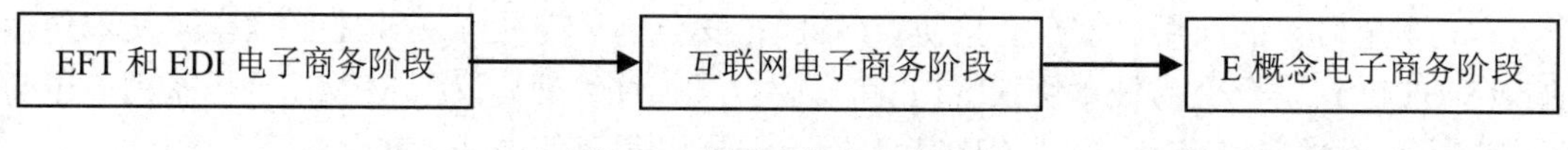

图1-1　电子商务的发展历程

1. EFT和EDI电子商务阶段

20世纪70年代，金融市场中出现了电子资金转账的业务行为，其目标是通过安全的专用网，以电子的方式实现金融机构之间以及少数大公司之间的资金转移。这种创新的业务方式因其高昂的使用费用，导致应用范围非常有限。

在随后的20世纪70年代后期至80年代早期，又出现了电子数据交换(Electronic Data Interchange，EDI)，即将业务文件按一个公认的标准从一台计算机传输到另一台计算机的电子传输方法。EDI将电子交易从单纯的金融领域扩展到其他交易领域，参与的企业也从金融机构拓展到了制造企业、零售企业、服务商以及许多其他类型的企业。随之也相继出现了更多新的应用，例如旅游预订系统和股票交易系统。

由于EDI的使用大大减少了纸张票据的数量，因此，人们曾形象地称EDI为“无纸贸易”或“无纸交易”。由于当时企业间往来的电报、传真的信息70%来自计算机的输出，因

而直接进行数字文件传输成为提高效率、降低成本的一种需要。基于 EDI 的电子商务已经具备了当今互联网电子商务的主要特征：通过减少纸质工作和增加自动化程度实现流水线式的业务流程，传统的纸质文件如询价单、报价单、订购单、转账发票、托运单、保险单等都采用电子化手段传送。

完整的 EDI 系统包括三个要素：EDI 软件和硬件、通信网络以及数据标准体系。考虑到交易的安全性，20 世纪 90 年代之前的 EDI 都在专用网络上完成，这类专用的网络被称为增值网(Value-Added Network，VAN)。EDI 的软件系统会将用户数据库系统中的信息翻译成 EDI 的标准格式以供传输交换。但是基于 EDI 的电子商务存在一定的局限性，具体表现如下。

(1) 解决方式是建立在大量功能单一的专用软硬件设施基础上的。

(2) 增值网的使用费用高昂。

(3) 对技术、设备、人员都有较高的要求。

因此，EDI 的应用主要局限在先进国家和地区的大型企业内，在全世界范围内并没有得到更广泛的普及和发展，大多数中小企业难以用 EDI 开展商务活动。EDI 可以视为电子商务的初级阶段。

2. 互联网电子商务阶段

在 20 世纪 90 年代中期以后，诞生于美国的互联网开始逐步进入企业和家庭领域，互联网的应用领域从此迅速扩展，大量的网络企业纷纷涌现。1996 年，被誉为“英特尔之父”的温特·瑟夫曾预测：到 2003 年，全球将会有 1 亿互联网用户。然而，互联网的发展实际上却远远超出了当年的预测。1999 年年底，全球互联网用户就已经达到 1.5 亿人。到 2001 年，互联网已成为全球最大的网络，覆盖 150 多个国家和地区，连接了 2.5 万多个网络，520 万台主机。据国际电信组织统计，截至 2021 年年底，全球上网人口达到 49 亿，大约占全球人口的 63%。互联网的迅速发展吸引了大量的企业开拓互联网业务，商业贸易实践随之涌入互联网领域，电子商务随即成为互联网上的热点应用，一些明星企业纷纷涌现，比如，以网络直销闻名的戴尔(Dell)公司、网络零售企业亚马逊(Amazon.com)、搜索引擎巨头谷歌(Google)等都因利用互联网提供产品和服务而获得了巨大的成功。

对比 EDI 网络，互联网具有以下一些明显的优势。

(1) 费用低廉。开放性的互联网使用费用很便宜，一般来说，其费用不到 VAN 的十分之一。

(2) 覆盖面广。互联网遍及全球的各个角落，用户通过普通电话线就可以方便地与贸易伙伴传递商业信息和文件。

(3) 功能更全面。互联网可以全面支持不同类型的用户实现不同层次的商务目标，如发布电子商情、在线洽谈、建立虚拟商场或网上银行等。

(4) 使用更灵活。基于互联网的电子商务可以不受特殊数据交换协议的限制，任何商业文件或单证都可以直接通过填写与现行的纸质单证格式一致的电子单证来完成，不需要再进行翻译，任何人都能看懂并直接使用。

基于互联网的电子商务，最初主要是利用电子邮件(E-mail)进行日常商务通信；后来发展到利用互联网进行信息发布。从 1995 年起，企业逐渐突破用 E-mail 进行日常通信的应用范围，而依靠因特网发布企业的信息，让公众可以通过因特网来了解企业的全部情况，并直接通过网络来获得企业的产品和有关的服务。这也导致 Web 的爆炸式成长，并成为互联网的主要应用。1996 年 6 月 14 日，联合国贸易委员会通过《电子商务示范法》，标志着真正电子商务阶段的到来。1998 年，IBM 以一个响亮的广告“你准备好了迎接电子商务吗”，在全世界范围内掀起了电子商务的热潮。

3. E 概念电子商务阶段

自 2000 年以来，随着互联网应用的进一步深入普及，出现了大量的创新型应用。比如，互联网技术和商务结合，产生了电子商务；互联网技术和教育结合，产生了互联网教育；互联网技术和医疗结合，产生了远程医疗网络；互联网技术和政务结合，产生了电子政务；互联网技术和金融结合，产生了全新的支付平台。随着互联网技术的发展和社会需要的不断提高，人们会不断地创造出新的应用，必将会产生越来越多的 E 概念，人类社会也将进入真正的 E 时代。

第二节　电子商务的发展现状与发展趋势

随着世界各国对电子商务关注程度的增加，加之良好的政策环境、技术环境影响，电子商务呈现出前所未有的蓬勃发展态势。中国的电子商务从 2010 年开始进入了快速发展的新阶段，“积极发展电子商务”已经成为各级政府转变经济发展方式、调整经济结构的重要措施。很多传统企业也将开展电子商务作为企业战略发展的目标之一。相关调查表明，中国电子商务市场的增长速度超越了其他所有主要国家，中国电子商务正以前所未有的面貌展现在世界面前。

一、电子商务的发展现状

(一)电子商务在国际的发展状况

在世界范围内，电子商务依旧保持着持续快速发展的态势。联合国贸易与发展会议(UNCTAD)发布的最新报告显示，由于疫情引发的封锁，2020 年电子商务在全球急剧增长，这使在线零售在所有零售中的份额从 16%增加到 19%。2019 年全球电子商务销售额跃升至 26.7 万亿美元，较 2018 年增长 4%。其中企业对企业(B2B)和企业对消费者(B2C)类电子商务企业的销售额，相当于同年全球国内生产总值(GDP)的 30%。

电子商务交易模式不断推陈出新是电子商务发展的特点之一。尤其是 2006 年之后社交网络在全球互联网的广泛应用，使得社交模式成为关注的重点。例如，1-800 鲜花在 Facebook 上推出了第一个店铺，促进了社会化媒体和电子商务的融合。此外，全球化合作趋势也日益明显。易贝、亚马逊、阿里巴巴等电子商务巨头均呈现出明显的扩张态势。在扩张的过程中，电子商务平台之间、电子商务平台与生产销售企业之间的强强联合是扩张的主要路径。同时，全球电子商务发展的地区差异逐步减小，但应用水平仍存在差异。虽然欧美等发达国家仍旧是电子商务市场的主力军，但是中国、印度、巴西等发展中国家异

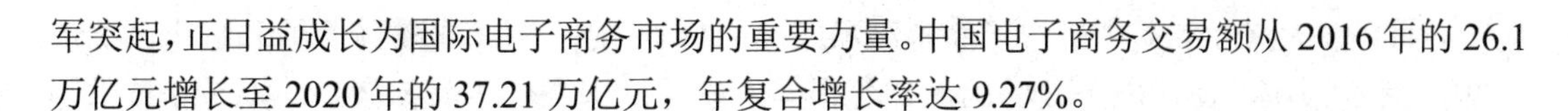

军突起，正日益成长为国际电子商务市场的重要力量。中国电子商务交易额从2016年的26.1万亿元增长至2020年的37.21万亿元，年复合增长率达9.27%。

(二)电子商务在中国的发展状况

1997年，中国化工信息网正式在互联网上提供商务服务，这被人们看作是我国电子商务的正式发端。多年来，伴随着我国国民经济的快速发展以及国民经济和社会信息化的不断进步，我国电子商务行业虽然历经曲折，但仍然取得了骄人的成绩。与此同时，我国电子商务发展仍然面临不规范、不充分、不平衡的问题，平台企业垄断和不公平竞争问题凸显，企业核心竞争力不强，因外部宏观环境发生复杂变化，电子商务高质量发展的机遇和挑战并存。2020年以来，国家领导在不同场合多次就发展电子商务作出重要指示，对发展农村电商、跨境电商、丝路电商等提出要求，明确指出电子商务是大有可为的。李克强总理在2021年的《政府工作报告》中三次提及电子商务，高度肯定了电子商务在抗疫中的重要作用，要求继续推动线上线下融合，促进电子商务发展。2021年11月，《电子商务发展"十四五"规划》显示，预计到2025年，电子商务交易额将超过46万亿元，网络零售额达到17万亿元左右，电子商务相关从业者超过7 000万人。

纵观中国电子商务多年来的发展历程，可以将其划分为四个历史阶段。

(1) 1997—2002年是中国电子商务的初创期。相比于美国 "商务推动型"的电子商务，中国的电子商务则属于"技术拉动型"，这也是中国电子商务与美国电子商务在发展模式上最大的不同。当互联网时代到来的时候，美国已经拥有比较先进和发达的电子商务基础。企业的商务需求"推动"了网络和电子商务技术的进步，并最终促成电子商务概念的形成。在中国，电子商务概念先于电子商务应用出现，"启蒙者"是IBM等IT厂商。在1997年和1998年，各大IT厂商以各种方式对我国社会进行电子商务的"启蒙教育"，激发和引导中国企业和消费者对电子商务产生认识、兴趣和需求。1997年以后，一批电子商务网站在风险资本的介入下成为中国电子商务的开拓者。以8848为代表的B2C电子商务网站可以说是当时最闪耀的亮点。但是不成熟的商业环境、低水平的互联网普及率都成为羁绊中国电子商务进一步发展的障碍。8848作为龙头企业在2002年之后也迅速陨落，并彻底退出了中国电子商务的舞台。不过，这个时期的经历为我国电子商务发展打下了很好的基础，营造了很好的社会舆论和环境。

(2) 2003—2007年是中国电子商务高速增长的时期。2003年的"非典"给中国电子商务的发展提供了难得的历史机遇，支撑电子商务发展的一些基础设施和政策也在这期间得以发展，电子商务应用初见成效。在这一阶段，电子商务平台的数量和质量都有了大幅度提高。传统行业参与电子商务的热情不断提高，一些重工业、制造业网上采购比例不断增加，网上金融业务也不断扩张。2005年《国务院办公厅关于加快电子商务发展若干意见》出台，这对我国电子商务的发展起到了巨大的促进作用。其中提到的一些原则，如充分发挥企业在开展电子商务应用中的主体作用，促进电子商务与电子政务协调发展，加强政策法规、标准规范、在线支付、现代物流等支撑体系建设，探索多层次、多模式的中国特色电子商务发展道路等指导思想，为电子商务的蓬勃发展注入了动力。2007年6月，国家发改委、国务院信息化工作办公室联合发布《电子商务发展 "十一五"规划》，这是我国首部电子商务发展规划，其首次在国家政策层面确立了发展电子商务的战略和任务。

(3) 2008—2010 年是中国电子商务纵深发展的阶段。越来越多的传统企业和资金开始流入电子商务领域，使得电子商务的世界变得异彩纷呈。围绕电子商务信息、交易和技术等的服务企业不断涌现，2010 年已达到 2.5 万家。电子商务信息和交易平台正在向专业化和集成化的方向发展，交易总额增长近 2.5 倍，2010 年达到约 4.5 万亿元。2010 年中小企业网上交易和网络营销的利用率达 42.1%。网络零售交易额迅速增长，“十一五”期间年均增速达 100.8%，占社会消费品零售总额比重逐年上升，成为拉动需求、优化消费结构的重要途径。2010 年中国网络零售用户规模达 1.61 亿人，交易额达到 5131 亿元，占社会消费品零售总额比重达 3.3%。

(4) 2011—2020 年，我国电子商务保持快速增长，2015 年我国电子商务交易额达到 21. 8 万亿元，2020 年电子商务交易额达到 37.21 万亿元；2020 年网上零售额达到 11.76 万亿元，电商渗透率持续上升，网上零售额占社会商品零售额的比重达到了 24.9%，是全球所有国家中占比最高的。这也使我国网上零售额长期居于全球第一，占全球的份额达到了 39%。我国已经成为全球规模最大、发展速度最快的电子商务市场。

(三)我国电子商务发展过程中存在的问题

具体来说，我国电子商务发展过程中存在以下几个问题。

(1) 电子商务推广速度不够。电子商务在我国虽然已经起步，由于我国人口比较多，人们对于新事物的接纳需要一个适应过程，所以推广速度需要加大。

(2) 主流网络营销企业不是传统企业。我国有约 15000 家大中型企业和 1000 万家小企业，但进行网络营销只占少数，说明企业信息化水平低。

(3) 电子商务行业地区发展的不均衡。由于国内行业、地区发展不均衡，东南沿海和中西部有很大区别，不少传统企业应用电子商务水平低。

(4) 电子商务安全性不高。网络交易因为其特殊性，使得其交易的安全性显得尤为重要，这也是电子商务发展的重要因素之一。建立起一套能够使人们充分信任的电子交易法律法规，让广大消费者能放心地去进行电子商务活动。

(5) 电子商务的硬件设施不够完备。我国的网络技术虽然取得了一定的进步，但是部分网络设施还不够完善，不能适应我国电子商务不断发展的要求。

(6) 电子商务需要可靠的信用和方便的支付手段。诚信缺失成了电子商务发展的最大瓶颈之一。建立健全电子商务信用体系是电子商务领域最重要的问题之一。

二、电子商务的发展趋势

未来电子商务的发展主要取决于信息技术的发展和商业模式的不断创新。

1. 商业模式创新

成功的商业模式是企业维持发展、保持其竞争优势的核心要素。从电子商务企业成功和失败的案例中能够清晰地发现商业模式对企业的意义，许多电子商务企业由于错误地或过高地估计了公司的赢利模式和客户价值体现而倒闭。移动化、虚拟化、个性化、社会化和大数据化是未来一段时间内电子商务企业模式创新的主要突破点。

2. 智能化

电子商务所依赖的网络环境拥有大量的信息，对于这些信息的收集、分析和利用完全依靠人工是不可能完成的，智能技术将广泛应用于电子商务的各个环节，如从供应商、商业伙伴的选择到生产过程的优化；从个性化推荐、智能搜索到智能化自适应网站；从物流配送到客户的售后服务与客户关系管理等。主要智能技术包括自然语言处理和自动网页翻译、多智能代理技术、智能信息搜索引擎和 Web 挖掘技术、数据挖掘、商业智能、面向电子商务的群体智能决策支持系统、智能工作流管理、知识工程及知识管理等。商务智能技术的应用效果取决于人工智能技术的发展。

3. 新型网络技术的广泛应用

新型网络技术的广泛应用主要体现在以下几个方面。

(1) 云计算技术的应用。云计算是一种基于互联网的计算方式，通过这种方式，可以把计算、服务和应用以公共设施的形式提供给用户，使用户能够如同使用电信和网络那样使用计算机资源。近年来出现的云计算技术已经在不少电子商务网站得到应用，为电子商务交易平台提供了强大的基础支持。

(2) 物联网技术与电子商务的结合。射频识别技术、二维码和全球定位系统等信息传播技术将在电子商务活动中广泛应用。例如，基于二维码的购物、支付等商业行为已经在全国广泛开展和使用。这些商业实践将推动物联网产业从技术理念走向日常公共应用服务。

(3) 移动网络技术的应用与普及。截至 2021 年 12 月，我国累计建成并开通 5G 基站数达 142.5 万个，全年新增 5G 基站数达到 65.4 万个；有全国影响力的工业互联网平台已经超过 150 个，接入设备总量超过 7600 万台套，全国在建“5G+工业互联网”项目超过 2000 个，工业互联网和 5G 在国民经济重点行业的融合创新应用不断加快。

新兴技术的广泛渗透与大规模个性化的消费结构升级相结合，将极大地推动电子商务模式创新。消费者需求的个性化、碎片化趋势使采用先进信息技术的电子商务相对于传统电子商务的优势越发明显，并极大地拓展了电子商务新的发展空间。

小贴士

三网融合

所谓“三网融合”，就是指电信网、广播电视网和计算机通信网的相互渗透、互相兼容，并逐步整合成为全世界统一的信息通信网络。“三网融合”是为了实现网络资源的共享，避免低水平的重复建设，形成适应性广、容易维护、费用低的高速带宽的多媒体基础平台。

4. 协同

网络技术的迅速发展，使得企业内部部门之间、企业与企业之间的分工协作发生了变化，从而引起企业的组织形式、组织文化、管理方式、决策过程发生变化，并相继出现了虚拟企业、动态联盟等企业组织形式。协同已经不再是企业愿不愿意的问题，而是必须要面对的现实。企业的生产、经营、管理等均需协同技术的支持，包括产品协同设计、协同产品商务(Collaborative Product Commerce，CPC)、工作流协同管理、产品和过程的集成技术、分散网络化制造、面向协同工程的友好的人机界面和通信。协同商务也不再仅仅是一个概念，而是与企业的业务紧密结合在一起。

5. 专门化

类似 amazon.com 这样的综合型电子商务企业的数量将不会明显增加，而大量的利基(Niche)电子商务会不断涌现。所谓利基市场，就是满足具有特殊需求的一类消费群体的市场，它与大批量生产是相对的。例如，一个旅行团是由一群互不相识的个体组成的，他们的兴趣、爱好各不相同，在这种情况下，旅行社能够提供的就只能是满足大家共性需求的服务，到一些常规的景点去观光，所以人们在报纸上、旅游电子商务网站上看到的都是相似的旅游线路。但利基电子商务可以突破这种模式，即使是非常冷门的旅游线路，都可能以极低的成本和极快的速度在网上将具有特殊兴趣的一群人聚集在一起。

第三节 电子商务与传统商务的区别及其优势

一、电子商务与传统商务的区别

电子商务将传统商业活动中物流、资金流、信息流的传递方式利用网络科技整合，企业将信息以全球信息网(WWW)、企业内部网(Intranet)或外联网(Extranet)直接与分布在各地的客户、员工、经销商及供应商关联，创造更具竞争力的经营优势。电子商务与传统商务的活动方式相比，具有以下特点。

1. 交易虚拟化

通过因特网为代表的计算机互联网进行的贸易，贸易双方的贸易磋商、签订合同到支付等环节，无须当面进行，均可通过计算机互联网完成，整个交易完全虚拟化。对卖方来说，可以到网络管理机构申请域名，制作自己的主页，组织产品信息上网。而虚拟现实、网上聊天等新技术的发展使买方能够根据自己的需求选择广告，并将信息反馈给卖方。双方通过信息的推拉互动，签订电子合同，完成交易并进行电子支付，整个交易都在网络这个虚拟的环境中进行。

2. 交易成本低

电子商务使得买卖双方的交易成本大大降低，具体表现在以下几个方面。

(1) 距离越远，网络上进行信息传递的成本相对于信件、电话、传真而言很低。此外，缩短交易时间及减少重复的数据录入也降低了信息成本。

(2) 买卖双方通过网络进行商务活动，无须中间人参与，减少了交易的有关环节。

(3) 卖方可通过互联网进行产品介绍、宣传，避免了在传统方式下做广告、发印刷产品的大量费用。

(4) 电子商务实行“无纸贸易”，可减少 90%的文件处理费用。

(5) 互联网使买卖双方即时沟通供需信息，使无库存生产和无库存销售成为可能，从而使库存成本降为零。

(6) 企业利用内部网可实现“无纸办公”(OA)，提高了内部信息传递的效率，节省时间，并降低管理成本。通过互联网把公司总部、代理商以及分布在其他国家的子公司、分公司

联系在一起，及时对各地市场情况做出反应，即时生产、即时销售、降低存货费用、采用时效快捷的配送公司提供交货服务，从而降低产品成本。

(7) 传统的贸易平台是地面店铺，新的电子商务贸易平台则是网上商店。

3. 交易效率高

由于互联网将贸易中的商业报文标准化，商业报文能在世界各地瞬间完成传递与计算机自动处理，使原料采购、产品生产、需求与销售、银行汇兑、保险、货物托运及申报等过程无须人员干预，且在最短的时间内完成。传统贸易方式中，用信件、电话和传真传递信息，必须有人的参与，且每个环节都要花费不少时间。有时由于人员合作和工作时间的问题，会延误传输时间，失去最佳商机。电子商务克服了传统贸易方式费用高、易出错、处理速度慢等缺点，极大地缩短了交易时间，使整个交易变得非常快捷与方便。

4. 交易透明化

买卖双方从交易的洽谈、签约以及货款的支付到交货通知等整个交易过程都在网络上进行。通畅、快捷的信息传输可以保证各种信息之间互相核对，能防止伪造信息的流通。例如，在典型的许可证 EDI 系统中，由于加强了发证单位和验证单位的通信、核对，假的许可证就不易漏网。另外，海关 EDI 还有助于杜绝边境的假出口、兜圈子、骗退税等行径。

二、电子商务的优势

1. 时空优势

传统的商务是以固定不变的销售地点(即商店)和固定不变的销售时间为特征的商铺式销售。因特网上的销售通过以信息库为特征的网上商店进行，所以它的销售空间随网络体系的延伸而延伸，没有任何地理障碍。它的零售时间是由消费者即网上用户自己决定的。因此，因特网上的销售相对于传统销售模式具有全新的时空优势，这种优势可在更大程度上、更大范围内满足网上用户的消费需求。事实上，因特网上的购物已没有了国界，也没有了昼夜之别。

2. 速度优势

电子商务具有极大的速度、效率优势。首先，电子商务可以加快生产流通速度。例如，一个产品的生产是许多企业相互协作的成果，因此产品的设计开发和生产销售可能涉及许多关联的企业，通过电子商务可以改变过去的信息封闭的分阶段合作方式为信息共享的协同工作，从而最大限度地减少因信息封闭而出现的等待时间。其次，电子商务提供了更快捷的服务，通过浏览网页，就可以获得产品信息，接受企业提供的服务，其速度优势是传统商务所不能相比的。

3. 成本优势

与传统的商务相比，利用因特网渠道可避开传统商务渠道中的许多中间环节，降低流通费用、交易费用和管理成本，并加快信息流动的速度。事实上，任何制造商都可以充当网上零售业中商品的提供者，能以基本价格向消费者提供商品。当投资传统商店所需要的建材和商品库存费用越来越贵时，投资电子商务商店所需的电脑和电信设备却日益便宜。同时，软硬件价格的降低使更多的消费者能以低廉的价格接入因特网，并享受电子商务带来的种种好处，进而促进电子商务的发展。

4. 个性化优势

由于因特网具有实时互动式沟通的特点，并且不受任何外界因素干扰，消费者更容易表达出自己对产品及服务的评价。这种评价一方面使网上的零售商们可以更深入了解用户的内在需求，更好地提供产品和服务；另一方面也使得为用户提供个性化服务成为可能。例如，通过海尔集团的电子商务网站，顾客可以按照自己的喜好预定冰箱的颜色、形状等。个性化的服务和产品将成为新一代电子商务的重要特点，并成为电子商务普及发展的内部推动力。

5. 信息优势

传统的销售在店铺中虽然可以把真实的商品展示给消费者，但对一般消费者而言，对所购商品的认识往往是很肤浅的，也无法了解商品的内在质量，往往容易被商品的外观、包装等外在因素所困惑。利用电子商务技术，可以全方位地展示产品及服务功能的内部结构，从而有助于消费者完全地认识商品及服务。另外，信息优势还体现在通过对企业内部信息的整合和优化，改善企业信息的组织结构，加快信息流动，为企业的生产和决策提供更快、更确切的数据。

6. 便捷优势

一是即时通信等应用基本实现普及。截至 2021 年 12 月，在网民中，即时通信、网络视频、短视频用户使用率分别为 97.5%、94.5%和 90.5%，用户规模分别达 10.07 亿、9.75 亿和 9.34 亿。二是在线办公、在线医疗等应用保持较快增长。截至 2021 年 12 月，在线办公、在线医疗用户规模分别达 4.69 亿和 2.98 亿，同比分别增长 35.7%和 38.7%，成为用户规模增长最快的两类应用；网上外卖、网约车的用户规模增长率紧随其后，同比分别增长 29.9%和 23.9%，用户规模分别达 5.44 亿和 4.53 亿。总之，快捷方便的查询功能，人性化的商品目录、价格比较的功能，将促进某些商品转向网上交易，特别是那些运送成本低廉、标准化、缺乏购物乐趣的商品。

第四节　电子商务对社会经济生活的影响和作用

电子商务所具有的不同于传统交易手段的新特点，给社会带来了巨大的经济效益和社会效益，虚拟企业、虚拟银行、网络营销、网上购物、网上支付、网络广告等一大批前所未闻的新词汇正在为人们所熟悉和认同，这些词汇同时也从另外一个侧面反映了电子商务正在对社会和经济产生巨大影响，它不仅改变了人们工作和生活的方式，还对企业的传统经营管理模式提出了新的挑战。

一、电子商务对经济发展的重大影响

1. 电子商务对国际贸易的影响

电子商务对国际贸易的影响表现在如下两个方面。

1) 实现贸易的全球化

传统的贸易活动过程十分复杂，需要多种贸易工具，贸易双方需进行反复的洽谈和交流，同时还受贸易双方地理位置远近的影响。

为了进行国际贸易，跨国公司会在世界各地设立办事处或销售机构及代理商。如果不具备在世界各地建立销售网点的实力，要进行跨国贸易是十分困难的。传统的经贸活动，经贸双方要经过面对面的谈判、协商，或者通过电话、传真、信函等多种通信工具进行信息交流，不仅交易过程烦琐，成本费用很高，而且能接触到的交易对象也很有限。总之，受到时间和空间的限制，尤其是中小型企业，要想在国际市场上进行贸易十分困难，需要巨大的人力、财力、物力的投入。

电子商务为企业提供了进入国际市场的便捷通道，打破了时间和空间的限制，通过网络可以在全球范围内寻找贸易对象。在网上完成贸易过程，一些信息产品，如软件、书报等还可以从网上直接传给对方，大大降低了交易成本，可选择的空间也大为拓宽，并实现了贸易的全球化、直接化、网络化和数字化。

2) 促进国际贸易，改善贸易管理

基于因特网的电子商务和许多产品的电子化供应方式，将促进国际贸易的增长。电子商务将通过提供比电话传输更快、更方便、更便宜的信息交换平台，进一步促进贸易的增长和发展。另外，许多产品可以以省时、省运费的电子方式通过网络发送，使得跨国界、距离远的限制没有了，使提供软件和海关服务变得像近距离一样方便、灵活；使得娱乐型(如录像、音乐、游戏)的国际贸易十分方便；金融机构也将有更多的机会通过电子商务系统提供国际性金融业务服务，将金融业务扩大到全球范围。

对于关税部门，电子商务能够以一种更间接的方式促进国际贸易。事实上，由于业务在边境上的延误、不必要的文件以及政府要求的贸易程序而未实现自动处理所造成的损失，有时会超过关税及其他主要费用，而电子商务的实现，就可以解决这些问题。

新加坡是整个贸易交易过程以信息技术和 EDI 为基础的国家之一。新加坡在 1989 年建立了贸易网(增值网)，将贸易共同体(商人、货物转运人、货物及装运代理)同涉及进出口过程的 20 多个政府机构相连，只需通过网络发出一份电子文件，在 15～30 分钟内就能办妥必要的审批文件，而这在过去需要分别向每个部门提交文件，并获得批准等，此类手续大约需要 2～3 天的时间。现在，新加坡 98%以上的贸易申报单通过该系统进行处理，公司只需提前很短的时间进入贸易，这可减少 50%的费用。

信息产品通过网络交付，运输与管理费用的降低可使许多小批量国际贸易获利。在传统贸易中，保险、运输和海关管理的费用可能达到甚至超过产品自身的价值，这样就限制了跨国贸易的增长。电子商务的实施将消除这种限制。

2. 电子商务对国民经济信息化的影响

电子商务对国民经济信息化的影响表现在以下几个方面。

1) 促进信息产业的增长

电子商务的发展，对信息基础结构提出了更高的要求，也必定会推动信息产业的发展，使信息产业在国民经济中所占的比重进一步加大，而且使其成为经济发展的新的增长点。美国商务部的一份研究报告说明，美国信息技术产业正以超过整体经济两倍的速度发展，而且这一趋势预计会继续下去。据报道，美国信息技术的投资占了全部商业设备投资的45%。此外，信息技术产品价格的下降，在很大程度上减轻了美国整体的通货膨胀水平。这将极大地推动国家信息化的进程，并对产业结构产生重要的影响。

2) 促进信息基础设施的建设

世界各国已投入大量资金，用于建设固定电话网、移动电话网、多媒体通信网、有线电视网、因特网、Intranet 和 Extranet 等信息基础设施，作为电子商务发展的基础。除了新建一批具有先进、高技术、功能更完善的信息基础设施外，还需要对现有网络进行改造，以适应不断出现的新的业务应用的需要。随着信息应用形式的丰富多彩和应用范围的广泛发展，不仅网络传输的信息流量将很快增长，而且要求网络具有更宽的带宽。

3) 促进硬件、软件业及相关信息服务业的发展

实施电子商务，需要配置适宜的硬件、软件和通信网络的支持，接入因特网需要相应的设备和条件，如个人计算机、调制解调器、路由器、有关软件以及业务提供商(Internet Service Provider，ISP)、内容提供商(因特网 Content Provider，ICP)的支持。电子商务的蓬勃发展，必将推动信息设备软、硬件及信息服务业的迅猛发展。

随着技术的进步，各种新型入网电子设备纷纷涌现，例如，谷歌眼镜等可穿戴网络终端设备的出现，将极大地方便用户随时连入网络。

信息服务业也将有很大的发展。信息服务部门可以利用电子商务方式来开展业务，在全球范围内进行信息和网络服务，提供丰富多彩的信息内容。软件即服务就是最新的发展趋势。全球著名软件企业微软公司的产品 Onedrive，就是通过在线提供云存储服务，让用户只需一个联网设备即可享用在线存储空间。

4) “5G+工业互联网”推动数字经济健康发展。

截至 2021 年 12 月，我国有全国影响力的工业互联网平台已经超过 150 个，接入设备总量超过 7600 万台，全国在建“5G+工业互联网”项目超过 2000 个，工业互联网和 5G 在国民经济重点行业的融合创新应用不断加快。随着“东数西算”工程正式启动，以京津冀、长三角、粤港澳大湾区、成渝双城经济圈的体系化布局将不断完善，数据汇聚将进一步赋能电子设备制造、装备制造等行业应用，推动我国数字经济健康发展。

二、电子商务对人类工作和生活方式的影响

1. 电子商务改变了商务活动的方式

传统的商务活动最典型的情景就是“贸易双方在谈判桌前唇枪舌剑，消费者在商场中精疲力竭地寻找自己所需要的商品”。现在，通过互联网，人们只要点击鼠标就可以进入网上商城浏览、采购各类产品，而且还能得到在线服务；商家可以在网上与客户联系，利用网络进行货款结算服务；政府还可以方便地进行电子招标、政府采购等。

2. 电子商务将改变人们的消费方式

网上购物可以使人们足不出户、看遍世界，可以方便地做到货比三家。网上购物的最大特征是消费者的主导性，购物意愿掌握在消费者手中；同时消费者还能以一种轻松自如的自我服务的方式来完成交易，消费者主权可以在网络购物中充分地体现出来。特别是，我国城乡上网差距持续缩小，农村网民规模已达 2.84 亿。同时，得益于互联网应用适老化改造行动持续推进，老年群体加速融入网络社会。截至 2021 年 12 月，我国 60 岁及以上老年网民规模达 1.19 亿，互联网普及率达 43.2%。

3. 电子商务将改变企业的生产方式

由于电子商务是一种快捷、方便的购物手段，消费者的个性化、特殊化需要可以完全通过网络展示在生产厂商面前。为了取悦顾客，突出产品的设计风格，制造业中的许多企业纷纷发展和普及电子商务。如戴尔电脑公司专门推出了一项特别的服务——网络用户可以按自己的喜好和需要配置计算机，公司最后提供配置结果和系统性能预测，装配出用户定制的计算机。

4. 电子商务将给传统行业带来一场革命

电子商务在商务活动的全过程中，通过人与电子通信方式的结合，极大地提高商务活动的效率，减少了不必要的中间环节。传统的制造业从此进入小批量、多品种的时代，“零库存”成为可能；传统的零售业和批发业开创了“无店铺”“网上营销”“直播带货”等新模式；各种在线服务为传统服务业提供了全新的服务方式。

5. 电子商务将带来一个全新的金融业

在线电子支付是电子商务的关键环节，也是电子商务得以顺利发展的基础条件。随着电子商务在电子交易环节上的突破，网上银行、第三方支付平台、网络金融服务和网络货币等服务，将传统的金融业带入一个全新的领域。支付宝与天弘基金合作开发的余额宝，曾谱写了 3 个月基金销量超过 900 亿元的神话。

6. 电子商务将转变政府的行为

政府承担着大量的社会、经济、文化的管理和服务的职能，尤其在调节市场经济运行、防止市场失灵带来的不足方面起着很大的作用。在电子商务时代，当企业在应用电子商务进行生产经营、银行实现金融电子化以及消费者实现网上消费的同时，将同样对政府管理行为提出新的要求。电子政府或称网上政府，将随着电子商务发展而成为一个重要的社会角色，政府将成为一个具有竞争力的真正意义上的“服务者”。

总之，作为一种崭新的商务活动过程，电子商务带来了一场史无前例的革命，其对社会经济的影响会远远超过商务的本身。除了上述影响外，它还将对就业、法律制度以及文化教育等带来巨大的影响。电子商务真正将人类带入了信息社会。

三、电子商务的效益分析

电子商务之所以成为目前的热点，就在于其具有的独特魅力，主要体现在以下几个方面。

1. 优化库存

电子商务能加快并减少失误，使产品更快到达用户手中。正确管理存货及为客户提供更好的服务，能使库存量减少。加快库存核查频率会减少与存货相关的利息支出和存储成本，减少库存量意味着现有的加工能力可以有效得到发挥。

2. 经营规模不受场地限制

经营规模不受场地限制主要体现在以下两个方面。

(1) 利用网络，将营业窗口网络化、无形化，无须投入巨资在各地设立营业窗口，每个用户一上网就可进入商家的窗口，没有或只有很低的店面租金成本。

(2) 电子商场的经营者在“店铺”中摆放多少商品几乎不受任何限制，无论你有多大的商品经营能力均可满足，且经营方式灵活，可以方便地在全世界范围内采购、销售各种商品。

3. 降低企业采购成本

在传统贸易方式下，一个企业经常为了进货要向合作的供货商发出成百上千份的报价单，还要将库存单、保险单、相关文件、征订表格等装入信封寄出，整个过程复杂、耗时，而企业的进货部门可能一次仅能向少量的厂商订货。电子商务使企业的材料部门从公司的其他部门收到网络传来的正式订货单后，通过互联网向全世界的有关厂家索取价格，系统将自动地把正确的图纸贴到电子订货表格上。企业很快会收到传来的信息，同时公司也可以很快做出评估和决策，大大提高了企业的工作效率。

4. 支付手段的高度电子化

随着互联网安全标准的发展，各银行金融机构、信用卡发放者、软件厂商纷纷提供了网上购物的货款支付办法，有信用卡、电子现金、智能卡、储蓄卡等，电子货币的持有人可用它方便地购物和从事其他交易活动。

5. 便于收集和管理客户信息

在收到客户订单后，服务器可自动汇集客户信息到数据库中，还可对收到的订单和意见进行分析，寻找突破点，以引导新商品的生产、销售和消费。

6. 特别适合信息商品的销售

对于计算机软件、电子报刊、电子图书等电子信息商品，电子商务是最佳选择，用户可在网上付款，也可在网上下载所购物品。

7. 更有效的服务和商机的增加

电子商务可实现 24 小时在线服务。世界各地存在的时差，造成了国际商务谈判的不便。对企业来讲，用传统的方式提供每天 24 小时的在线服务，其费用相当昂贵。然而，因特网的网页不同于人员销售，可以实现 24 小时的在线服务，在网上介绍产品、提供技术支持、查询订单处理情况，能提高客户的满意度。

8. 树立企业形象和品牌

对企业来说，企业形象关系着企业的长期生存和发展。在过去的传统商业模式下，一个名牌产品要经过许多人长时间的努力才能打造成功，而利用电子商务却可以在短时期内迅速打造企业的品牌形象。著名的雅虎(Yahoo)公司创立于 1994 年 4 月，短短十几年就成功跨越太平洋地区、欧洲、南美、加拿大等国家和地区，成为市值 300 多亿美元的豪门集团，创造了 IT 行业的一个奇迹，而 Yahoo 的成功则是完全建立在电子商务基础上的。

9. 改变企业竞争方式

电子商务不仅给消费者和企业提供了更多的选择消费与开拓销售市场的机会，而且也提供了更加密切的信息交流场所，从而提高了消费者了解市场和企业把握市场的能力，同时也促进了企业开发新产品和提供新型服务的能力。电子商务扩大了企业的竞争领域，使企业从常规的广告竞争、促销手段、产品设计与包装等领域的竞争扩大到无形的虚拟竞争空间。电子商务构成企业竞争的无形壁垒，这主要表现在大幅度提高了新企业进入市场的初始成本。

10. 改变企业竞争基础

电子商务改变企业竞争基础的最显著作用在于改变了交易成本。电子商务具有一次性投入(固定成本)高和变动成本低的特征，曾经交易量大、批发数量大或用户多的企业发展电子商务，将比交易数量少、批量小、财力不足的企业更易获得收益，也更具有竞争优势。

11. 缩短生产周期

一个产品的生产是许多企业相互协作的成果，因此产品的设计开发和生产销售可能涉及许多关联的企业。通过电子商务，可以将过去由于信息封闭导致的分阶段合作方式改为信息共享的协同并行工作方式，从而最大限度地减少因信息封闭而产生的时间。

12. 使用更灵活

基于因特网的电子商务可以不受特殊数据交换协议的限制。任何商业文件或单据都可以直接通过填写与现行的纸面单据格式一致的屏幕单据来完成，不必再进行翻译。任何人都能看懂或直接使用。因特网可以全面支持不同类型的用户实现不同层次的商务目标，如发布商情信息、在线洽谈、建立虚拟商场、建立网上银行并提供更有效的售后服务。同时，互联网几乎遍及世界的每一个角落，用户通过普通的电话线就可以方便地与贸易伙伴传递信息和文件。它具有的“全球性”特征，使得各个国家对其十分重视，网络的跨国界及触角的广泛性，使得网上的交易能打破有国界的贸易壁垒。谁主导了电子商务，谁就在这个大商务环境中具有霸权。为此，时任美国总统克林顿签署了由 19 个政府机构参与起草的《全球电子商务框架》，并派出专员到各发达国家游说，其目的不言而喻。

本 章 小 结

本章主要介绍了电子商务的起源、发展历程、发展现状和趋势，并进一步阐述了电子商务发展对社会经济体系的革命性影响，同时对比描述了电子商务与传统商务的差别和自身独有的优势。电子商务描述了一种基于互联网的交易方式。电子商务的产生和发展依赖于一定的经济和技术环境。计算机科学与通信科学的发展为电子商务的产生奠定了物质基础，信息安全技术的发展使建立在计算机技术与通信技术基础之上的电子商务能够安全地开展，电子商务有关法律的制定保证了电子商务活动的法律秩序。电子商务在促进区域经济平衡、帮助中小企业成长、发展现代物流、解决就业问题等方面都发挥了极为重要的作用。

思　考　题

1. 试述电子商务发展的重要历程。

2. 生活在信息经济时代，按照你的体会，谈一谈电子商务对社会经济的主要影响是什么。

3. 结合案例，试述与传统商务相比电子商务的优势在何处。

4. 讨论电子商务得以形成和发展的主要原因是什么。

第二章　电子商务基础知识

【学习要求及目标】

1. 了解电子商务的基本概念。
2. 掌握电子商务的功能与性能。
3. 掌握电子商务的分类。
4. 理解电子商务运作体系框架。

【核心概念】

电子商务概念　电子商务功能　电子商务分类　电子商务运作体系框架

【引导案例】

河南保税集团 O2O 电商模式：买全球卖全球

2014 年 5 月 10 日，习近平总书记在郑州考察河南保税物流中心时，勉励郑州跨境贸易电子商务服务试点项目朝着“买全球卖全球”目标迈进。围绕这一目标，郑州着力发挥自身优势，坚持制度创新引领，营造良好环境，聚集产业要素，全面推进跨境电子商务综合试验区建设。如今，郑州基本建成了全球网购商品集疏分拨中心，业务范围覆盖 196 个国家和地区……跨境电商实现了“从无到有”“从有到优”的翻天覆地变化。

在树立买卖遍布全球的目标后，经过不断地大胆探索、改革创新，郑州率先开展网购保税进口模式，积极促进传统企业“上线触网”，创新海关监管“1210”模式，全称“保税跨境贸易电子商务”，由海关对现行进出口货物设置不同的监管方式。跨境商品即买即提，依

托郑州创新的跨境电商保税进口“1210”监管服务模式，充分发挥“网上丝绸之路”的开放通道优势，打造具备线下保税商品自提功能的新零售实体商业。跨境电商“郑州模式”在第三届全球电商大会上，曾被中国国际经济交流中心副理事长张大卫认为是当前最具前瞻性和实施性的方案：“郑州试点工作克服了重重困难和压力，不断改革创新，终于为世界提供了在数字化信息化条件下的国际贸易解决方案，就是‘1210’模式，这一模式将来自民间的碎片化贸易流量汇聚成海量的国际贸易集成，也体现了贸易的公平、自由和普惠的本质。”

经过持续创新发展，2021 年河南保税集团业务量又创新高，跨境电商进出口货值达到 187.95 亿元，占全省的 47.35%。其中“卖全球”出口货值 169.36 亿元，全省占比 66.36%。在全国范围内复制推广 7 个产业园区，累计进出口额达到 800 亿元。

不仅如此，2021 年河南获批了全国首家跨境进口药品试点。河南保税集团相关负责人介绍，目前已经引入咏霖医药、丹骏医药、悦仁堂医药、利信医药、健安医药 5 家年营收超 10 亿元的医药企业，一些知名企业已初步确定合作意向。自建的现代医药仓库已经建好，下一步将打造跨境医药特色产业集聚区。

(资料来源：郑州晚报，2022 年 3 月 9 日，http://zzwb.zynews.cn/html/2022-03/09/content_1297532.htm)

案例导学

不沿边不靠海，郑州跨境电商新活力从哪来？市民在郑州可以“买全球”，企业还可以在这里“卖全球”。据悉，郑州积极创新“跨境电商+”模式，引导传统企业“上线触网”，结合优势产业打造新型工贸一体产业链，形成耐火材料、矿山器械等一批跨境电商特色出口产业集群，让郑州制造、河南制造走出国门。

据了解，2020 年 4 月，郑州相继新开通 3 条欧美国际航线，随后加密美航线班次，陆续开通其他班次，航空进出口货量持续增长。与此同时，河南保税集团通过自营、合作等方式在全球建立 6 个海外仓，国际终端配送覆盖 77 个国家和地区，时效保障 72 小时，形成了一张有效覆盖欧美的物流供应链网络，为国货出口开辟新通道。

我国的电子商务起步比较晚，有很多地方都是不健全的，河南保税集团对于中国的大多数企业有着重要启示作用。本章将主要讨论电子商务的概念、功能与性能、分类和运作框架等。

第一节　电子商务概念

电子商务是人类利用现代信息技术进行商品交易的新的经营模式，它是人类商品交易模式发展、变化、演进的必然趋势。电子商务为世界各国政府所重视，电子商务活动在我们身边悄然兴起，已触及人们工作、学习、生活的方方面面。

随着世界经济一体化、投资与贸易全球化以及信息网络化进程的逐步加快，信息技术正越来越广泛地应用于经济贸易领域。电子商务作为计算机应用技术与现代经济贸易活动结合的产物，已经成为人类跨入知识经济新纪元的重要标志之一。

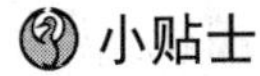小贴士

中国电商“十四五”规划公布

2021年11月，商务部、中央网信办、国家发展改革委联合发布了《“十四五”电子商务发展规划》(下称《规划》)，对我国“十四五”时期电子商务发展作出了顶层设计。在《规划》中，“十四五”期间电子商务发展不再追求高速度，预计到2025年，我国电子商务交易额将增长到46万亿，较2020年增长23.7%；网上零售额将增长到17万亿，较2020年增长44.1%。整体增速较“十三五”有较大的回落。《规划》将电子商务作为提升企业数字化的突破口，提出了“推进商产融合”，进一步明确要“鼓励电子商务平台与工业互联网平台互联互通”“支持发展网络智能定制”“支持发展网络协同制造服务”，并进一步提出要通过电子商务发展“提升产业链协同水平”。根据《规划》，中国今后要使电子商务全面融入国民经济各领域，发展壮大具有世界影响力的电子商务产业，推动形成全球协作的国际电子商务大市场。进一步强化数字技术创新和数据要素驱动对电子商务高质量发展的重要作用，推动数字化产业发展。在实现更高水平对外开放方面，充分发挥电子商务在数字经济国际合作和数字领域规则构建方面的主力军作用，加强数字产业链全球布局，推进跨境交付、个人隐私保护、跨境数据流动等数字领域国际规则构建，倡导开放共赢的国际合作新局面。

新发展格局下，跨境电商等贸易新业态快速发展，为企业提供了更多机遇。跨境电商能够突破时空局限、效率高，为中小企业走出去减少了成本，增加了贸易机会，也为小批量、个性化的贸易需求提供了更多对接空间。

(资料来源：https://www.mofcom.gov.cn/. 商务部，2021年11月1日)

一、电子商务的定义

电子商务是通过电子手段进行的商业贸易活动。电子商务的英文名为Electronic Commerce，简写为EC；有的也用Electronic Business，简写为EB。美国学者瑞维·卡拉科塔和安德鲁·B.惠斯顿在他们的专著《电子商务的前沿》中提出：“广义地讲，电子商务是一种现代商业方法。这种方法通过改善产品和服务质量，提高服务传递速度，满足政府组织、厂商和消费者的降低成本的需求。”

电子商务并不神秘，也绝非高不可攀。通俗地说，所谓电子商务，就是在网上开展商务活动——当企业将它的主要业务通过企业内部网(Intranet)、外部网(Extranet)以及因特网与企业的职员、客户、供销商以及合作伙伴直接相连时，其中产生的各种经济活动就是电子商务。

(一)社会组织对电子商务的定义

联合国经济合作和发展组织(OECD)在有关电子商务的报告中对EC的定义为：电子商务是发生在开放网络上的包含企业之间(Business to Business)、企业和消费者之间(Business to Consumer)的商业交易。美国政府在其《全球电子商务纲要》中，比较笼统地指出电子商务是通过因特网进行的各项商务活动，包括广告、交易、支付、服务等活动。电子商务将会涉及全球各国。

全球信息基础设施委员会(GIIC)电子商务工作委员会报告草案中对电子商务的定义如下：电子商务是运用电子通信作为手段的经济活动，通过这种方式人们可以对带有经济价值的产品和服务进行宣传、购买和结算。这种交易方式不受地理位置、资金多少或零售渠道的所有权影响，企业、公司、政府组织、各种社会团体、一般公民、企业家都能自由地参与广泛的经济活动，其中包括农业、林业、渔业、工业和服务业。电子商务能使产品在世界范围内进行交易，并向消费者提供多种多样的选择。

1997 年 11 月 6 日至 7 日在法国首都巴黎，国际商会举行了世界电子商务会议，对电子商务作出了最权威的概念阐述：电子商务，是指对整个贸易活动实现电子化。从涵盖范围方面可以定义为：交易各方以电子交易方式而不是通过当面交换或直接面谈方式进行的任何形式的商业交易；从技术方面可以定义为：电子商务是一种多技术的集合体，包括交换数据(如电子数据交换、电子邮件)、获得数据(共享数据库、电子公告牌)以及自动捕获数据(条形码)等。

欧洲议会给出的关于电子商务的定义是：电子商务是通过电子方式进行的商务活动。它通过电子方式处理和传递数据，包括文本、声音和图像。它涉及许多方面的活动，包括货物电子贸易和服务、在线数据传递、电子资金划拨、电子证券交易、电子货运单证、商业拍卖、合作设计和工程、在线资料与公共产品获得。它包括了产品(如消费品、专门设备)和服务(如信息服务、金融和法律服务)、传统活动(如健身、体育)和新型活动(如虚拟购物、虚拟训练)。

加拿大电子商务协会给出的电子商务的较为严格的定义是：电子商务是通过数字通信进行商品和服务的买卖以及资金的转账，它还包括公司间和公司内利用 E-mail、EDI、文件传输、传真、电视会议、远程计算机联网所能实现的全部功能(如市场营销、金融结算、销售以及商务谈判)。

中国电子商务协会发布的《中国电子商务发展分析报告》中对电子商务进行了定义。分析报告认为：电子商务是以电子形式进行的商务活动。它在供应商、消费者、政府机构和其他业务伙伴之间通过电子方式(如电子函件、报文、因特网技术、电子公告牌、智能卡、电子资金转账、电子数据交换和数据自动采集技术等)实现非结构化或结构化的商务信息共享，以管理和执行商业、行政和消费活动中的交易。电子商务是建立在全社会的“网络就绪”基础上，利用信息技术实现社会商业模式、管理模式和组织机构的创新与变革，使全社会资源以透明、快捷、全息和互动方式流动，带来整个社会生产经营活动价值链的改变。

(二)企业组织对电子商务的定义

IBM 公司的电子商务概念包括三个部分：企业内部网、企业外部网、电子商务，它所强调的是在网络环境下的商业化应用，不仅仅是硬件和软件的结合，也不仅仅是通常强调的狭义的交易电子商务，而是把买方、卖方、厂商及其合作伙伴在因特网、企业内部网和企业外部网结合起来的应用。它同时强调这三个部分是有层次的：只有先建立良好的企业内部网，建立好比较完善的标准和各种信息基础设施，才能顺利扩展到企业外部网，最后扩展到电子商务。

HP 公司提出电子商务、电子业务、电子消费和电子化世界的概念。它对电子商务的定义是：通过电子化手段来完成商业贸易活动的一种方式。电子商务使我们能够以电子交易

为手段完成物品和服务等的交换，是商家和客户之间的联系纽带。它包括两种基本形式：商家之间的电子商务及商家与最终消费者之间的电子商务。它对电子消费的定义是：人们使用信息技术进行娱乐、学习、工作、购物等一系列活动，使家庭的娱乐方式越来越多地从传统电视向因特网转变。

(三)电子商务的定义

上述定义只是人们从不同角度上各抒己见，还未达成共识。其中，GIIC 和 HP 给出的概念最广，它们强调，电子商务包括一切使用电子手段进行的商业活动。从这个意义上来讲，已经流行的电话购物、电视购物，以及在超级市场中使用的 POS 机都可以归入电子商务的范围。但大多数定义还是将电子商务限制在使用计算机网络进行的商业活动中，这是有一定道理的，因为只有在计算机网络里，特别是因特网普及的今天，电子商务才能得到如此广泛的应用，这也使得商业模式发生了根本性的转变。

(1) 首先，电子商务有广义与狭义之分。广义的电子商务是指各行各业(包括政府机构和企业、事业单位)、各种业务的电子化、网络化，可称为电子业务，包括电子商务、电子政务、电子军务、电子医务、电子教务、电子公务、电子事务、电子家务等。狭义的电子商务是指人们利用电子化手段进行的以商品交换为中心的各种商务活动，是公司、厂家、商业企业、工业企业与消费者个人之间的交易，是双方或各方利用计算机网络进行的商务活动，也可称为电子交易，包括电子商情、电子广告、电子合同签订、电子购物、电子交易、电子支付、电子转账、电子结算、电子商场、电子银行等不同层次、不同程度的电子商务活动。

(2) 其次，电子商务中的“电子”不仅指因特网，还包括其他各种电子工具。电子商务的本质是商务，商务主要指产品及服务的销售、贸易和交易活动。电子商务针对整个商务交易过程，涉及信息流、商流、资金流及物流四个基本流形态。

(3) 最后，电子商务可以从宏观与微观两个方面来考察。从宏观上讲，电子商务是计算机网络的又一次革命，是通过电子手段建立一种新的经济秩序，它不仅涉及电子技术和商业交易本身，而且涉及诸如金融、税务、教育等社会其他层面，是继工业革命后的又一次革命；从微观角度说，电子商务是指各种具有商业活动能力的实体(生产企业、商贸企业、金融机构、政府机构、个人消费者等)利用网络和先进的数字化传媒技术进行的各项商业贸易活动。这里要强调两点，一是活动要有商业背景，二是活动过程的网络化和数字化。

电子商务基于 Internet/Intranet 或局域网、广域网，包括了从销售、市场到商业信息管理的全过程。在这一过程中，任何能加速商务处理过程、减少商业成本、创造商业价值、创新商业机会的活动都应该归入电子商务的范畴。它将公司内部雇员、顾客、供货商和股东联系起来，既解决交易问题，还解决协作(Collaboration)、服务(Service)问题。

商业行为是整个人类联系行为的最主要、最基本的内容之一，任何一笔商业行为，买方和卖方交换的都是他们的需求，而任何一件商品必然包含了物资流、资金流和信息流，这是从人类最初简单的以物易物到今天纷繁复杂的商业活动所共同遵循的原则。然而变化了的是什么呢？是这条交易链上出现了新环节，还是商品的物资流、资金流的日益分离？正是在这种背景下，才使得信息作为规避风险的有效手段越来越为人们所重视。下面我们从商务活动的演变过程来分析电子商务，认识电子商务的服务流程和传统的商务服务流程究竟有什么不同。

人类最早是采取以物易物的商品交换方式，此时没有资金流，商品所有权的转换是紧紧伴随着物资流的转换而发生的。随着货币的产生，人类的交易链出现了第一层中介——货币，人们开始用钱来买东西，不过这时是“一手交钱，一手交货”，商品所有权的转换仍然是紧随物资流的。在以货币为媒介的这个阶段，由于生产力的发展和社会分工的出现，信息流开始表现出来。后来随着社会分工的日益细化和商业信用的发展，专门为货币做中介服务的第二层中介出现了，它们是一些专门的机构，比如银行所从事的是货币中介服务和货币买卖。有了它们，物资流和资金流开始分离，产生了多种交易付款方式：交易前的预先付款、信用担保付款，交易中的托收、支票、汇票，交易后付款(如分期付款、延期付款)。这就意味着商品所有权的转换和物资流分离开来，这种情况下，信息流的作用就凸显出来了。因为这种分离带来了风险，要规避这种风险就要获取尽可能多的信息，比如对方的商品质量信息、价格信息、支付能力、支付信誉等。

随着电子技术和网络的发展，电子中介作为一种工具被引入生产、交换和消费中，人们做贸易的顺序并没有变，同样有交易前、交易中和交易后几个阶段。但在这几个阶段中，人们进行联系和交流的工具变了，比如以前人们用纸面单证，现在改用电子单证，这只是一个最简单的改变，但不要小看这种改变。大家知道，生产工具的变化必定会引起生产方式的变化，正如机器的出现使人们从手工业社会进入到工业社会那样，生产方式的变化必将形成新的经济秩序。在这个过程中，有的行业会兴起，有的行业会没落；有的商业形式会产生，有的商业形式会消失。这就是为什么人们称电子商务是一次社会经济革命的原因。仅从交换这个范围来看，电子工具是通过改变中介机构进行货币中介服务的工具而改变了其工作方式，从而使中介机构产生了新的业务，甚至出现了新的中介机构。这个阶段的一个重要特点就是信息流处于极为重要的地位，它站在一个更高的角度对商品流通的全过程进行控制。所以，电子商务同现代社会正逐步兴起的信息经济是密不可分的。至此，人们对电子商务有了一个更为全面深刻的理解。

二、电子商务的概念模型

电子商务的概念模型是对现实世界中电子商务活动的一般抽象描述，它由交易主体、电子市场(Electronic Market，EM)、交易事务和信息流、资金流、物流等基本要素构成。电子商务的概念模型如图 2-1 所示。

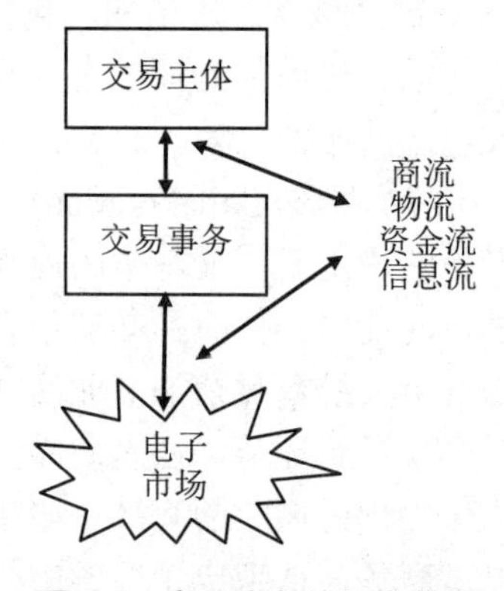

图 2-1 电子商务的概念模型

在电子商务概念模型中，交易主体是指能够从事电子商务活动的客观对象，如企业、银行、商店、政府机关、科研教育机构和个人等；电子市场是指 EC 实体从事商品和服务交换的场所，它由各种各样的商务活动参与者，利用各种通信装置，通过网络连接成一个统一的经济整体；交易事务是指 EC 实体之间所从事的具体商务活动的内容，如询价、报价、转账支付、广告宣传、商品运输等。

电子商务的任何一笔交易都包含四种基本的“流”，即商流、物流、资金流和信息流。其中物流是基础，信息流是桥梁，商流是载体，资金流是目的。

(1) 商流是指物品在流通中发生形态变化的过程，即由货币形态转化为商品形态，再由商品形态转化为货币形态的过程。随着买卖关系的发生，商品所有权发生转移。因此，商流解决的是商品价值与使用价值的实现。经过商流，商品变更了所有权。

(2) 物流主要是指商品和服务的配送和传输渠道。对于大多数商品和服务来说，物流可能仍然由传统的经销渠道完成；然而有些商品和服务可以直接以网络传输的方式进行配送，如各种电子出版物、信息咨询服务、有价信息等。

(3) 资金流主要是指资金的转移过程，包括付款、转账、兑换等。

(4) 信息流既包括商品信息的提供、促销营销、技术支持、售后服务等内容，也包括诸如询价单、报价单、付款通知单、转账通知单等商业贸易单证，还包括交易方的支付能力、支付信誉、中介信誉等。对于每个交易主体来说，他所面对的是电子市场，他必须通过电子市场选择交易的内容和对象。

因此，电子商务的概念模型可以抽象地描述为每个电子商务交易主体和电子市场之间的交易事务关系。

三、电子商务参与对象

1. 企业

企业是电子商务最主要的推动者和受益者。

2. 消费者

消费是经济活动中不可缺少的重要一环，在电子商务中消费者作为市场主体发挥作用。

3. 政府

在电子商务环境中，政府应该发挥何种作用，各国政府的态度不尽相同。对于我国来说，政府在电子商务中扮演着双重角色，既是宏观政策的制定者和调控者，又是商业采购的积极参与者。政府在电子商务领域应该发挥的作用还表现在以下几个方面。

1) 政府业务的转型

对于工业企业、商业企业而言，电子商务实质上是一种业务转型。事实上，也有一些相关政府部门，因为其职能需要(如对某些企业或商品进行调配、管理，对企业行为进行监督等)，也必须作为贸易模型的一个环节加入电子商务当中来。政府部门在这个加入过程中，也存在着相应的业务转型问题，最典型的是政府与企业之间的数据传输。

例如，工商管理部门要对下属各类企业的经营活动进行管理，就必须介入电子商务的全过程。一方面，由于被管理对象已经集成到电子商务中了，其业务过程变成完全无纸化，管理部门无法像从前一样通过纸面单证来监督企业活动，必须加入到企业的现有贸易活动中，才能完成相关工作；另一方面，管理者加入电子商务，可以更及时准确地获得企业信息，更严密地监督企业活动，并对此采用相应的技术手段执法，从而加大执法力度，提高政府威信。

2) 政策的导向

电子商务的前提是开放，因为一切商务活动均建立在一个开放的公共网络之上。开放的网络必然带来贸易环境的开放，因此，国家在贸易政策上要想全面加入世界范围的电子商务中，就必须坚持并继续发展现行的开放政策。而其中一些关于保护民族工业等问题与之又有一定的矛盾，因此需要国家采取相应的措施予以解决。

3) CA 问题

电子商务中最重要的也是最核心的问题就是安全和信任，因为网上的交易不是面对面的交易，双方都无法确认对方的身份，而这一问题一方面要通过技术手段来解决，另一方面也需要一个权威机构负责其中的仲裁和信誉保证。这一角色显然应该由政府出面或指定相关机构或部门来担当，这就是所谓的电子认证机构(Certificated Authority，CA)，它必须要具备一定的法律效力。

4. 中介机构

在电子商务环境下，大量的新兴中介机构将会产生，它们在一定程度上决定了电子商务的成败。电子商务环境中的中介机构是指为完成某一笔交易，在买方和卖方之间起桥梁作用的各种经济代理实体。大部分的金融性服务行业，如银行、保险公司、信用卡公司、基金组织、风险投资公司都是中介机构；其他的像经济人、代理人、仲裁机构也都是中介机构。

大致来说，中介机构可以分为三类：一是为商品所有权的转移过程(即支付机制)服务的，像金融机构；二是提供电子商务软硬件服务、通信服务的各种厂商，像 IBM、HP、Microsoft 这样的软硬件和解决方案提供商；三是像 Yahoo、Alta Vista、Infoseek 这样的提供信息及搜索服务的信息服务增值商。表 2-1 详细列出了电子商务环境中的各种中介机构。

表 2-1　商务中介机构

中介机构	产品、服务及内涵
设备提供商	服务器、客户端、路由器、网卡
网络接入服务	ChinaNet、金桥网、东方网景、网易
支付服务	支付宝、微信、手机银行，以及数字货币
网页设计及咨询机构	帮助用户建立站点，并收取一定费用的公司
网上信息发布媒体	人民网、新华网、新浪网、腾讯微信、微博、论坛、SNS 等
网上搜索引擎	百度搜索、360 搜索、搜狗搜索
市场咨询服务	消费者调查、购买指南

第二节　电子商务的功能与特性

一、电子商务的功能

电子商务可提供网上交易和管理等全过程的服务，因此它具有广告宣传、咨询洽谈、网上订购、网上支付、电子账户、服务传递、意见征询、交易管理等各项功能。

1. 广告宣传

电子商务商家可凭借企业的 Web 服务器和客户的浏览器，在因特网上发布各类商业信息。客户可借助网上的检索工具迅速地找到所需商品信息，而商家可利用网上主页(Homepage)和电子邮件在全球范围内进行广告宣传。与以往的各类广告相比，网上的广告成本最为低廉，而提供给顾客的信息量却最为丰富。

2. 咨询洽谈

电子商务用户可借助非实时的电子邮件、新闻组(Newsgroup)和实时的讨论组(Chat)来了解市场和商品信息、洽谈交易事务。如有进一步的需求，还可利用网上的白板会议(Whiteboard Conference)来交流即时的图形信息。网上的咨询和洽谈能打破人们面对面洽谈的限制，提供多种方便的异地交谈形式。

3. 网上订购

网上的订购通常都是在产品介绍的页面上提供十分友好的订购提示信息和订购交互格式框。当客户填完订购单后，通常系统会回复确认信息单来保证订购信息的收悉。订购信息也可采用加密的方式，从而避免客户和商家的商业信息泄露。

4. 网上支付

电子商务要成为一个完整的过程，网上支付是重要的环节。客户和商家之间可采用信用卡账号进行支付。在网上直接采用电子支付手段，可省略传统交易中的很多人员开销。网上支付需要更为可靠的信息传输安全性控制，以防止欺骗、窃听、冒用等非法行为。

5. 电子账户

网上的支付必须要有电子金融提供支持，即银行、信用卡公司及保险公司等金融单位要为金融服务提供网上操作的服务。而电子账户管理是其基本的组成部分。信用卡号或银行账号都是电子账户的一种标志，而其可信度需配以必要的技术措施来保证，数字证书、数字签名、加密等手段的应用提供了电子账户操作的安全性。

6. 服务传递

对于已付款客户，应将其订购的货物尽快地传递到他们的手中。对于货物在不同地点的情况，电子邮件可在网络中进行物流调配。最适合在网上直接传递的货物是信息产品，如软件、电子读物、信息服务等，它能直接从电子仓库中将货物发送到用户端。

7. 意见征询

电子商务能十分方便地采用网页上的“选择”“填空”等格式的文件，来收集用户对销售服务的反馈意见，这样就可使企业的市场运营形成一个封闭的回路。客户的反馈意见不仅能提高售后服务的水平，更能使企业获得改进产品、发现市场的商业机会。

8. 交易管理

整个交易的管理将涉及人、财、物多个方面，以及企业和企业、企业和客户与企业内部等各方面的协调和管理。因此，交易管理是涉及商务活动全过程的管理。

电子商务的发展，将会提供一个良好的交易管理网络环境及多种多样的应用服务系统，这样能保障电子商务可获得更广泛的应用。

二、电子商务的特性

电子商务的特性可归纳为商务性、服务性、集成性、可扩展性、安全性和协调性。

1. 商务性

电子商务最基本的特性是商务性，即提供买、卖交易的服务手段和机会。网上购物提供了一种客户所需的方便途径。因而，电子商务对任何规模的企业而言，都是一种机遇。就商务性而言，电子商务可扩展市场，增加客户数量。通过网络将信息连至数据库，企业能记录下初次访问、销售、购买形式和购货动态以及客户对哪类产品较为偏爱等信息。这样，企业就可以通过这些统计数据来获知客户最想购买的产品是什么。

电子商务作为一种新型交易方式在许多领域都取得了成功。例如，美国一家服务公司(Speed Serve. Inc)创建了整套电子商务方案，建立了一家网上商店。由于节省了租用店面、雇用商场售货员等开支，使得该公司能以低廉的价格出售数以百万计的书籍、游戏和软件，从而获得了巨大的成功。

2. 服务性

在电子商务环境中，客户不再受地域的限制，像以往那样忠实地只做某家邻近商店的老主顾，他们也不再仅仅将目光集中在最低价格上。因此，服务质量在某种意义上成为商务活动的关键。因特网的应用使得企业能自动处理商务过程，不再像以往那样强调公司内部的分工。现在，在因特网上，许多企业都能为客户提供完整的服务，而万维网在这种服务质量的提高中充当了催化剂的角色。企业通过将客户服务过程移至万维网，使客户能以一种更为简捷的方式获得服务。如将资金从一个存款户头转移到一张支票户头，查看一份信用卡的收支记录，乃至搜寻并购买稀缺产品，这些都是可以足不出户并且实时完成的。

显而易见，电子商务提供的客户服务具有一个明显的特性——方便。这不仅对客户来说是如此，对于企业而言，同样也能受益。

3. 集成性

电子商务是一种新兴事物，其中用到了大量的新技术，但这并不是说新技术的出现就必然导致老设备的淘汰。万维网的真实商业价值还在于协调新老技术，使用户能够更加充分有效地利用他们已有的资源和技术。

电子商务的集成性还在于事务处理的整体性和统一性，它能规范事务处理的工作流程，将人工操作和电子信息处理集成为一个不可分割的整体。这样不仅能提高人力和物力的利用率，还能提高系统运行的严密性。

4. 可扩展性

要使电子商务正常运行，就必须保持它的可扩展性。万维网上有数以万计的用户，但在线传输过程中不时会出现高峰状况。倘若一家企业设定每天可受理 40 万人次访问，而事实上每天却有 80 万人次访问，这就必须尽快配备一台扩展的服务器。否则，客户访问的响应速度将急剧下降，甚至还会拒绝数千次可能带来丰厚利润的客户来访。

5. 安全性

对于客户来说，无论网上的物品如何具有吸引力，他们如果对交易安全缺乏信任，就不会在网上进行交易。在电子商务中，安全性是必须考虑的核心问题。欺诈、窃听、病毒和非法入侵等都在威胁着电子商务的发展。因此，网络要能够提供一种端到端的安全解决方案，包括加密机制、签名机制、分布式安全管理机制、存取控制、防火墙、安全服务器、防病毒保护等。为了帮助企业创建和实现这些方案，国际上各家公司联合开展了安全电子交易的技术标准和方案研究，并发表了 SET(安全电子交易)和 SSL(安全套接层)等协议标准，使企业能建立起一种安全的电子商务系统。

6. 协调性

商务活动就是一种协调过程，它需要生产方、供货方以及商务伙伴间的协调。为提高效率，许多组织都提供了交互式的协议。电子商务活动可以在这些协议的基础上进行。传统的电子商务解决方案能加强公司内部的相互作用，电子邮件就是其中的一种。但那只是协调员工合作的一小部分功能。利用网络将供货方连接到管理系统，再连接到客户订单处理系统，并通过一个渠道来加以处理，能为公司节省时间，消除纸质文件带来的麻烦并提高效率。电子商务是迅捷简便的、具有友好界面的用户信息反馈工具，决策者们能够通过它获得高价值的商业情报，辨别隐藏的商业关系和把握未来的趋势。因而，通过电子商务，决策者可以作出更有创造性的、更具战略性的决策。

第三节 电子商务的分类

在电子商务系统中，由于开展电子商务的目的不同、使用方式不同，可能存在着一些差别，但其本质是相同的。怎样将各式各样的开展电子商务的企业进行分类，以便对其进行研究，是一个看似容易但其实相当复杂的问题，不同的认识有不同的划分方法。下面我们按照目前较为确定的说法来对电子商务进行分类。

一、按电子商务的交易对象划分

按照电子商务的交易对象，可以将其划分为以下几类。

1. 企业对消费者

企业对消费者的电子商务(也称商家对个人客户或商业机构对消费者，即 B2C，Business-to-Consumer)，即网络零售，是指企业通过因特网为消费者提供的完成订购商品或服务的活动。企业对消费者的电子商务基本上表现为网上在线零售形式。企业在网上建立自己的 Web 站点，推销自己的产品、服务，形成网上商店。消费者通过访问网上商店，浏览商品，进行网上购物或接受服务。

小贴士

艾瑞咨询的研究数据显示，2020 年 Q1 中国网络购物市场交易规模预期将达到 2.1 万亿元，环比下降-33.3%，同比下降−1.2%。疫情期间，整体电商交易规模，特别是实物商品线上交易相对线下消费表现出较强的抗性。同时，对应地也加速了生鲜电商、直播电商在用户端的消费渗透，前者弥补了封门闭户下必需品采购的刚性需求，后者则主要加强了内容营销的电商链接属性。

艾瑞分析认为，2019 年 Q4，B2C 在中国整体网络购物市场中的占比达 53.2%，较上季度略有下降。2019 年全年 B2C 规模占比较 2018 年全年下降 2%，这主要是由于在下沉市场渗透的初期，用户偏向于使用 C2C 类平台，并且 B2C 类平台与 C2C 类平台的界限逐渐模糊，两类模式在同一平台兼容的现象更加普遍，导致难以拆分。但实际上，行业整体的长期趋势依然是整体服务品质升级和经营规范化，B2C 的业务模式将更加普遍。疫情期间，基于 B2C 平台的自营物流和供应链整合的有效需求转化，会进一步加速渗透率提升。

(资料来源：2020 年 4 月 29 日，http://www.iresearch.com.cn/View/)

2. 企业对企业

企业对企业的电子商务(也称为商家对商家或商业机构对商业机构，即 B2B，Business-to-Business)，是指在因特网上采购商与供应商进行谈判、订货、签约、接受发票和付款以及索赔处理、商品发送管理和运输跟踪等所有活动。企业间的电子商务具体包括供应商管理、库存管理、销售管理、信息传递以及支付管理等功能。

企业间的电子商务又可以分为两种：一种是非特定企业间的电子商务，它是在开放的网络中对每笔交易寻找最佳伙伴，并与伙伴进行从订购到结算的全面交易行为；另一种是特定企业间的电子商务，是指与过去一直有交易关系而且今后要继续进行交易的企业间围绕交易进行的各种商务活动。特定的企业间买卖活动既可以利用大众公用网络进行，也可以利用企业间专门建立的网络完成。

小贴士

根据艾瑞咨询统计数据显示，2019 年 Q4 中国中小企业 B2B 运营商平台营收规模为 138 亿元，同比增长 11.9%。受疫情的影响，2020 年 2 月份国内诸多经济活动停滞，PMI 创下 35.7%历史性低点；3 月份企业复工复产明显加快，3 月制造业 PMI 大幅回升至 52%。2020 年 Q1 为中小企业开工采购高潮季，由于疫情影响，诸多中小企业难以复工或延迟复工导致 2020 年 Q1 未出现采购高潮，随着企业线上采购行为增加，2020 年 Q1 中小企业 B2B 运营商平台营收规模同比下降幅度不大，预计将同比下降 3.8%。

(资料来源：2020 年 4 月 29 日，http://www.iresearch.com.cn/View/ww.100EC.cn)

3. 企业对政府机构

企业对政府之间的电子商务(Business-to-Government，B2G)涵盖了政府与企业间的各项事务，包括政府采购、税收、商检、管理条例发布以及法规政策颁布等。一方面，政府作为消费者，可以通过因特网发布自己的采购清单，公开、透明、高效、廉洁地完成所需物品的采购；另一方面，政府针对企业的各种宏观调控、指导规范及监督管理的职能，借助网络以电子方式更能充分、及时地发挥。总之，政府在电子商务中扮演着双重角色：既是电子商务的使用者，可进行购买活动，属商业行为；又是电子商务的宏观管理者，对电子商务起着扶持和规范的作用。

4. 消费者对政府机构

消费者对政府机构的电子商务(Consumer-to-Government，C2G)就是消费者与政府之间进行的电子商务或事务合作活动，包含政府面向个人消费者的电子政务。这类电子商务或事务合作主要是在政府与个人之间借助于因特网开展事务合作或商业交易，比如，个人网上纳税、网上事务审批、个人身份证办理和社会福利金的支付等，更多地体现为政府的电子政务。

5. 消费者对消费者

消费者对消费者之间的电子商务(Consumer-to-Consumer，C2C)就是消费者与消费者之间进行的电子商务或网上事务合作活动。这类电子商务或网上事务合作主要借助一些特殊的网站在个人与个人之间开展事务合作或商业交易，比如，网上物品拍卖、个人网上事务合作和网上跳蚤市场等。需要注意的是，这里所指的个人可以是自然人，也可以是商家的商务代表。C2C 能够实现家庭或个人的消费物资再调配、个人脑力资源和专门技能的充分利用，从而最大限度地减少人类对自然资源和脑力资源的浪费。换句话讲，个人借助网络满足自己的个性化机会大大增加了，社会各类资源(包括物资资源与智力资源)也能得到更广泛与更充分的使用。同样，这类电子商务也是近年来电子商务发展的一个热点。

6. 其他类型

其他电子商务类型还包括消费者与企业之间的电子商务(Consumer-to-Business，C2B)、企业与员工之间的电子商务(Business-to-Employee，B2E)、企业联合体与消费者之间的电子商务(Business-to-Business-to-Consumer，B2B2C)。

二、按交易过程划分

电子商务按交易过程可以划分为交易前、交易中和交易后三类。

1. 交易前电子商务

交易前电子商务主要是指买卖双方和参加交易其他各方在签订贸易合同前的准备活动。其主要包括以下几个方面。

(1) 买方根据自己要买的商品，准备购货款，制订购货计划，进行货源市场调查和市场分析，然后反复进行市场查询，了解各个卖方国家的贸易政策，修改购货计划和进货计划，确定和审批购货计划，再按计划确定购买商品的种类、数量、规格、价格、购货地点和交易方式等。

(2) 卖方根据自己所销售的商品，召开商品新闻发布会，制作广告进行宣传，全面进行市场调查和市场分析，制定各种销售策略和销售方式，了解各个买方国家的贸易政策，利用因特网和各种电子商务网络发布商品广告，寻找贸易伙伴和交易机会，扩大贸易范围和商品所占市场的份额。其他参加交易的各方，如中介方、银行金融机构、信用卡公司、海关系统、商检系统、保险公司、税务系统和运输公司等，也都为进行电子商务交易做好相应的准备。

(3) 买卖双方对所有交易细节进行谈判，将双方磋商的结果以文件的形式确定下来，然后以书面文件形式或电子文件形式签订贸易合同。在这一阶段，交易双方可以利用现代电子通信设备，经过认真谈判和磋商，将双方在交易中的权利，所承担的义务，对所购买商品的种类、数量、价格、交货地点、交货期、交易方式和运输方式、违约和索赔等合同条款，全部以电子交易合同方式作出全面、详细的规定，合同双方可以通过数字签名等方式签约。

2. 交易中电子商务

交易中电子商务主要是指买卖双方签订合同后到合同开始履行之前办理各种手续的过程。其中涉及中介方、银行金融机构、信用卡公司、海关系统、商检系统、保险公司、税务系统和运输公司等。在这一过程中，买卖双方要利用电子商务系统与有关各方进行各种电子票据和电子单证的交换，直到办理完一切手续为止。

3. 交易后电子商务

交易后的电子商务从买卖双方办完所有手续之后开始，卖方要备货、组货，同时进行报关、保险、取证和发信用证等。卖方将所售商品交付给运输公司包装、起运和发货，买卖双方可以通过电子商务服务器跟踪这一过程，银行和金融机构也按照合同处理双方收付款，进行结算，直到买方收到自己所购商品，这时才算完成了整个交易过程。

三、按商品交易过程完整程度划分

商品交易过程以产品形成为起点，以产品交付或实施服务为终点。按交易过程在网络上完成的程度，电子商务可以划分为完全电子商务和不完全电子商务两种类型。

1. 完全电子商务

完全电子商务是指产品或服务的交易全过程(信息流、物流和资金流)都在网络上实现的电子商务。一些数字化的无形产品和服务，如计算机软件、电子书籍、娱乐内容(影视、游戏、音乐等)、远程教育、网上订房、网上订票以及电子证券等，供求双方直接在网络上完成订货或申请服务、货款的电子支付与结算、实时服务或产品交付(即从网络上下载产品)等全过程，而无须借助其他手段。完全电子商务是充分超越时空限制尤其是空间限制的电子商务，在理论上是电子商务的最终形态，但交易对象只限于无形产品和网上信息服务。

2. 不完全电子商务

不完全电子商务是指商品交易的全过程不能完全在网络上实现的电子商务。一些物质和非数字化的商品交易只能在网络上完成信息流和资金流，而物流的完成需要借助其他一些外部辅助系统，如企业自营物流系统、第三方物流系统以及第四方物流系统。

四、按使用网络类型划分

根据目前支撑电子商务开展的网络类型，电子商务可以分为五种主要形式：第一种是基于EDI(Electronic Data Interchange，电子数据交换)的电子商务；第二种是基于因特网的电子商务；第三种是基于Intranet的电子商务；第四种是基于Extranet的电子商务；第五种是移动商务。

1. 基于EDI的电子商务

严格地说，利用计算机来辅助传统应用中的电话、传真等电信工具开展商贸业务作为企业电子商务的萌芽是比较勉强的，而真正开启电子商务大门的钥匙是电子数据交换(EDI)。按照国际标准化组织(ISO)的定义，EDI就是指“将商业或行政事务处理按照一个公认的标准，形成结构化的事务处理或文档数据格式，从计算机到计算机的电子传输方法”。EDI通过传递标准数据流可以避免人为的失误，降低成本，提高效率。在20世纪80年代末期，发达国家EDI的急剧发展，不仅引发了全球范围的无纸贸易热潮，同时也促进了与商务过程有关的各种信息技术在商业、制造业、基础工业及服务业的广泛应用，导致了商务运作全过程的电子化。

2. 基于因特网的电子商务

20世纪90年代以来，因特网风靡全球，基于因特网的电子商务应运而生。这时的电子商务是基于计算机和软件以及在通信网络上从事的经济活动。它以电子通信为手段，通过这种方式，人们可以在计算机网络上宣传自己的产品和服务，同时进行交易和结算。也就是说，人们可以利用因特网来进行交流并从事电子交易活动。凭借因特网这个载体，电子商务将商务活动中的信息流、物流和资金流等所有业务流程汇集在一个整合的“场”中。通过对“场”里信息资源的共享和业务的重组，电子商务不仅可以降低经营成本、加速资金周转、提高管理服务水平，更加快了企业实体的市场适应能力。这种基于全球计算机信息网络的电子商务，又被称为第二代电子商务。

3. 基于Intranet的电子商务

Intranet是在因特网基础上发展起来的企业内部网，或称内联网。Intranet与因特网连接，其间用防火墙(Firewall)隔离，从而实现了开放性与安全性的统一。一方面，它可以保证企业各部门和人员可以充分享用因特网的全部功能；另一方面，它可以保障企业内部有关信息的安全，不被外部非法访问，同时，又可充分发挥企业内部信息系统的全部功能。Intranet将大中型企业分布在各地的分支机构及企业内部有关部门和各种信息通过网络进行连通，使企业各级管理人员能够通过网络读取自己所需的信息，利用网络在线事务的处理代替纸张贸易和内部流通，从而有效地降低了交易成本，提高了经营效益。

4. 基于 Extranet 的电子商务

Extranet 是因特网的另一种应用，它是 Intranet 的外部扩展和延伸。在因特网的基础上，将一些企业的内部网通过访问控制和路由器予以连接，构成一个虚拟网络，便形成了 Extranet，也就是企业外部网或外联网。Extranet 能使企业和其他企业及相关机构如原材料供应商、部件供应商、产品批发商、用户、银行、工商管理和税务部门等互访 Intranet，开展商品交易及相关作业。同时，由于 Extranet 置于防火墙之后，拒绝非法外来访问，从而使得这种商务活动具有与 Intranet 同样的安全性。又由于它是通过因特网来实现 Intranet 之间的连接，所以既能够利用因特网覆盖面广的优点来扩大合作面，同时又能利用因特网成本低廉的优点。

基于 Extranet 的电子商务主要由两类企业开展：一类是没有采用 EDI 的中小企业，其主要目的是降低交易成本；另一类是已经采用 EDI 的大型企业，其主要目的是扩大现有的 EDI 系统，同时也是为了扩大合作伙伴的范围。

5. 移动商务

移动商务是基于移动通信网络和互联网技术，使用手机、个人数字助理(PDA)和掌上电脑等其他移动智能终端进行交易、支付和认证等的电子商务活动。与传统电子商务相比，其拥有更为广泛的用户基础，因此具有极为广阔的市场前景。

五、按交易地域范围划分

按交易的地域范围，电子商务可以划分为本地电子商务、远程国内电子商务和全球电子商务三种类型。它们之间的差别主要表现在对于电子商务系统和电子商务环境方面有着特定的要求。

1. 本地电子商务

本地电子商务是指在本地区范围内开展的电子商务。具体地说，交易双方都在本地范围之内，利用本地的网络开展商品交易或相关作业。本地电子商务是开展国内远程电子商务和全球电子商务的基础系统。与其他两种电子商务类型相比，本地电子商务由于地理范围较小，物质商品的货物运送相对快捷。在有些国家，它还会受到本地区特殊政策、法规的影响和支配。此外，本地电子商务系统可以整合本地资源，在国内远程电子商务和全球电子商务应用中发挥本地整体资源优势，对本地资源整合起到很好的作用。

2. 远程国内电子商务

远程国内电子商务是指在本国范围内开展的电子商务。在这种电子商务应用中，交易双方及相关部门分处国内的不同地区，利用本国电子商务系统开展商品交易和相关作业。远程国内电子商务系统在构成要素和连接网络上与本地电子商务系统没有本质区别，只不过是其交易地域范围较大，对软硬件和技术要求较高，要求在全国范围内实现商业电子化、自动化和金融电子化，交易各方需具备一定的电子商务知识、经济能力和技术能力，并具有一定的管理水平和能力等。

3. 全球电子商务

全球电子商务是指在全世界范围内开展的电子商务。交易双方及相关部门处于不同的国家或地区，通过网络开展商品交易和相关作业。全球电子商务业务内容繁杂，数据来往频繁，要求全球电子商务系统的构成要素在前两种电子商务系统的基础上，还应增加国家商业进出口电子业务系统、海关电子化信息系统，并制定全球统一的电子商务标准和电子贸易协议。

第四节 电子商务运作体系框架

一、电子商务的一般框架

电子商务的出现不仅影响着传统的交易过程，并且在一定程度上改变了市场的组成结构。传统的市场交易链是在商品、服务和货币的交换过程中形成的。现在，电子商务在其中强化了一个因素——信息，于是就产生了信息商品、信息服务、电子货币等。人们做贸易的实质并没有改变，但是在贸易过程中的一些环节因其所依附的载体发生了变化，因而也相应地改变了形式。这样，从单个企业来看，它做贸易的方式发生了一些变化；从整体贸易环境来看，有的商业失去了机会，同时又有新的商业产生了机会，有的产业衰退，同时又有新的产业兴起，从而使得整个贸易活动呈现出崭新的面貌。

电子商务的框架结构是指实现电子商务从技术到一般服务层所应该具备的完整的运作基础，它在一定程度上改变了市场构成的基本结构。

电子商务系统不是一个孤立的系统，它需要和外界进行信息交流。同时，这一系统内部还包括不同的部分，例如，网络、计算机系统、应用软件等。支持企业电子商务系统的外部技术环境包括电子化银行支付系统和认证中心的证书发行及认证管理部分。企业电子商务系统的核心是电子商务应用系统，这一部分的设置是为了满足企业的商务活动要求；而电子商务应用系统的基础则是不同的服务平台，它们构成了应用系统的运行环境。

图 2-2 所示的电子商务一般框架可以帮助我们更好地理解电子商务环境下的市场结构，它简要地描绘出了这个环境中的主要因素。

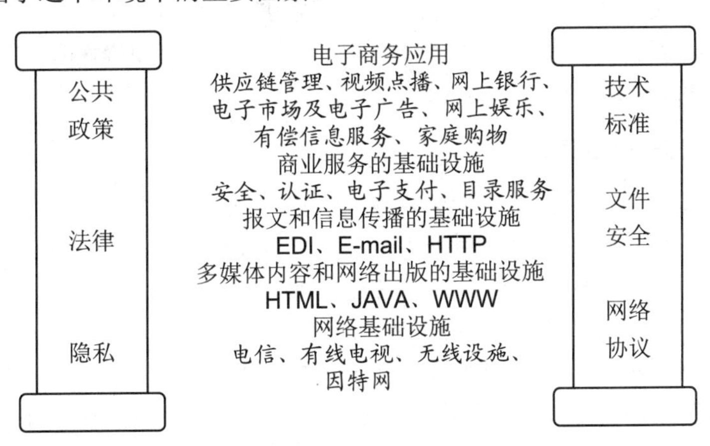

图 2-2 电子商务的一般框架

从图 2-2 中可知，电子商务的一般框架由四个层次和两个支柱构成。四个层次分别是网络基础设施、多媒体内容和网络出版的基础设施、报文和信息传播的基础设施、商业服务的基础设施；两个支柱是公共政策、法律及隐私和各种技术标准、文件安全及网络协议。

1. 网络基础设施

网络基础设施主要是电子商务的硬件基础设施，也是实现电子商务的最底层的基本设施。网络基础设施主要是信息传输系统，它包括远程通信网、有线电视网、无线电通信网和因特网等。

以上这些不同的网络都提供了电子商务信息的传输线路，但是，目前大部分的电子商务应用都建立在因特网上，其主要硬件有电话设备、调制解调器(Modem)、集线器(Hub)、路由器(Routers)、程控交换机、有线电视。

2. 多媒体内容和网络出版的基础设施

网络基础设施的日益完善，使得通过网络来传递信息成为可能，在网络上可以传播文本、图片、声音、图像等形式多样的信息。目前，网上最流行的发布信息的方式是以 HTML(超文本链接语言)的形式将信息发布在 WWW 上。通过 HTML 可以将多媒体内容组织得易于检索和富于表现力。这样，企业可以利用网上主页、电子邮件等在因特网上发布各类商业信息，客户可借助网上的检索工具迅速地找到所需商品信息。

3. 报文和信息传播的基础设施

报文和信息传播的基础设施主要提供传播信息的工具和方式，是电子商务信息传播的主要工具。它提供了以下两种交流方式。

(1) 非格式化的数据交流。例如，使用 Fax(传真)和 E-mail(电子邮件)传递消息，它的对象一般是人，需要有人工干预。

(2) 格式化数据交流。例如，EDI(电子数据交换)传递消息，它的对象是机器，不需要人工干预，可以全部自动化。

因特网是用 HTTP(超文本传输协议)作为传递消息的一种工具，它以一种统一的界面在多种不同环境下显示非格式化的多媒体信息。每一个按该协议建立的文档都包含着可供用户进一步检索的超级链接，这种超级链接可以连接到文本文档，还可以连接到图形、图像、声音和影视画面等文档。目前，大部分的网民可以在各种终端和操作系统下通过 HTTP 统一资源定位器(URL)找到所需要的信息。

4. 商业服务的基础设施

商业服务的基础设施主要实现标准的网上商务活动服务，以方便网上交易。这个层次是所有企业、个人做贸易时都会使用到的服务。它主要包括：商品目录或价目表建立、电子支付、商业信息的安全传送、认证买卖双方的合法性方式等。

目前对电子商务来说，消息的传播要适合电子商务的业务要求，必须提供安全的认证机制来保证信息传递的可靠性、不可篡改性和不可抵赖性，且在有争议的时候能够提供适当证据。商业服务的关键问题就是安全的电子支付。目前，很多技术如密码技术、数字证书、SET 协议等都是为这个服务的。后面将会有专门章节讨论电子商务中的安全与支付

问题。

在上述基础上，可以一步一步地建设实际的电子商务应用，如视频点播、网上银行、电子广告、家庭购物等，但这些应用都必须有社会人文性的政策法规和自然科技性的技术标准两大支柱支撑。

5. 公共政策、法律、隐私

1) 公共政策

公共政策包括围绕电子商务的税收制度、信息的定价、信息访问的收费、信息传输成本、隐私问题等，都需要政府制定政策。

2) 法律

法律维持着电子商务活动的正常运作，违规活动必然受到法律制裁。从法律角度考虑，电子商务安全认证是指进行商务活动的双方资料与产品的真实性和安全性。电子商务和传统商务一样，是一种严肃的社会行为。为了从法律上保证买卖双方的权益，电子商务双方必须以真实的身份进入市场、提供真实的信息，这就是电子商务的真实性。正因为是真实的资料或产品，电子商务双方在没有授权可公开资料的情况下有义务为对方的资料或产品保密，这就是电子商务的安全性。电子商务安全认证系统的建设首先是《电子商务法》的制定。没有法律的保护，其他有关电子商务的安全认证系统只能是空头支票。美国政府在其所颁布的《全球电子商务的政策框架》中，在法律方面作了专门的阐述；俄罗斯、德国、英国等国家也先后颁布了多项有关法规；1996 年联合国贸易组织通过了《电子商务示范法》；我国政府也根据《电子商务示范法》进行了相关的立法，政府的这一行为无疑将促进我国电子商务的健康发展。

只有法律远不能并保证电子商务的安全，电子商务安全认证还需要政府职能部门的参与，利用因特网技术来管理电子商务活动。

3) 隐私

电子商务交易过程中，企业的隐私一般为商品价格的隐私、货物进出渠道的隐私、商品促销手段的隐私等；个人的隐私一般为个人的姓名隐私、肖像隐私、性别隐私、身份隐私等。

随着电子商务的发展，商家不仅要抢夺已有的网上客户，还要挖掘潜在的客户，于是人们在网上的各种商务活动和个人信息都在不知不觉中被商家记录，这样商家可以有的放矢，将大量的宣传广告充斥用户的电子邮箱。个人隐私信息的安全得不到保障，这必然使用户对电子商务望而却步，严重阻碍电子商务的发展。因此，为保障网上的个人隐私权，促进电子商务的发展，应该对此进行立法或对相应的法规进行必要的修改。

6. 技术标准、文件安全、网络协议

技术标准是信息发布和传递的基础，是网络上信息一致性的保证。技术标准定义了用户接口、传输协议、信息发布标准等技术细节。就整个网络环境来说，标准对于保证兼容性和通用性是十分重要的，正如有的国家是左行制，有的国家是右行制，会给交通运输带来一些不便；不同国家的 110V 和 220V 电器标准会给电器使用带来麻烦。在今天电子商务中也遇到了类似的问题。目前许多的厂商、机构都意识到标准的重要性，正致力于联合起来开发统一的标准，比如 EDI 标准、TCP/IP 协议、HTTP 协议、SSL 协议、SET 协议等。

文件安全是指未经授权的用户不能擅自修改文件中所保存的信息、且能保持系统中数据的一致性；机密的数据置于保密状态，仅允许被授权的用户访问。

网络协议是计算机网络中进行数据交换而建立的规则、标准或约定的集合。

二、电子商务的应用框架

电子商务的应用系统框架是指建立在电子商务目标与整个价值链增值过程的基础上，结合电子商务应用系统的设计方法和企业运作必需的管理内容而建立的应用系统。如客户关系管理(Customer Relationship Management，CRM)、供应链管理(Supply Chain Management，SCM)、供应商关系管理(Vendor Relationship Management，VRM)以及 B2B 电子市场(Business to Business Marketplace)等(见图 2-3)。这些应用系统彼此不是独立的，而是在企业内部网下经过企业资源管理(Enterprise Resource Planning，ERP)系统整合，利用浏览器/服务器系统进行系统集成的一个有机整体。

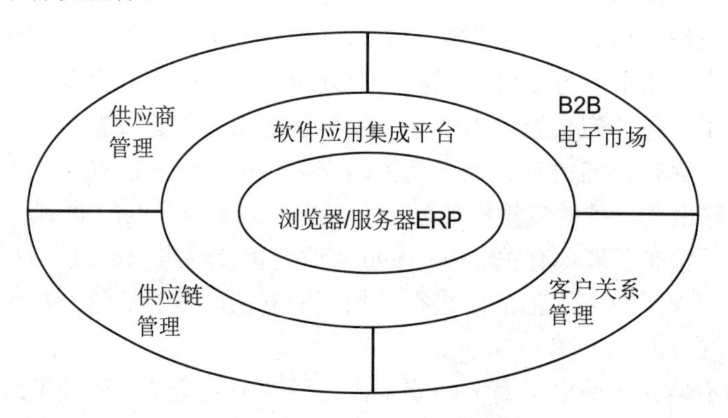

图 2-3　电子商务的应用框架

对于生产型企业来说，供应链管理是电子商务的核心，价值链的运作是以原材料为出发点，以产品为终点。供应商关系是价值链的价值源泉，只有充分提高产品生产效率和不断降低成本，才能带来利润的不断增长，从而实现价值链的增值。譬如，美国通用电气公司的汽车引擎公司通过供应链上的物流整合集成，将订单流转时间由 45 天减少为 30 天，同时将每份订单的处理费用由原来的 100 美元降至 5 美元。供应链管理将供应商、物流企业、分销商以及最终客户连成一体，将各生产环节有机整合，减少产品在各个环节中的滞留时间，提高生产效率和市场响应能力，大幅降低了成本。因此，供应链是生产型电子商务的核心。对于全球采购进行生产的企业，还需要建立供应商关系管理，它着重改善企业同国外产品供应商的关系，减少进口产品和进口环节的成本。

对于服务型企业来说，客户关系管理是电子商务的核心，是企业核心竞争力的体现。价值链的运作是以客户为出发点和终点，客户是价值链的价值源泉，只有充分了解和满足客户的个性化需求，建立对客户的忠诚度，才能带来销售的持续增长，从而实现价值链的增值。

这里的 B2B 电子商务市场并不是传统意义上的买卖交易场所，它是企业整个电子商务协同的纽带，它的系统功能要比现今流行的 e-MarketPlace(电子交易市场)大得多，其不仅在于买卖信息的撮合与匹配，更在于协同商务环境的建立与运作。

当客户或供应商进入 B2B 电子商务市场以后，可以非常方便地进入其他电子商务应用服务系统，如供应链管理系统、客户关系管理系统等。对于企业来说，企业资源管理(ERP)系统和浏览器/服务器(B/S)系统是运行上面所述四个应用的支撑系统。

企业内部的核心业务过程嵌入 ERP 和 B/S 系统中，通过适当的应用系统接口实现内部信息与外部信息的转换与交流。

ERP 主要用于企业内部资源的有效利用与控制管理，实现企业内部资源的配置优化，这是电子商务应用的重点所在。基于 Web 的 B/S 计算模式的应用，是信息实现安全共享、快速传递的技术保障。

电子商务应用框架为设计电子商务解决方案提供了一个模型。电子商务应用框架的体系结构为开发和部署电子商务应用系统提供了一套完整的服务。这个体系结构由下列关键元素构成(见图 2-4)。

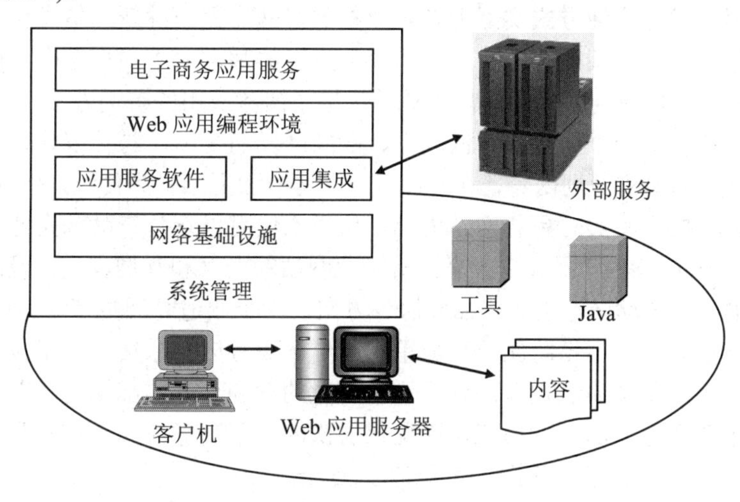

图 2-4　电子商务应用框架体系结构

(1) 客户基于 Web 浏览器/Java Applet 模式，使得对应用系统的存取变得很普遍，并且应用组件能及时发送。

(2) 网络基础设施提供了如 TCP/IP、目录和安全等服务，这些服务的能力可通过开放且标准的接口和协议来存取。

(3) 应用服务软件为电子商务应用系统提供了一个平台，包括 HTTP 服务器、数据库和事务处理服务、邮件和群件服务、消息服务。

(4) 应用集成使得异构应用系统间能够互相通信，使得 Web 能存取现有数据和应用系统。

(5) Web 应用编程环境为创建动态和完善的电子商务应用系统提供了服务器端 Java 编程环境。

(6) 电子商务应用服务为方便电子商务解决方案的创建提供了高层应用的特定功能。

(7) 系统管理用来满足网络计算机的管理需求，系统中的元素包括用户、应用、服务、基础构架和硬件。

(8) 开发工具用来创建、组装、部署和管理应用系统。

三、电子商务系统框架

(一)电子商务系统概述

电子商务系统一般是指企业电子商务应用系统。

电子商务系统是企业为开展电子商务而构建的，是基于网络环境运行的硬件和软件系统的总称。对于不同的应用要求，电子商务应用系统这一概念是比较灵活的，可以分为资讯级、功能级和企业级三个层次。

1. 资讯级电子商务应用系统

通过在因特网上建立独立的企业网页来宣传企业的产品，树立企业形象，这是电子商务最基本的应用方式。这种方式实际上是企业将因特网作为一种新的信息传播媒介所开展的营销活动。建立企业网站是企业实施电子商务应用的基本要求，也是企业电子商务应用系统的起步和基础，目前是大多数国内企业涉足电子商务应用的首选方式。

因特网使企业拥有一个高效率、低成本、面向网民的媒体。与传统媒体相比，企业网站由企业按照自己的要求规划内容，在时间、版面等方面无须受到传统媒体的限制。同时，企业还可以根据需要不断实时更新网站内容，这样不仅可以宣传产品和企业形象，还可以设置留言簿、E-mail 和客户服务平台来分析企业网站的人气和欢迎程度，及时获取市场资讯信息，掌握消费需求动向，引领产品和服务方向，为企业适时调整市场提供决策依据。

资讯级的电子商务应用系统属于功能单一的电子商务应用系统。由于投资成本低，易于实现和维护，不涉及交易过程，因此受到小企业的欢迎。其实际交易环节依然通过传统方式完成，并不改变企业的商业模式，因此该层次的电子商务应用系统不是严格意义上的电子商务应用系统，而是电子商务应用系统的初级阶段。

2. 功能级电子商务应用系统

在功能级电子商务应用系统中，企业已经将计算机网络作为企业商务信息传输和处理的手段，运用电子商务应用系统部分地实现传统贸易过程中的交易过程。例如，企业实现网上在线产品销售、提供有偿服务和增值服务、在贸易伙伴之间进行商务文件或单据的传递，等等。目前因特网上基于这类的应用非常多，大量的网上商店基本上属于这一层次。

该层次的电子商务应用系统一般需要建立一个可用于网上交易的电子商店和一个可支持该网络商店运营的网上销售数据库系统。根据系统实现功能的程度，应用系统一般还提供网上支付、EDI 单证处理、商品库存管理与物流配送跟踪管理等功能，随着功能应用的逐步增加，应用系统还可以与企业的内部网互联互通，实现信息集成、资源共享。由于涉及应用系统与企业其他部门的衔接(如网上销售与企业生产管理的衔接)和一些复杂的技术问题(如安全、网络商店的管理等)、法律问题(如签订合同)的时候，系统还缺乏整体的规划与协调，所以，在一定程度上无法做到信息的自动获取、加工、处理的一致性结果，在一些关键环节还需要大量的人工干预。因此，这一层次的电子商务应用系统只有功能的强弱之分，还无法与企业级电子商务应用系统相比拟。

3. 企业级电子商务应用系统

企业级电子商务应用系统，是指实现企业电子商务应用的全方位数字自动化，也就是企业将商务活动全部过程用计算机网络的信息化管理所代替，最大限度消除人工干预，使企业商务活动过程和商务活动内容电子化、信息化和自动化。这一层次的电子商务应用是电子商务发展的理想阶段，企业内部生产运作系统、办公自动化系统、管理信息系统等，与外部的商业交易电子化有机融合，成为企业电子商务系统的整体。

图 2-5 所示为企业级电子商务应用系统的一般框架。

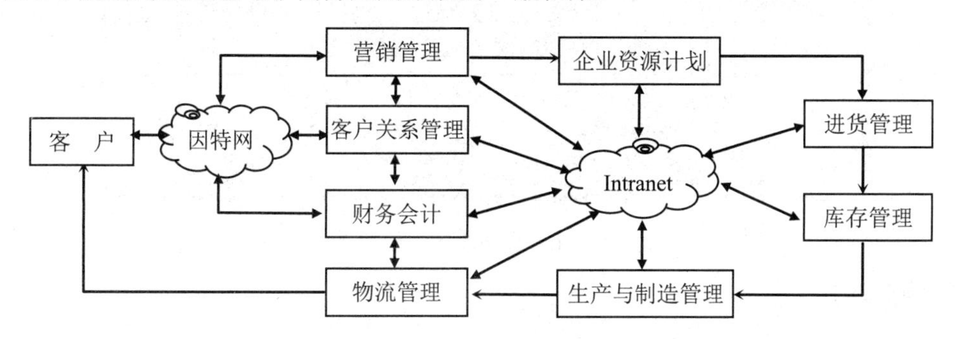

图 2-5 企业级电子商务应用系统框架

在图 2-5 中，有些功能是通过内部网(Intranet)实现的，有些是通过因特网实现的，两者有效的集成构成了完整的企业电子商务应用系统。由于企业各自情况不同，其电子商务应用系统也不尽相同。我们在功能级电子商务应用系统中可以看到，在因特网上可以实现网络商店、网络银行、EDI 系统等功能，但是真正棘手的还是企业 Intranet 下的信息化内容，这是制约企业实现电子商务的一大障碍。目前，多数企业还无法实现企业内部生产经营的信息化管理，包括生产过程和生产管理的信息化，因此要实现电子商务的全部功能还很困难。但从长远目标来看，企业最终都要建立符合自身要求、适应市场变化的、满足消费者需要的、完全的电子商务应用系统。

(二)电子商务系统框架的含义

电子商务的框架结构是指实现电子商务从技术到一般服务层所应该具备的完整的运作基础，它在一定程度上改变了市场构成的基本结构。传统的市场交易链是在商品、服务和货币交换过程中形成的，而电子商务的应用强化了一个重要因素——信息，于是就有了信息服务、信息商品和电子货币等。事实上，商品交易的实质并没有改变，只是在贸易过程中一些环节所依附的载体发生了变化，也就相应地改变了形式。

电子商务系统不是一个孤立的系统，它需要和外界进行信息交流。同时，这一系统内部还包括不同的部分，如网络、计算机系统、应用软件等。支持企业电子商务系统的外部技术环境包括电子化银行支付系统和认证中心的证书发行及认证管理部分。企业电子商务系统的核心是电子商务应用系统，这一部分的设置是为了满足企业的商务活动要求；而电子商务应用系统的基础则是不同的服务平台，它们构成了应用系统的运行环境。可将电子商务系统的基本框架归纳为如图 2-6 所示的形式。

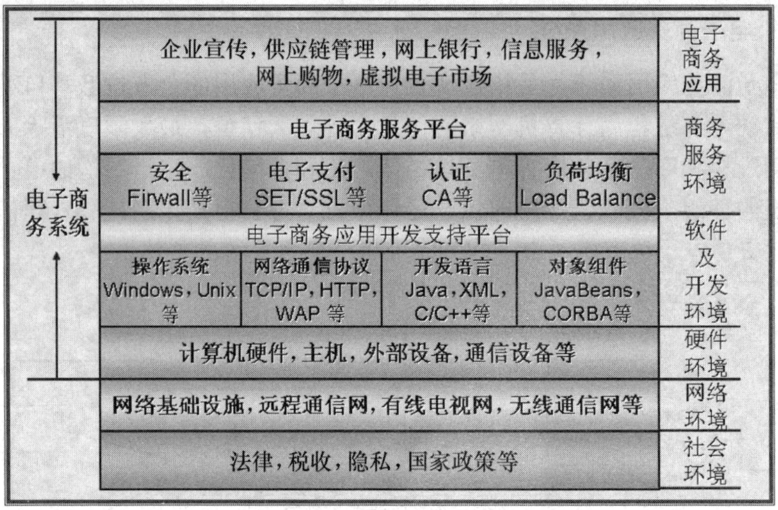

电子商务系统					
	企业宣传，供应链管理，网上银行，信息服务，网上购物，虚拟电子市场				电子商务应用
	电子商务服务平台				商务服务环境
	安全 Firwall等	电子支付 SET/SSL等	认证 CA等	负荷均衡 Load Balance	
	电子商务应用开发支持平台				软件及开发环境
	操作系统 Windows，Unix等	网络通信协议 TCP/IP，HTTP，WAP 等	开发语言 Java，XML，C/C++等	对象组件 JavaBeans，CORBA等	
	计算机硬件，主机，外部设备，通信设备等				硬件环境
	网络基础设施，远程通信网，有线电视网，无线通信网等				网络环境
	法律，税收，隐私，国家政策等				社会环境

图 2-6　电子商务系统的基本框架

1. 社会环境

电子商务的社会环境主要包括法律、税收、隐私、国家政策等方面。

电子商务的显著特点是全球性，它将改变全球经济结构，并通过让更多资源为更多人所用而改善人们的生活、改变人们的思维方式。也正是因为它的这种全球性，从诞生之日起，电子商务就面临着一系列不可避免的问题，如安全性问题、知识产权问题、电子文件的有效性问题等，这些问题都对建立新的法律环境提出了迫切要求。

在税收方面，电子商务必然更多地触动各国关税机构，同时也给各个国家内部的税收制度带来新的挑战。一个商家对商家的电子商务交易从贸易伙伴的联络、询价议价、签订电子合同，一直到发货运输、货款支付都可以通过网络实现，整个交易过程是无形的。这势必为海关统计、税务征收等工作带来一系列的问题。

电子商务作为一种交易模式，它的跨地域性非常明显，这与各个国家的不同体制和不同国情是有一定冲突的。因此，既要加强国际的合作，同时也应制定适合国情的相应政策，其中主要是关于投资、税收和收费的政策。

2. 网络环境

网络设施是实现电子商务最底层的硬件基础设施，是信息传输系统，包括远程通信网、有线电视网、无线通信网和因特网等。这些网络都在不同层次上提供电子商务所需的传输线路，但是大部分的电子商务运作还是基于因特网媒介的。

3. 硬件环境

计算机硬件、主机、外部设备和通信设备等构成了电子商务系统的硬件环境，这是电子商务系统运行的硬件平台。

4. 软件及开发环境

软件及开发环境为电子商务系统的开发、维护提供了软件平台支持，包括操作系统、网络通信协议、软件开发工具等。

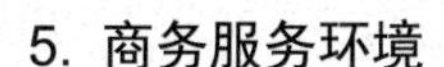

5. 商务服务环境

商务服务环境主要包括安全、电子支付、认证等。对于电子商务来说，为了保证商业信息的安全性，使传递的信息完整、可靠、不可篡改、不可抵赖，应该能在有争议的时候提供适当的证据，只有在卖方得到货款、买方收到货物时，交易才能算是真正的完成。因此，网上支付的安全是保障交易顺利进行的关键。目前，通常采用 CA 认证来提供端到端的安全保障。

6. 电子商务应用

电子商务的具体应用范围十分广泛，包括供应链管理、网上购物、电子广告、有偿信息服务和网上银行等。这是企业利用电子手段开展商务活动的核心，也是电子商务系统的核心组成部分。企业商务服务的业务逻辑规划得是否合理，将直接影响到其电子商务服务的功能。

(三)电子商务系统框架组成

从逻辑结构来看，电子商务系统一般由以下几个部分组成，每个部分可实现不同的功能。

1. 企业内部信息管理系统

企业内部信息管理系统是指收集和处理企业生产和管理过程中的有关信息，为管理决策过程提供帮助的一种信息处理系统，是电子信息技术应用在经营管理全过程中的一种现象。其主要实现的是企业内部生产管理的电子化，面对的是企业内部的用户。

管理信息是企业经营管理活动的具体表现，是企业管理决策的重要依据。使用电子信息技术作为经营活动的辅助手段，能迅速处理企业大量的信息资料，为企业经营管理层及时提供决策依据，提高企业管理水平。

一般而言，企业内部信息管理系统包括企业资源计划(ERP)、管理信息系统(MIS)、决策支持系统和办公自动化(OA)等。

2. 电子商务基础平台

电子商务基础平台为企业的电子商务应用提供运行环境和管理工具及内部系统的连接。一般来说，它主要包括以下几个组成部分。

(1) 负荷均衡(Load Balancing)。负荷均衡是指如何使电子商务系统服务器的处理能力和它承受的压力保持均衡；负荷均衡还可对服务器集群结构中的各个服务器性能进行动态调整和负荷分配。它使电子商务系统中硬件性能得到有效的均衡，避免特定的设备或系统软件由于压力而出现崩溃和拒绝服务的现象。这样在一定程度上能够提高系统的可靠性。

(2) 连接/传输管理(Connectivity/Communication Management)。这一部分的主要作用是满足系统可扩充性的需要，用以实现电子商务系统和其他系统之间的互联以及应用之间的相互操作。

一般来讲，这一部分包括三个方面的内容。

① 异构系统的连接及通信。如基于不同操作系统的 Web 服务器之间的连接。

② 应用之间的通信接口。保证应用程序在通过不可靠信道连接进行时，可以完成差错恢复及续传，并为应用之间的互操作提供 API 接口，简化应用通信的开发工作。

③ 应用和数据库连接之间的接口。

(3) 事务管理(Business Management)。电子商务系统支持的商务活动涉及大量的联机事务处理(On-Line Transaction Process，OLTP)和联机分析处理(On-Line Analysis Process，OLAP)，这就要求系统具备很强的事务处理性能。事务管理的作用包括两个方面：一是保证分布式环境下事务的完整性、一致性和原子性；二是缩短系统的响应时间，提高交易过程的实时性。

(4) 网站管理(Portal Management)。网站是电子商务系统的客户服务接口，用于表达系统商务逻辑的处理结果。所以，在电子商务系统中，网站具有重要的地位。

网站管理的基本作用是为站点维护、管理和性能分析提供技术支持手段，它主要实现系统状态的监控、系统性能调整、用户访问授权和客户访问历史记录等功能。通过网站管理功能，可以记录客户的访问数据，了解用户的需求。利用这些数据，企业能够了解客户的潜在需求。

(5) 数据管理。这一部分为电子商务应用相关数据的存储、加工、备份和呈递提供支持，同时为应用程序提供应用开发接口。

通常，该部分利用支持 Web 的数据库管理系统实现。与传统的数据库管理系统相比，该部分与 Web 的接口方式更加丰富，例如，支持 API、JDBC、ODBC 等接口方式，而且对多媒体数据的支持能力更强。

(6) 安全管理。这一部分为电子商务系统提供安全可靠的运行环境，防止或减少系统被攻击的可能，提高系统抗拒非法入侵或攻击的能力，保障联机交易过程的安全。

3. 电子商务服务平台

电子商务服务平台的基本作用是为电子商务系统提供公共的服务，为企业的商务活动提供支持，增强系统的服务功能，简化应用软件的开发。该部分通过集成一些成熟的软件产品向企业提供公共的商务服务。该部分主要包括以下内容。

(1) 支付网关接口(Payment Gateway Interface)。支付网关接口是电子商务系统和银行之间的接口，它负责通过网络与客户和银行进行交互，完成与商品交换相关的电子支付。

在线支付(On-line Payment)一般是在银行、客户、企业之间进行的。要完成在线支付，银行一般需要建立相应的支付网关；企业则需要与支付网关之间建立安全的交易通道和接口，通过支付网关结构和安全交易通道，企业电子商务系统与银行的支付网关进行数据通信，完成电子资金的转移。

(2) 认证中心(CA)接口。要保证在线交易的真实性、不可抵赖性，就需要特定的中介机构担保和确认交易双方的身份。认证中心就是完成该职能的商务中介。CA 一般可以发放表示交易参与方身份的电子证书，并负责对交易过程中买卖双方身份的审核验证，对交易的真实性进行担保。

(3) 客户关系管理(Customer Relationship Management，CRM)。客户关系管理是企业与客户之间建立的管理双方接触活动的信息系统。企业建立 CRM 的主要原因是对客户及其需求具有深刻的了解，并能够主动地通过因特网发现其潜在的客户群落。一般来说，CRM 的主要内容包括营销自动化、销售过程自动化和客户服务三个方面。

(4) 内容管理。企业商务活动一般需要大量的信息资源，而且随着商务活动的开展，信息量不断增长，如产品种类越来越多、服务的内容逐步增多等。这样一来就产生了一个问

题，即如何对这些内容进行管理，如何使企业的用户及合作伙伴在这些海量信息中迅速地发现对自身有价值的信息。此外，电子商务系统中的信息大部分是被组织成 HTML 格式的，那么如何对这些非结构化或者半结构化的内容进行管理，从技术角度看也是一个难点。在这种背景下，专门的内容管理软件及相关的标准便应运而生了。

(5) 搜索引擎。搜索引擎负责向用户提供对电子商务系统中的数据进行快速、综合的检索功能。

4. 电子商务应用系统

电子商务应用系统是电子商务系统的核心，它对企业电子商务活动提供具体的支持。前面所阐述的各个部分都是为该部分提供不同的环境和技术支持。电子商务应用系统一般是在 Web 服务器上，由应用开发人员根据企业特定的应用背景和需要来建立的，它可以实现企业应用在逻辑上所需要的各种功能。

5. 电子商务应用表达平台

电子商务应用表达平台在整个系统的顶层，面向电子商务系统的最终用户。电子商务系统的表达平台有两个基本功能：一是作为与用户的接口，接受用户的各种请求，并传递给应用系统；二是将应用系统的处理结果以不同的形式进行表达，并将其提供给不同的用户信息终端。目前，大多数表达平台是以 Web 服务器为核心的。所以，也有人认为电子商务应用表达平台包括两部分：一部分是 Web 服务器，另一部分则是在 Web 服务器的基础上向其他非 PC 信息终端提供支持的软件。

6. 电子商务物流系统

电子商务既然是指交易各方通过电子方式进行的商业交易，就必然涉及产品和(或)服务的交付问题。事实上，除了极少数的产品和服务，例如，各种电子出版物(数字化的音乐、电影、游戏)、信息咨询服务、有价信息软件等，可以直接通过网络传输的方式进行配送之外，绝大多数物化的产品和服务是需要通过物流(Physical Distribution)系统来实现的。这些物质实体的流动过程具体包括运输、储存、配送、装卸、保管及物流信息管理等各种活动。

7. 安全保障环境

安全保障包括安全策略、安全体系和安全措施等内容。

本 章 小 结

电子商务应用发展的社会基础深厚，它是社会经济发展过程中的必然产物。电子商务的应用环境同人们生活的市场环境一样，由许多要素组成，研究这些要素的组成和变化，是我们学习和应用电子商务的重要基础。本章从电子商务的概念入手，讨论电子商务的概念模型、参与对象、功能与特性、分类、应用框架和系统框架等内容；通过对商务活动内容和过程的分析，进而认识电子商务系统应用的基本理论与方法。

思　考　题

1. 什么是电子商务?
2. 试述电子商务的基本框架结构。
3. 电子商务的功能主要有哪些?
4. 电子商务有哪些主要的分类方法?
5. 电子商务系统有哪几个组成部分?企业电子商务系统的核心是什么?

第二篇 运 作 篇

第三章　网络零售

【学习要求及目标】

1. 理解网络零售的概念，掌握网络零售的分类。
2. 了解网络零售的发展概况，以及网络零售对传统零售业的影响。
3. 了解适合网络零售的产品类型及特点，掌握网络零售的商务模式。
4. 了解网络零售存在的问题。

【核心概念】

网络零售　网络零售产品类型　网络零售主要竞争者

【引导案例】

2021 年我国网络零售呈现四大特点

据商务部 2022 年 1 月 27 日消息，国家统计局数据显示，2021 年全年全国网上零售额高达 130884 亿元，比上年增长 14.1%，我国网络零售市场保持稳步增长，成为稳增长、保就业、促消费的重要力量，为推动构建新发展格局做出了积极贡献。根据商务大数据监测情况，2021 年我国网络零售市场主要有四大特点。

一是消费升级趋势明显。健康、绿色、高品质商品越来越受到消费者青睐。比如，智能家居、智能穿戴、智能家电消费呈现高速增长态势。家居智能设备销售额同比增长 90.5%；智能腕表、智能眼镜等智能穿戴用品销售额同比分别增长 36.3%、26.8%。户外用品销售额同比增长 30.8%，其中帐篷、滑雪装备、冲浪潜水产品销售额同比增长 57.0%、55.2%、39.2%。有机蔬菜、有机奶、有机食用油销售额同比增长 127.6%、24.1%和 21.8%。不少体现中华优秀传统文化的非遗特色产品成为新的国潮商品，销售额同比增长 39%。

二是服务业电商创新发展势头强劲。电商模式创新推动教育、医疗等优质服务资源普惠化，在线购买职业培训服务持续增长。在线餐饮整体增速加快，销售额同比增长 30.1%，增速比上年提高 27.9 个百分点。在线文娱市场快速恢复，在线文娱场次数同比增长 1.2 倍。

三是农村电商有效助力乡村振兴。2021 年全国农村网络零售额 2.05 万亿元，比上年增长 11.3%，增速加快 2.4 个百分点。全国农产品网络零售额 4221 亿元，同比增长 2.8%。“数商兴农”深入推进，农村电商“新基建”不断完善。

四是跨境电商平稳较快发展。海关数据显示，跨境电商进出口额达 1.98 万亿元，同比增长 15%；其中出口 1.44 万亿元，同比增长 24.5%。跨境电商综试区带动作用明显，有力推动跨境电商平稳较快发展。

在抗击新冠肺炎疫情过程中，电商企业创新无接触配送、智能物流、直播电商等新方法、新模式，在保障生活物资和药品、医疗应急物资供应方面发挥了重要作用。

(资料来源：大众证券报，2022-1-30，https://www.hnmdtv.com/finance/2022/0130/107226.html)

案例导学

电子商务的兴起，首先冲击的是传统零售业。以亚马逊为代表的网络零售业是电子商务的最初表现形式，零售业和电子商务的结合出现了电子零售业(E-Retailing)，传统零售也由此开始了一场数字化的革命。电子商务的兴起对传统批发商、零售商、代理商的地位产生了重大的影响，并引发了从百货商店、超级市场、连锁商店演进而来的以“网上商店”为标志的第四次零售革命。从 2004 年 6 月 30 日开始，我国统一启用新版的《零售业态分类》标准，“网上商店”作为一种新的零售业态正式纳入零售业(新标准主要增加了网上商店、自动书报亭、电视购物、电话购物、邮购、直销六种无店铺零售方式)。

第一节　网络零售业概况

一、网络零售概述

(一)网络零售的定义

网络零售是指交易双方以互联网为媒介进行的商品交易活动，即通过互联网进行信息的组织和传递，实现有形商品和无形商品所有权的转移或服务的消费。买卖双方通过电子商务(线上)应用实现交易信息查询(信息流)、交易(资金流)和交付(物流)等行为。

网络零售也称网络购物，主要包括 B2C 和 C2C 两种形式。

(二)网络零售的分类

1. 根据系统平台的形式划分

根据系统平台的形式，网络零售可以分为门户网站商城模式、店中店模式、C2C 卖场模式三种类型。

(1) 门户网站商城模式

商城由门户类网站，如新浪、搜狐等开设并运营，商家付费入驻，入驻的商家使用统一的数据接口管理商品。这种方式缺少个性形象体现和展示，商家没有属于自己的网店，商品使用统一的展示页、统一的购物流程和结算系统。由商城统一组织，销售活动并统一收银结算。

(2) 店中店模式

店中店模式大体与门户网站商城模式相似，如当当和亚马逊的店中店。商家付费入驻商城，销售所得与商城分成，使用统一的结算系统、物流系统和会员系统。商家使用统一的数据接口管理商品数据，不利于个性形象和品牌的展示。

(3) C2C 卖场模式

C2C 卖场模式是目前网上商城应用较多的方式，如淘宝(taobao.com)、易趣(eachnet.com)等。商家使用统一的平台入驻开店销售，可开设店铺，但形象有限。商城流量大，有一定的销售量，但商家也不易建立个性的网上品牌形象，不能管理和维护自己的客户，无法独立个性促销，价格攀比较严重，具体到每一个商家的客户忠诚度都比较低。

2. 根据针对的客户群不同划分

在当前的中国网络零售的现状下，根据针对的客户群不同，网络零售可划分为内贸零售以及外贸零售。

其中内贸 C2C 平台的典型代表为淘宝网、易趣等。

内贸 B2C 平台的典型代表为天猫、京东商城、唯品会、苏宁、当当、亚马逊中国等。

内贸 C2M 平台的典型代表为拼多多、必要商城、网易等。

外贸 C2C 平台中最常用的外国平台有 eBay；国内建设面向国外市场的平台有 LinkChina、tootoomart.com 等。

外贸 B2C 平台的典型代表有 lightinthebox.com、草莓网、glassesshop.com 等。

二、全球网络零售市场发展概况

(一)美国网络零售市场

网络零售起源于美国，1995 年亚马逊书店设立，掀起了美国网络零售的热潮。在亚马逊的带动下，美国涌现了大量的网上商城，雅虎、美国在线等知名网站或接入服务商都开始开展网络零售业。传统的零售业也逐渐转变观念，开始发展电子商务模式，如美国的沃尔玛和西尔斯集团，也逐渐建立了网上商店。美国网络零售业的迅猛发展得益于当时的经济环境，首先，美国拥有健全的金融支付系统和信用制度，为网上支付活动提供了良好的保证；其次，美国拥有美国邮政局、Fedex、UPS 等大型物流企业和遍布全国的现代物流网络，发达的物流体系能够保证消费者网购的产品 3 天内到货，为网络零售的配送提供了必要条件。

此外，用户从网上购买各类商品所面临的选择机会也越来越多。由于移动设备和平板电脑购物能力的增加，美国用户发现网购比以前任何时候都容易。创新性网购模式和增强客户忠诚度的项目，如 Gilt 和 Woot 等闪购网站以及 Amazon Prime 等提升用户订阅忠诚度的项目，加上大规模促销活动，这些举措都会让网上零售的市场份额逐步增加。在“黑色星期五”和“网络星期一”等大幅折扣优惠期间，这种趋势尤为明显。Statista 发布的《2021 年美国消费者报告》显示，2021 年美国有 75%的人在网上购物，原因是得到的实惠比实体店更多。

(二)欧洲网络零售市场

欧洲的电子商务 1995 年开始起步，初期的电子商务主要以电子行业的 B2B 为主要模式。

2006 年 4 月英国著名电器零售企业 DIXONS 宣布放弃传统零售业，转而发展网络零售模式。英国的网购人数比例高达 95%，且人均网购消费额也为欧洲最高。

1984 年德国进入互联网时代。2008 年德国网络零售交易规模为 750 亿欧元，占全球 9.9%的份额，人均网购消费 913 欧元。2015 年德国网购用户渗透率达到 63.3%，网络零售交易额占德国全社会商品零售总额的比例为 14%。

2013 年法国网络零售交易额为 161 亿欧元，2014 年达到 209 亿欧元，2015 年增加到 314 亿欧元。随着法国年轻网民的日益成熟和网民购买力的不断增强，法国网络零售业前景十分广阔。

(三)日本网络零售市场

日本 B2C 电子商务规模在 2008 年为 58814 亿日元，2013 年达到 68873 亿日元，2014 年上升至 79649 亿日元。日本主流的网络零售模式有以下 6 种。

(1) 在线综合超市模式，采取直接采购和销售，代表网站为亚马逊。

(2) 在线购物广场模式，只提供平台给品牌入驻，不直接销售产品，其中以乐天市场为代表。

(3) 网络综合超市和购物广场相结合的模式，既经营自销，也有商家入驻，以 7netshopping 为代表。

(4) 网络时尚购物广场，提供时尚精品品牌入驻，以 zozotown 为典型代表。

(5) 网络折扣商店，以 HMV 为代表。

(6) 网络限时折扣模式，以 netprice 为代表。

(四)2018 年全球主要电商市场数据盘点

网经社发布的《2019 年全球电子商务数据报告》显示，2018 年全球 28 个主要国家及地区电子商务交易规模达 247167.26 亿美元，网络零售交易额总计 29744.6 亿美元。报告涉及的 28 国包含亚洲 7 国、欧洲 15 国、美洲 4 国、非洲 1 国、大洋洲 1 国。报告显示，2018 年亚洲 7 国包括中国、印度、泰国、土耳其、日本、新加坡、韩国，电子商务交易额总计 96530 亿美元，网络零售交易额总计 16334.2 亿美元；欧洲 15 国包括法国、德国、俄罗斯、西班牙、意大利、瑞典、英国、荷兰、比利时、爱尔兰、卢森堡、丹麦、奥地利、乌克兰，电子商务交易额总计 42118.2 亿美元，网络零售交易额总计 6981.6 亿美元；美洲 4 国包括美国、加拿大、墨西哥、巴西，电子商务交易额总计 105498.3 亿美元，网络零售交易额总计 6280.3 亿美元；非洲的南非电子商务交易额总计 40.76 亿美元，网络零售交易额总计 32.5 亿美元；大洋洲的澳大利亚电子商务交易额总计 2980 亿美元，网络零售交易额总计 116 亿美元。

2018 年在电子商务交易规模上，排名前五的国家及地区分别为：美国 97760 亿美元、中国 47311 亿美元、日本 32400 亿美元、德国 16210 亿美元、韩国 14740 亿美元。其中，中国电子商务交易规模占 28 国总交易规模的 19.14%。在网络零售交易规模上，排名前五的国家及地区分别为：中国 13095 亿美元、美国 5200 亿美元、英国 2910 亿美元、日本 1790 亿美元、德国 1305 亿美元。其中，中国网络零售交易规模占 28 国总交易规模的 44%。

(五)全球零售最新发展趋势

近年来，零售平台、社群 App 和社交网络将以更便捷和个人化的方式，协助品牌为消费者打造更流畅的购物体验，消费者可一边浏览新讯息一边购物。

随着数字时代的发展，实体店铺的客流量势必受到冲击。有远见的零售商调整商业模式，多通路销售(Multichannel，泛指同时拥有许多实体门市及网购门市或邮购等虚拟接单平台的零售企业)的话题已经稍显过时，转而聚焦于提升消费者服务及改善用户体验，并串联消费者的惯用平台——手机，提出符合消费者习惯改变的相应服务。

时尚品牌 Rebecca Minkoff 与线上零售巨头 eBay 合作打造智能概念店铺。店内镜子具备触控功能，消费者不仅可以在上面查看详细的商品资讯，还能选择要试的衣服、尺码、

颜色、配件等。

在此趋势下，内容与社交分享的网站可能也将在未来演化为电子商务平台，例如康泰纳仕集团(Conde Nast)通过重新启动的 Style.com 整合内容产业和电子商务平台，而赫斯特集团(Hearst)则通过 Harper's Bazaar 旗下的购物网站 ShopBAZAAR 和 *Elle* 杂志日本版来创建商务平台。

此外，各大知名社交媒体在提供广告功能之后，也纷纷推出购物功能，例如 Instagram 增加“shop now”按钮。Pinterest 也推出了类似的“buy it”功能，Facebook 与 Twitter 亦于 2015 年开始测试电子商务和购买工具。其中 Facebook 更可于粉丝专页上选择添加“立即预约”(Book Now)、“报名”(Sign Up)、“联络我们”(Contact Us)、“玩游戏”(Play Game)、“立刻购买”(Shop Now)、“观赏影片”(Watch Video)、“使用程序”(Use App)等不同功能的 Call-to-Action(CTA，召唤行动)功能按钮。

1. 现金时代的终结

中国银联发布的《2021 移动支付安全大调查研究报告》显示，2021 年，移动支付在日常消费中的占比已超过八成。FIS 发布的《2022 全球支付报告》显示，全球趋势复刻了中国的支付格局，全球其他国家或地区也在向无现金化未来迈进。近年来，支付公司积极开发更多元及人性化的支付方式，如万事达卡(MasterCard)尝试改变密码支付方式，推出以手机自拍来验证支付；配件设计师 Henry Holland 于 2016 年春夏时装秀推出多款内建 NFC 感应晶片与支付机制的戒指，扫描一下就可以自动支付。巴克莱信用卡(BarclayCard) 亦与 Topshop 合作推出一系列应用 NFC 感应技术的创意可穿戴设备(如钥匙扣、手机壳、手环、贴纸)来进行支付。

2. 差异化定价策略

未来在市场上的定价策略将会更为复杂，有零售商提出让消费者清楚掌握商品资讯以及成本透明化的定价策略，也有人支持更个人化的定价策略，提供顾客更多元的选择。

例如美国线上轻奢品牌 Everlane 推出“完全透明化”(Radical Transparency)的诚实定价策略，不同于一般服饰品牌的售价，该品牌的售价约是净成本的四到五倍，Everlane 的官网上每件衣服都清楚标出布料、辅料、人工、税金以及运输费用，平均每件衣服以固定成本的两倍作为定价。

2015 年圣诞节过后 Everlane 更是首度别开生面地推出“价格任你选”的促销活动，每件商品都有 3 种折扣价格，分别是：最低价(仅够支付商品成本＋运费，电商全无盈利)、中间价(商品成本＋运费＋团队营运开销，给予电商少数利润)、最高价(商品成本＋运费＋团队运营开销+公司发展资金)，活动期间顾客可自行选择一种价格购买。

Everlane 创始人兼 CEO Michael Preysman 表示，活动前，该公司即已针对现有顾客做过一项测试，结果约有 10%会选择中间价或最高价。但即使所有消费者选择了最低价，这仍是一次了解顾客、搜集顾客资讯、分析顾客消费性格的好机会，以作为公司未来制定成本定价结构的绝佳参考。

3. 寻找消费新路径

零售业的客户服务不再局限于传统沟通方式，围绕着客户每天生活的网络平台提供相对应的服务才是未来趋势。

例如，德国网络零售商 Zalando 通过 WhatsApp 建立了造型和咨询服务平台 Zalon。周一到周五早上 8 点至晚上 7 点顾客可以通过这个平台发送问题，造型师会一一回复，从适合的发色妆容，到巴黎购物的必去之店。

此外，美国服饰品牌 Everlane、美国亲子折扣网 Zuiliy 也善用 Facebook 的企业服务 Businesses on Messenger 为服务平台，让企业与使用者可以在一对一的对话视窗中即时交流，沟通产品、店家地点、价钱等资讯，客户甚至可以通过 App 接受通知、追踪出货/退货，完成整个购买程序。

4. 智能化的个人服务

随着网络普及与大数据兴起，客制化(customize)概念有了不同的发展。例如 Thread.com 结合了造型师经验和各种电脑演算法，为男士/女士提供免费的线上个人造型服务。该公司创办人 Kieran O'Neill 指出，该系统首先经由造型师了解顾客填写的问卷和上传的照片，得出适合顾客的大致搭配方案，随后利用电脑测算出顾客选取价格范围内的最合适商品。

此外，2015 年启动的 Custom.com，也是另一家针对时尚购物者所做的个性化搜寻引擎，目前该网站包括 4000 家品牌及约 50 万件单品，可根据用户尺寸、位置、偏好风格显示结果，且在使用过程中系统可根据消费者的“点赞”或“放弃”，了解用户的风格与品位，进而提供更精准的购买建议。

此外，许多 App 也借由投入大数据分析及大规模客制化，以更便捷和个性化的服务为消费者打造更为流畅的购物体验。例如 Topshop 与 Dressipi 合作的个性化推荐服务，消费者可透过一连串问题选项表达自己的偏好并创建个人化资料，然后 Topshop 会依据个别喜好每周以邮件方式向消费者推荐商品，再借由系统与邮件的互动(例如勾选或删除产品)深入了解或修正消费者的真实喜好。

5. 虚拟现实新体验

虚拟现实(Virtual Reality)、增强现实(Augmented Reality)和人工智能(Artificial Intelligence)商机大爆发。随着更多入门科技产品的出现，2016 年是虚拟现实(Virtual Reality)的发展关键年，英国 John Lewis 百货大胆预估虚拟实境今年将会货真价实地进入人们的生活中，对于零售业将产生巨大影响。

品牌商纷纷借助虚拟实境技术充分展示产品，创造营销机会。

美国家居专家 Lowe 推出与 VR 科技研究室 Marxent 所开发的全世界第一台 VR 居家设计工具 Holoroom，借此模式让消费者可以自己设计新居，并可透过 3D 虚拟眼镜预览，事前模拟体验家居装潢完成后的样子。

2015 年时尚品牌 Dior 亦与 DigitasLBi 合作，推出名为“Dior Eyes”的虚拟现实体验，在指定店铺中提供消费者尝试以 360 度视角观看时装秀后台场景，或是体验坐在秀场前排观看时尚走秀的真实感。

此外，户外运动品牌 The North Face 亦运用虚拟实境影片与简易型的 3D 虚拟眼镜 Google Cardboard，让消费者感觉自己正在优胜美地国家公园爬山，体验户外运动的乐趣。

6. 实体店面数字化转型

根据国际数据公司(IDC)研究显示，84%的美国消费者在购物前和购物期间会使用手机，而如何将店内体验与线上功能连接，提供更优质的顾客体验则是零售商的一个重要课题。

目前已有多家服装品牌(如 Levi's)使用 RFID 标记技术定位和管理追踪库存，以提供更流畅的消费服务。

另外如美国 DIY 家居专家 Lowe，则在空间比较狭小的店面中安装 7 英尺高的 NextAisle Over 触控银幕，一方面弥补陈列间的不足，给消费者提供更多的商品选择，另一方面购物者也可透过银幕以各种角度查看商品外观以及内部细节。

而美国量贩店 Target 近年来也规划了许多快闪店活动(Pop-up Stores)，更于去年在旧金山开设了一名为 Open House 的联网智能家居概念店，展开用户对物联网应用(Internet of Things)的想象；并在纽约启动假日主题卖场(Holiday-themed store)，使用 NFC 改善顾客的购物体验。

小贴士

盒马鲜生——线上线下一体化运营

盒马鲜生作为新零售的代表，其线上和线下的一体化运营模式如下。

(1) 线下重体验，线上做交易，通过用户体验占据消费者的心智，形成消费黏性。

(2) 利用阿里强大的基础数据能力、海量云计算能力、会员资源和支付体系，围绕成本与效率、体验与服务，重构零售业态。

(3) 超市 + 餐饮 + 物流 + App 的复合功能体。

(4) “一店二仓五中心”，一个门店，前端为消费区(前置仓)，后端为仓储配送区(后置仓)，以及超市、餐饮、物流、体验和粉丝运营五个中心，围绕门店 3 公里范围，构建起 30 分钟送达的冷链物流配送体系。

7FRESH 作为京东旗下泛生鲜零售新型门店的样板间，在消费体验重构方面实现了诸多创新与优化。首先是线上线下融合，支持线上下单配送；其次在门店重构方面，将生鲜超市和餐饮有机结合，并在空间布局上予以优化；再次，门店运用“魔镜”溯源系统、智能购物车、人脸识别等多项数字化技术，通过融入“黑科技”有效提升到店体验。

三、中国网络零售市场发展概况

(一)我国网络零售市场现状综述

1. 整体数据

网经社电子商务研究中心发布的《2021 年(上)中国网络零售市场数据报告》显示，零售电商行业数据如下。

(1) 交易规模：2021 年上半年，国内网络零售市场交易规模达 62791 亿元，预计 2021 年全年网络零售达 13.64 万亿元，同比增长 14.43%。

(2) 用户规模：2021 年上半年国内网络零售用户规模达 8.2 亿人，预计 2021 年用户规模达 8.58 亿人，同比增长 8.74%。

(3) 社会消费品零售额占比：网络零售市场规模占比接近三成。2021 年上半年中国网络零售市场交易规模 62791 亿元，社会消费品零售总额为 211904 亿元，上半年社零占比达到

29.63%，接近三成。

2. 热门行业

网经社电子商务研究中心发布的《2021年(上)中国网络零售市场数据报告》公布了十二大行业的相关数据，这十二大行业分别是：农村电商；社交电商；直播电商；汽车电商；母婴电商；家电电商；生鲜电商；美妆电商；社区团购；医药电商；二手电商；电商SaaS。

(1) 农村电商。据网经社“电数宝”电商大数据库显示，预计2021年我国农村电商市场规模达到37213.01亿元，同比增长17.93%。目前，农村电商市场存在七大类商家：综合平台电商，如阿里巴巴、京东、拼多多、苏宁易购等；农资电商，如农村淘宝、农商1号等；农产品电商，如鲜直达、链农等；网络品牌电商，如三只松鼠、百草味等；生鲜电商，如小农女、顺丰优选、中粮我买网、本来生活等；信息服务类，如村村乐、农管家等。

(2) 生鲜电商。据“电数宝”(DATA.100EC，CN)电商大数据库显示，2021年上半年生鲜电商交易规模达2362.1亿元，预计年底达4658.1亿元，同比增长27.92%。目前商家有：传统生鲜电商，如天猫生鲜、京东生鲜等；O2O，如京东到家、美团闪购等；前置仓模式，如每日优鲜、美团买菜等；到店+到家模式(店仓一体化)，如盒马鲜生、小象生鲜等；社区团购模式，如兴盛优选、多多买菜等；B端生鲜电商，如美菜网、宋小菜、链菜等；周期购模式，如物美、麦德龙等。

(3) 社区团购。据“电数宝”电商大数据库显示，2021年社区团购交易规模达1205.1亿元。2019年国内社区团购市场交易规模340亿元，同比增长300%。2020年达751.3亿元，同比增长120.97%。社区团购交易规模保持增长，但是增速出现骤降趋势。网经社定义为以社区为中心，以团长为分发节点，社区居民通过微信群，小程序等工具团购水果生鲜、日化美妆等。平台根据订单发货至团长，最终用户线下自提或团长配送从而完成购物流程。目前社区团购有原生创业型、供应链服务型、快消B2B型、零售型、平台孵化型等类型。在社区团购产业链中的玩家包括：①原生创业型： 老王社区、食享会、松鼠拼拼、东八区、豌豆先生、你我您等；②供应链服务型：蝌蚪精选、直通仓、社比邻等；③快消B2B型：兴 盛优选、美家优享、1号生活等；④零售型：味罗天下、盒社群、邻邻壹、苏果优选、天仙配等；⑤平台孵化型：小区乐、友家铺子、每日一淘、同城生活等。

(4) 直播电商。据“电数宝”电商大数据库显示，2021年直播电商交易规模达23615.1亿。2017—2020年，国内直播电商市场交易规模分别为：196.4亿元、1354.1亿元、4437.5亿元、12850元。其中，2018年增长率高达589.46%，2019—2020年增长率分别为227.7%、136.61%，依旧保持三位数的增速。网经社将直播电商定义为商家/品牌等借助直播平台或电商平台直播板块来触达用户，让用户了解产品各项功能及促销信息，从而实现购买的交易行为。目前直播电商包括综合电商类、MCN机构类、直播APP类、服务商类、电商主播类五大类型。主流模式包括，综合电商类：抖音直播、快手直播、淘宝直播、蘑菇街直播、京东直播、苏宁直播、多多直播等；MCN机构类：如涵、谦寻文化、交个朋友、聚匠星辰、宸帆集团等；直播APP类：微拍堂、玩物得志、有播、地鼠湾、闪卖、天天鉴宝等；服务商类：有赞、微盟、传播物、闪卖侠、魔筷科技等；电商主播类：薇娅、李佳琦、张大奕、雪梨、罗永浩、辛巴等。

(5) 社交电商国。据网经社“电数宝”电商大数据库显示，2021年社交电商交易规模达25323.5亿元。其中，从增速来看，2016年增长率高达98.19%，2019年同比增长71.71%，受疫情影响，2020 年增长 11.62%，增速呈下滑趋势，预测 2021 年增速回升至 24.56%，呈上升趋势。网经社将社交电商定义为零售电商的一个分支，狭义上是指借助社交网站、微博、社交媒介、网络媒介的传播途径，通过社交互动等手段来进行商品的购买和销售行为。从广义上来看，社交电商包括拼购类、分销类、社区类、导购类、工具类、内容直播类等。主流模式包括，①拼购类：拼多多、京东拼购、京喜、淘宝特价版、小鹅拼拼等；②分销类：爱库存、斑马会员、贝店、芬香等；③社区类：小红书商城、宝宝树、年糕妈妈、有好东西等；④导购类：什么值得买、一淘网、返利网、55 海淘网等；⑤工具类：有赞、微盟等；⑥内容直播类：小红书、抖音、快手、淘宝直播等。

3. 零售电商上市公司数据

据网经社“电数宝”(DATA.100EC.CN)电商大数据库显示，2021 上半年零售电商上市公司总市值达 69489.98 亿元，占电商上市公司总市值的 66.35%，相较于 2020 上半年 30 家零售电商上市公司总市值 63126.43 亿元，同比增长 10.08%。营收总额为 13171.24 亿元，平均营收 355.98 亿元。京东、阿里和小米集团营收位列前三。净利润阿里巴巴遥遥领先，小米、京东和唯品会列二至四位。

4. B2C 网络零售市场占有率

根据易观分析发布的《中国网络零售 B2C 市场季度监测报告 2021 年第 4 季度》数据显示，2021 年第 4 季度，中国网络零售 B2C 市场交易规模为 23593.9 亿元人民币，同比增长 8.1%。天猫成交总额较去年同期增长 7.6%，占据市场份额 63.5%，排名第一。京东成交总额较去年同期增长 20.1%，其市场份额为 28.8%，排名第二。唯品会排名第三，其市场份额为 3.4%。苏宁易购和小米有品分别以 2.1%和 0.5%的市场份额位列第四和第五。

(二)我国网络零售企业分类

我国购物网站主要有以下几类：一是 C2C 平台，如淘宝网和易趣；二是 B2C 平台，提供商家入驻，如天猫、QQ 商城、QQ 网购；三是综合 B2C 网站，直接销售商品，如京东商城、亚马逊、当当网、苏宁易购 1 号店、银泰；四是垂直 B2C 网站，仅销售某品类商品，如服装类的凡客诚品、麦考林、梦芭莎等，鞋、箱包类的麦包包、优购、名鞋库等，3C 家电类的易迅、国美电器、库巴等，化妆品类的乐蜂网、聚美优品等，时尚、奢侈品类的走秀网、唯品会等；五是 C2M 平台，如拼多多、必要商城、网易等。

在我国 TOP50 的 B2C 零售商中，纯网络零售商比例超过 3/4，达 38 家，混合渠道网络零售商数量达 12 家。主营“3C 家电”购物网站最多，其次是“综合百货”网站，第三是“服装服饰”网站。

第二节 适合网络零售的商品

一、适合网络零售的产品

网络营销是大家都看好的一种营销方式，但并不是任何产品都适合做网络营销。同其他产品或销售模式一样，它也具有一定的局限性。只要生产出来，产品都不愁卖的年代早已过去，因此在任何一个产品产生之前，做好目标市场定位都是一项必要的工作。就准备开展网络营销的产品而言，确定目标市场时的首要工作是分析现在网络用户的特征，如此才能确定产品或者说要生产什么样的产品才能适合网络营销。

当前网络用户一般具有以下特征：年轻、个性、追求时尚、乐于尝试。网络用户的这些特点使他们更加注重自我，要求越来越独特、越来越变化多端，绝不能像过去那样一概而论。用户要求个性化，希望能做出自己的选择，有自己独立的想法。

冷静理性分析是网络用户的一个显著特点。市场营销理论认为，在商家铺天盖地的广告轰炸下，很多人会对某一产品可能从不接受到接受，甚至会产生冲动性购买。但网络购物者越来越理性，不会轻易受舆论左右，对铺天盖地的官方广告轰炸也有相当强的抵抗力，对某一商品的价格、服务及其他方面，会作出多次比较分析，反复推敲，并据此做出决策。

从广义上讲，在互联网上进行市场营销的产品可以是任何产品或者任何服务项目。但是，就像不同的产品适合采用不同的销售渠道一样，网络营销也有其适用范围。产品能否利用网络营销，一般取决于产品的性质、科技含量以及产品的目标市场与交易方式等方面的因素。一般来说，目前适合网络营销的产品主要有以下几类。

1. 一般日常消费品

一般日常消费品是指日常的衣食住行所用到的一些产品，如服饰类、居家类等产品。

2. 服务等无形产品

服务等无形产品主要包括宾馆预订、鲜花预订、演出门票的订购、旅游线路的挑选、储蓄业务、电子机票预订和各类咨询服务等。借助于网络，这类服务显得更加方便、快捷、有效，也更加人性化。

3. 3C 产品

3C 是 Computer(计算机)、Communication(通信)和 Consumer Electronic(消费电子产品)三类电子产品的简称。京东商城在线销售包括家用电器、手机数码、电脑商品及日用百货等，其中 3C 产品的营业额连续五年增长率均超过 300%。由此可以看出，电脑软、硬件产品在网上的销售一直很活跃。其主要原因是：首先，大多数网络用户对这类产品信息最为热衷，而且产品的升级、更新换代使得这一市场有着永不衰退的增长点；其次，电脑软件通过网络传输非常便利，可以采用试用或赠送等方式引起消费者的兴趣，在使用过软件的网上试用版后，就可以决定是否购买整个软件了。但是，由于硬件水货横行，软件盗版很多，这在一定程度上也影响了此类产品在网上的销售。

4. 知识含量较高的产品或不便现实咨询的产品

知识含量较高的产品或不便现实咨询的产品如心理咨询、个人问题咨询(如婚姻问题、涉及个人隐私的问题)等。

5. 创意独特的新产品

利用网络沟通的广泛性、便利性，创意独特的新产品可以更主动地向更多的人展示，以充分满足那些品位独特、需求特殊的顾客。如杭州每年都会举办创意展，其产品追求更多的不是实用性，而是创意。

6. 有收藏价值的产品

有收藏价值的产品有珠宝类，还有像奥运相关收藏品如纪念币、邮票等。现在做网店的商家有很多，而且包括九钻网在内的专业性 B2C 网站近年来也呈快速发展的态势。

二、网络购物品类发展的不同阶段

艾瑞咨询的相关报告显示，从网络购物的发展历程来看，品类的延伸经历了从产品到服务、标品到非标品的延伸。第一阶段，标准化程度最高、轻服务类的品类，如图书音像、日化用品等得以线上化；第二阶段，服饰鞋包、生鲜食品等非标准化、轻服务的品类的线上销售开始高速增长；第三阶段，随着互联网对居民生活渗透的持续深入，一些非标准化的、重服务的品牌开始得到快速发展，如家居家装和房产汽车。众多电商平台也开始横纵双向地扩充品类：横向上不断拓展更多泛零售的商品品类，纵向上逐步开始“服务＋”的升级。

第三节 网络零售对传统零售行业的影响

一、商品流通的未来发展趋势

商品流通的未来发展趋势是整个流通环节将不断缩短，如图 3-1 所示。

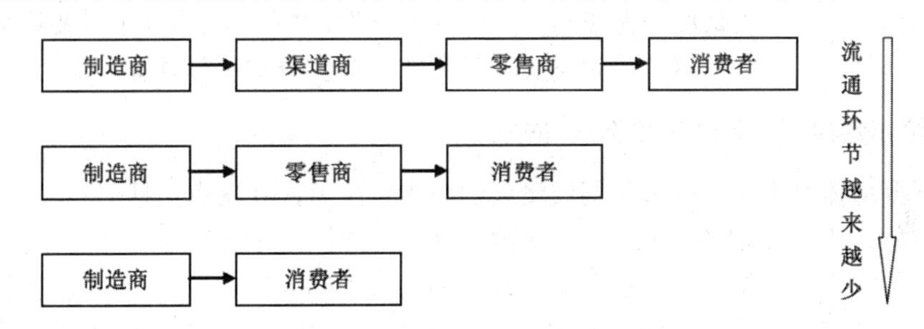

图 3-1 商品流通的未来发展趋势

在整个贸易流程中，每增加一个环节，产品的价格就会提高一些，当产品最终到达消费者手中时，其价格往往比出厂价要高出很多。网络零售的发展，使商品流通环节越来越少，消费者能买到更多物美价廉的商品。

二、网络零售给传统零售业带来的影响

对于网络零售这种新的消费方式，厂商必须予以重视，并拿出相应的策略。从规模上说，现在的网购虽然还不能撼动传统销售渠道的地位，但是在未来有可能改变整体的商品流通结构，成为重要的销售渠道。

随着以年轻人占绝大多数的中国网民逐渐步入中年，进入主要的消费阶段，网购有可

能在销售数额和消费方式上成为其最重要的购买方式。而一些小型厂商等利用网络渠道与方式，通过加强对消费者的了解，建立信誉，并展开营销攻势，成为现在厂商的潜在竞争者。

网络零售的本质是减少商品流通过程中的流通环节。在这个变化中，一般来说，渠道商(中间商)是最大的受害者。当然部分渠道商也会因为自身货源优势自建网上商城，从而绕开原有零售商而直接与消费者接触。

1. 网络零售对传统零售行业价格体系造成冲击

网络零售相对传统零售企业而言，最大的冲击来源于对现有传统渠道价格体系的破坏，传统店铺的利益不可避免地受到冲击。

“没有门店房租可以省去销售额的 10%，没有批发环节可以省去销售额的 20%，没有中间商可以省去销售额的 20%”，一位进军网络销售的衬衫品牌负责人如此表述。可见，比起传统渠道，网络渠道有着无可争议的价格优势。

比如，梅小姐逛商场时看中了一件“Teenie Weenie”外套，不过 1 180 元的标价超出了她的预期，但她的确很喜欢这件外套。这时梅小姐试好衣服尺寸，然后把这件外套的型号输入手机，通过“短信比价”查出淘宝售价，发现网上售价在 415～418 元，便宜了一大半。最终，梅小姐回到家中以 420 元(含邮费)在网上买下了该款衣服。现在，梅小姐经常向周围的朋友推荐自己的购物经验。

对于这样的情况，传统商家十分不满。比如，某服饰礼品市场经营品牌服装的吕女士表示，顾客光试不买的情况越来越多。“前些天有个小姑娘，试穿衣服之后挺满意的，然后就是谈价格。本来这件衣服 400 多元，我同意再降 100 元，已经降得够多了。”但是那位顾客却坚持降到 250 元才买，还拿出手机短信给吕女士看，称网上售价只要 230 元，不同意她便去网上购买。吕女士最终还是没有答应顾客的条件，“网上的店铺不需要租金，还不用交税，价格当然低了，但是这样的价格我要亏本的。其他顾客也是这样，我只好关门了。”

2. 网络零售对现有渠道体系造成冲击

在传统渠道体系中，一般都是层层设级的扁平化渠道，其缺点包括但不限于以下两点：①厂商无法感知市场终端的现状，很多渠道的库存问题也因此产生；②每经过一个渠道，厂商都需要分配给相关渠道相应的利润，过多的渠道中间商大大拉低了厂商的利润空间。

而今天，随着网络零售浪潮的到来，似乎让人们找出了解决上述问题的方法。但是传统渠道以整体业绩实力为筹码，使得厂商面对网络零售左右摇摆、举棋不定。

传统渠道经销商在营销与运营上非常传统，还停留在让利活动、赠品促销等原始的营销经营模式，如果面对网络零售的线上线下联动，单品超低价格销售引流以及“供应链+门店+社交电商”等营销组合拳，必然竞争力不强。

3. 网络零售品牌的兴起

网络渠道的崛起给新品牌提供了一个突破的机会，使其成为现在厂商的潜在竞争者。

比如，德尔电器是一个外销品牌，由于金融危机被迫转向内销市场。由于德尔电器的外观很粗糙，摆在超市里一眼就可以看出与美的、九阳等品牌的差距，但在淘宝上，买家仅仅通过图片是无法分辨出来的。为此，德尔成立了电子商务部，并把德尔和国内的知名品牌九阳、美的捆绑在一起。在买家搜索豆浆机时，德尔和国内的知名品牌九阳、美的一

起被搜索出来，凭借极高的性价比，德尔的豆浆机在短期内就实现了低成本的品牌推广。

德尔2008年在淘宝平台的出货量是240万台，而2009年增长更快，2月单月出货120万台。同时，德尔还不断建立网络多级分销渠道。目前它已经和卓越、当当网等B2C电子商务网站合作，在淘宝上的代理商有50多家。

三、传统企业开展网络零售的意义

1. 品牌互动窗口

充分发挥电子商务的互动优势，将企业电子商务建设成为与现实和潜在顾客开展线上品牌沟通的交流窗口和互动平台，这对于增加品牌知名度、强化品牌美誉度和提升品牌忠诚度，甚至进行新品推介都将发挥关键作用。

2. 库存消化通道

由于终端零售、批发代理、制造、采购等供应链环节永远存在信息不对称问题，库存成了企业经营的常态。过去企业的做法要么是降价出售，要么是通过炒货商来甩货，这两种做法都会冲击既有的渠道体系。今天，商家可以依托网店销售，将各个区域代理商积压的库存货品集中设置为网上特卖场，恰恰满足了网店销售价格优惠、地域覆盖不受限制的消费特点。同时，过季货品和应季货品有效区隔，网络消费群体与实体专卖店消费群体有效区隔，这样就不会直接损害当地品牌专卖店的美誉度。

3. 销售增量平台

作为对现有线下实体专卖店覆盖面不足的有效弥补，开设网络销售的网店，承载着现实而直接的销售增量渠道功能。

四、传统企业开展网络零售的几种方法

现阶段中国B2C虽保持高速发展，但目前，整个网络零售中真正赢利的仅限于某些规模较小的行业垂直性的B2C网站，尤其是外贸垂直B2C网站，另外还有在淘宝以及eBay等平台上开店的商家。

1. 在淘宝、eBay等C2C平台上开店

从长远来看，B2C将是未来的主流。但是对于大多数传统企业而言，B2C的进入门槛过高，这主要是由于人才的缺乏，很难组建成熟的运营团队，而C2C进入门槛相对较低；另一方面，从目前整个网络零售的市场份额来看，C2C占据了93%左右的市场份额，仍然是目前网络零售的主流。所以对于传统企业而言，涉足网络零售，首先考虑的是应该如何利用好淘宝、eBay等C2C平台，分享其成熟的运营平台、足够多的网购用户群。

2. 拓展网络零售渠道

从事网络零售，并不等于网络直销，拓展网上渠道是网络零售中非常重要的一环。近年来，网红经济和直播带货盛行，企业可以借助这种新模式开展网络零售业务。同时，也可以借助美团等生活服务类平台进行拓客。

3. 自建独立商城

完成上面两步后，再搭建自有的第三方独立商城，成功率会更高。因为经过前两步，已经有了成熟的团队、运营流程，形成了线下线上两条渠道的平衡管理方法、机制。最重要的是，借由淘宝分销商积累起自己的用户数据库，这时候企业需要做的就是如何把用户购买路径顺滑地平移到自己的独立商城。企业可以自建 App，并通过在 App 上发布特有的促销活动吸引消费者。

第四节　中国网络零售的主要竞争者

一、内贸网络零售

(一)内贸 C2C 主要竞争者

1. 淘宝

淘宝网是亚太地区较大的网络零售商，由阿里巴巴集团在 2003 年 5 月创立。淘宝网是深受欢迎的中国网购零售平台，拥有近 5 亿的注册用户数，每天有超过 6000 万的固定访客，同时每天的在线商品数已经超过了 8 亿件，平均每分钟售出 4.8 万件商品。截至 2011 年年底，淘宝网单日交易额峰值达到 43.8 亿元，创造了 270.8 万个直接且充分就业机会。随着淘宝网规模的扩大和用户数量的增加，淘宝也从单一的 C2C 网络集市变成了包括 C2C、团购、分销、拍卖等多种电子商务模式在内的综合性零售商圈，已经成为世界范围的电子商务交易平台之一。2019 年 12 月 12 日，《汇桔网・2019 胡润品牌榜》发布，淘宝以 3000 亿元的品牌价值排名第四。

2. 易趣

易趣网于 1999 年 8 月 18 日在上海成立，主营电子商务，由邵亦波及谭海音(两人同为上海人，毕业于美国哈佛商学院)所创立。2000 年 2 月，易趣在全国首创了 24 小时无间断热线服务，2000 年 3 月至 5 月，与新浪结成战略联盟，并于 2000 年 5 月并购 5291 手机直销网，开展网上手机销售业务，使该业务成为易趣的特色之一。

2002 年 3 月 18 日，美国 eBay 与易趣宣布结成战略合作伙伴关系，共同打造中国电子商务的未来。根据双方达成的协议，eBay 将投资 3 000 万美元获得易趣 33%的股份，并借此进入了中国高速发展的互联网市场，而易趣也将借助 eBay 的资金与丰富经验，进一步加强其在中国电子商务领域的领先地位。

2006 年 12 月，eBay 与 TOM 在线合作，通过整合双方优势，凭借 eBay 在中国的子公司 eBay 易趣在电子商务领域的全球经验，以及国内活跃的庞大交易社区与 TOM 在线对本地市场的深刻理解，2007 年，两家公司推出了为中国市场定制的在线交易平台。新的交易平台将带给国内买家和卖家更多的在线与移动商机，以促进 eBay 在中国市场的纵深发展。

(二)内贸 B2C 主要竞争者

1. 天猫

在阿里巴巴的各项业务中，电子商务依然是拉动收入增长的核心引擎，2017 财年核心电子商务收入 1338 亿元，在总收入中占比达 84.6%。其中国内零售业务 2017 财年营业收入达到 1141 亿元，占总收入的 72%。淘宝引领国内 C2C 业务，天猫在 B2C 电子商务市场中的占比接近 60%。在阿里巴巴中国零售业务中，核心的两个平台为淘宝和天猫，二者的模式不同，也存在“万能淘宝，品质天猫”的定位差异。两个平台在 GMV 方面的表现而言，目前仍是以淘宝为主，占比约为 58.5%，为消费者提供了更多个性化的商品和服务，在长尾市场占据重要的位置；从 GMV 的增速来看，天猫增长快于淘宝，2015—2017 财年天猫复合增长率达 35.9%，淘宝则为 17.4%。这与中国整个网络零售发展趋势相关，随着人民收入水平的提高，用户越发注重商品品质和购物体验，这种诉求为 B2C 市场的快速扩张提供了机会，天猫在这种趋势下不断引入线下品牌和国际品牌，为消费者提供品质化的商品和服务。

2. 京东

京东商城是中国 B2C 市场上最大的 3C 网购专业平台，自 2004 年年初正式涉足电子商务领域以来，京东网上商城一直保持高速成长，连续四年增长率均超过 300%。2007 年，京东商城获得了来自今日资本千万美元的融资。2008 年年底，京东商城又获得今日资本、雄牛资本以及亚洲著名投资银行家梁伯韬私人公司共计 2 100 万美元的联合注资。京东网上商城在线销售的商品包括家用电器、手机数码、电脑商品及日用百货四大类超过 3.6 万种。京东在技术、金融、O2O、渠道下沉和国际化等方面进行了诸多布局，如：京东到家与物流平台达达进行合并；沃尔玛战略入股京东，线上线下全面融合；成立独立生鲜部，建立覆盖中国所有大中城市的冷藏冷冻一体化的 B2C 物流设施；京东金融分拆独立；成立 X 事业部，技术转型升级。

3. 唯品会

唯品会信息科技有限公司(VIPS)成立于 2008 年 8 月，总部设在中国广东省广州市，旗下网站于同年 12 月 8 日上线。唯品会主营业务为互联网在线销售品牌折扣商品，涵盖名品服饰鞋包、美妆、母婴、居家等各大品类。2012 年 3 月 23 日，唯品会在美国纽约证券交易所(NYSE)上市。自上市以来，截至 2021 年 6 月 30 日，唯品会已连续 35 个季度实现赢利。唯品会深耕新零售、跨境电商、仓储物流、金融科技、大数据等领域：加速布局仓储物流网络建设，目前已拥有超过 20 000 名全职配送人员和超过 2 000 个自营配送站，基本做到 24～48 小时送达；发力互联网金融，通过收购“贝付科技”曲线获得第三方支付牌照，实现自有在线支付功能；在消费金融领域，唯品会金融通过消费金融产品“唯品花”带动用户数稳步上涨。

4. 苏宁易购

苏宁易购集团股份有限公司创办于 1990 年 12 月 26 日，总部位于南京，是中国商业企业的领先者，经营商品涵盖传统家电、消费电子、日用、百货、图书、虚拟产品等综合品类。截至2019年，全场景苏宁易购线下网络覆盖全国，拥有苏宁广场、苏宁易购广场、家乐福社区中心、苏宁百货，苏宁小店、苏宁零售云、苏宁极物、苏宁红孩子、苏宁体育、苏宁影城、苏宁汽车超市等“一大两小多专”各类创新互联网门店13 000多家，稳居国内线下网络前列；苏宁易购线上通过自营、开放和跨平台运营，跻身中国B2C行业前列。苏宁易购持续完善“零售+金融+物流”业务布局：线下优化门店结构，规模效应进一步凸显；为抢占农村市场，进一步完善开发标准、店内业态布局；为强化对社区和校园市场的服务提供，在南京推进“苏宁小店”网络；物流围绕基础设施网络建设、物流运营效率提升以及社会化开放运作不断强化核心竞争力。

5. 当当

当当网是国内最大的综合性中文网上购物商城之一，由国内著名出版机构科文公司、美国老虎基金、美国IDG集团、卢森堡剑桥集团、亚洲创业投资基金(原名软银中国创业基金)共同投资成立。

1999年11月，当当网正式开通。自成立以来，当当网每年均保持100%的增速高速成长，2009年成长率高达120%。当当网在线销售的商品包括家居百货、化妆品、数码、家电、图书、音像、服装及母婴等几十个大类，逾百万种商品，在库图书达到60万种。目前，每年有近千万顾客成为当当网新增注册用户，遍及全国32个省、自治区和直辖市。每天有上万人在当当网上买东西，每月有3 000万人在当当网上浏览各类信息，当当网每月销售商品超过2 000万件。

(三)内贸C2M主要竞争者

1. 拼多多

拼多多是国内移动互联网的主流电子商务应用产品。这是个专注于C2M拼团购物的第三方社交电商平台，成立于2015年9月，用户通过发起和朋友、家人、邻居等人的拼团，可以以更低的价格拼团购买优质商品。拼多多旨在凝聚更多人的力量，用更低的价格买到更好的东西，体会更多的实惠和乐趣。通过沟通分享形成的社交理念，形成了拼多多独特的新社交电商思维。2019年12月，拼多多入选2019中国品牌强国盛典榜样100品牌。

2. 必要

必要由原百度市场总监、乐淘董事长毕胜创办。必要是全球C2M模式的倡导者，也是C2M模式的践行者，必要科技C2M模式实现了用户到工厂的两点直线连接，去除所有中间流通环节，先下单后生产，并直连制造商，为用户提供“大牌品质、工厂价格”的高性价比商品，旗下拥有服务C端的C2M应用“必要商城”(必要APP)、服务B端的企业衍生品和礼品的SaaS平台“必要梦工厂”，以及供应链开放和C2M SaaS平台。

二、外贸网络零售

1. eBay

全球在线交易平台eBay成立于1995年9月，其经营方针是为来自各方的个人及小型公

司提供一个买卖商品或服务的交易平台。截至2019年年中，eBay在全球共有1.82亿用户。

2. 阿里巴巴全球速卖通(Ali Express)

从2009年9月9日起，阿里巴巴小额外贸批发及零售平台全球速卖通正式进入试运行阶段。该平台目前依附于阿里巴巴国际站，是阿里巴巴国际站的一部分，目前只向已付费的中国供应商会员开放。全球速卖通瞄准跨境出口业务，在俄罗斯等国家和地区具有较强的发展优势，同时收购东南亚电商平台 Lazada，利用国内多年的互联网经验在东南亚地区开展电子商务。

全球速卖通是阿里巴巴帮助中小企业接触终端批发零售商、小批量多批次快速销售、拓展利润空间而全力打造的融订单、支付、物流于一体的外贸在线交易平台。此平台适合体积较小、附加值较高的产品，比如首饰、数码产品、电脑硬件、手机及配件、服饰、化妆品、工艺品、体育与旅游用品等相关产品。

3. Lightinthebox.com

Lightinthebox.com成立于2007年，该公司致力于为全世界中小零售商提供一个基于互联网的全球整合供应链。公司成立之初即获得美国硅谷和中国著名风险投资公司的注资，成为高新技术企业，总部设在北京，目前在北京、深圳共有200多名员工。

Lightinthebox.com是国内排名靠前的外贸销售网站，目前销售的商品包括服装、电子产品、玩具、饰品、家居用品、体育用品等14大类，共5万多种商品。公司年销售额近1亿元人民币，每年面向国内供应商的采购额超过5 000万元人民币。经过几年的发展，公司采购遍及中国各地，在广东、上海、浙江、江苏、福建、山东和北京等省市均有大量合作的供货商，并积累了良好的声誉，包括纽曼、爱国者、方正科技、亚都、神舟电脑等在内的多个国内知名品牌也加入到了Lightinthebox.com销售平台，成为公司的合作伙伴或者供货商。

Lightinthebox.com 在全球所有网站中排名 4 556(Alexa 排名 4 556)，网站用户来自 30 多个国家，日均国外客户访问量超过10万次，访问页面超过100万个。目前，该网站已经拥有来自世界各地的注册客户数百万人，累计发货目的地国家多达 103 个，遍布北美洲、亚洲、西欧地区、中东地区、南美洲和非洲。该公司也因此荣获PayPal“2008年度最佳创新公司奖”的殊荣。

4. 草莓网

草莓购物网(www.strawberrynet.com)成立于1997年，是一家以中国香港为基地的公司，为全球顾客提供折扣品牌护肤品、香水、化妆品、身体及头发护理的网上购物公司。

草莓网为全球数一数二销售各国著名品牌护肤品、彩妆、化妆品、香水及香薰的网上折扣店。草莓购物网拥有著名品牌及货源最广泛的选择，包括安娜苏(Anna Sui)、宝格丽(Bvlgari)、香奈儿(Chanel)、迪奥(Dior)及雅诗兰黛(Estee Lauder)等。由于该网站的注册地为香港，因此在购物上就具有了很大的优惠性，帮人们购买商品的同时还可赚取佣金。草莓购物网全天候为全球顾客免费发货，部分主要城市仅需4～6个邮递工作日即可送达。

第五节　网络零售存在的问题

网络零售存在许多问题，有些问题还引起了许多争论。

一、电子中介

目前，一些转型到网上的企业，其网上渠道已经开始对其赢利能力和合作关系发生影响。例如，1998 年，有一些分销商担心得罪授权经销商而拒绝向网上销售商供货，美国马萨诸塞州的酒类分销商甚至控告网上销售商 Virtual Vineyards，不让其在网上卖酒。在一些行业中，随着渠道冲突的加剧，对网上销售的挑战还会增加，并会出现更多的限制。另外，公司内部也会出现渠道冲突，处理公司内部渠道冲突的办法之一就是团队报酬制度，不过，其主要困难将是如何确定每种销售方式的价值及相应的报酬比例。

因特网这个概念，起初意味着“非中介化”(disintermediation)，一些生产商纷纷绕过批发和零售环节，直接向用户销售产品。然而随着电子商务的发展，一些传统的渠道成员不仅没有被非中介化，而且还使这些连接生产者和消费者的中间商效率更高，甚至出现了大量再中介化(reintermediation)的现象——利用互联网创造各种新型的在线中间商和中介手段，取代传统的中介角色。这种基于网络的、以提供信息为主要中介手段的新型渠道成员，成为电子中间商。网络环境下中间商为何没有消失，一个重要的原因是网上交易对信任的需求更加重视。

二、渠道冲突

渠道冲突(Channel Conflict)指的是渠道成员发现其他渠道成员从事的活动阻碍或者不利于本组织实现自身的目标。

在线市场的竞争程度及竞争方向的变化会迅速影响离线市场的竞争。相反，离线市场的竞争水平对在线市场的影响程度却远不及在线市场对离线市场的影响水平。传统理论认为，引入类似在线市场这样新的交易系统有利于离线市场的竞争。但有研究认为，引入在线市场也有可能削弱离线市场特别是离线市场的行业中介的竞争水平。

如果同一厂商的客户群通过在线市场与离线市场的不同渠道，以不同的价格获得同质量的商品，就会造成制造商与中介、合作伙伴与客户之间的冲突，这就是厂商的渠道冲突。渠道冲突常常成为厂商经营在线市场时需要考虑的关键问题之一。

渠道冲突的解决需要企业不断地调整其营销策略并加强渠道的运营管理，对线上与线下渠道进行有效细分与合理定位，引导各渠道成员间的协同合作，充分发挥其比较优势，使得渠道之间不再是单一的冲突和竞争，而是协作基础上的竞争，并由此形成多赢局面。在操作层面上，可运用现代营销的方法和技术手段，采取以下具体运作策略：①线上线下实现同品同价；②线上线下提供不同产品或品牌；③线上销售与线下配送的一体化服务；④全渠道营销。

三、价格竞争

“网络零售将变成价格竞赛，而网下零售将不得已趋向服务竞赛”，定位大师里斯在《互联网商规11条》中预测道。沃尔玛为什么能够风靡全球？因为它倡导天天低价。再看看步行街的各个店铺，十个有九个门外挂着打折促销的广告。货比三家已经成为消费者购物的习惯，他们从一个商店逛到另一个商店，对比着同样的产品不同的价格。

网上购物同样如此，消费者总是趋向于购买更低价的商品。不但各个网上商城纷纷打出低价折扣等促销广告，而且购物搜索引擎也逐渐通过搜索获得网上商品最低价，来迎合消费者的心理。如果卓越亚马逊不是低价售书，即便它再具有便利性、界面再友好，也不会有消费者买单。为什么有的国家由电子商务先驱变成先烈，就是因为它错误地将便利性作为网上购物的核心，而没有在价格上面做文章。美国著名的buy.com网站总是号称“全球最低价”，就是因为它能够自动扫描竞争对手的商品价格，然后将商品调整为最低价。现在这家网站已经聚集了强大的人气，当然它还需要在赢利上下功夫。

那么，是不是作为网络零售就一定要打价格战？如果有雄厚的资金作支撑，当然可以。但是，如果没有相当的实力，就不能自寻死路。降低价格除了降低自身的利润外，还可以在商业模式上下工夫。比如，“基地型电子商务模式”将传统经济的“零库存”概念引入其中，将电子商务中心建立到产业基地中去，节省了物流和库存环节，大大压缩了成本，从而能在价格上给予消费者更多的优惠。这种基于商业模式上建立起来的价格优势，才是一个网上企业的核心竞争力。当然，模式也会被模仿，而是否会被竞争对手超越，就在于企业跑得是否足够快。

四、欺诈

伴随着大量网上购物行为的发生，网上欺诈活动也日益猖獗。犯罪分子往往利用消费者“贪便宜、图省事”的消费心理，通过虚假的网站、华丽的页面、超低的价格、伪造的证件，大肆骗取钱财。

网络经济的虚拟性，使得鱼目混珠、泥沙俱下的情况很难避免。在现今电子商务法律法规还不健全的情况下，如何识别网络骗局，保护自身权益，已经成为广大网络消费者关注的焦点。专业电子商务信用信息披露平台——中国电子商务法律网的电子商务欺诈信息举报中心(www.315online.com.cn)发布了防范网络欺诈的“十招”技巧，供消费者在实际网络交易过程中参考借鉴。

第六节 在线旅游

一、在线旅游的定义及分类

(1) 在线旅游的定义

在线旅游是通过互联网、移动互联网及电话呼叫中心等方式为消费者提供旅游相关信

息、产品和服务的行业。

(2) 在线旅游的分类

在线旅游包括在线出行票务预订、在线住宿预订、在线度假产品预订和其他旅游产品和服务(如商旅、保险、WiFi 等)。

二、中国在线旅游市场规模

据艾瑞咨询的相关数据显示，2019 年中国在线旅游市场交易规模为 18070.6 亿元，同比上升 21.6%。2020 年新型冠状病毒肺炎疫情使旅游市场受到巨大影响，中国在线旅游市场交易规模为 9874.6 亿元，同比下降 45.4%。2021 年，国外疫情形势依旧严峻，短期内出境游恢复较难，国内疫情总体可控，但零星散发病例时当地出行、旅游等活动通常会紧急叫停，对旅游业恢复的节奏造成一定影响。同时，年内极端恶劣天气频发，景区的运营、游客的出行等均受影响。

总体来说，2021 年中国在线旅游市场虽未能实现迅速恢复，但在国内疫情流行态势逐渐缓和、防控力度强劲、管控流程完善以及国内新冠疫苗大规模接种等环境因素下，居民均逐渐习惯与疫情共存的生活，居民旅游需求将逐步释放。与此同时，旅游群体的年轻化、旅游消费的本地化、旅游体验的数字化等趋势逐渐显现，业内对此变化趋势做出的应对，也将会影响未来市场的恢复程度。整体而言，居民生活水平稳步提高，而旅游是居民体验式消费的重要组成部分，市场仍应持积极的信心和态度来应对当前挑战。

三、中国在线旅游细分市场

根据提供的产品及服务的不同，在线旅游可分为在线交通、在线住宿和在线旅游度假三大细分市场。在线交通为线上机票、火车、高铁等交通票务预订产品及服务；在线住宿为线上酒店预订产品及服务；在线度假旅游包括在线跟团游和在线自驾游预订产品及服务。

(1) 在线出行：市场规模逐渐恢复，同时疫情推动出行市场在线化进程。2019 年，中国在线出行市场交易规模为 11993.7 亿元，同比增长 17.9%。2020 年受疫情影响，中国在线出行市场交易规模同比下滑 37.0%；在疫情态势缓和、防控措施完善等因素影响下，出行市场逐渐实现部分恢复，在线出行市场中，机票、火车票是其中最大的两个细分市场。

(2) 在线住宿：2019 年，中国在线住宿市场交易规模为 2992.2 亿元，同比增长 25.2%。在疫情的影响下，酒店经营者相较以往更加注重用户流量的掌控，因此在线住宿市场中会员体系完善的酒店集团在此更有优势，而以单体发展的单体酒店则可依赖在线旅游平台的会员联盟实现一定程度上的流量掌控。

(3) 在线旅游度假：2019 年，中国在线度假市场交易规模为 3084.6 亿元，同比增长 34.4%。疫情对在线度假市场产生巨大影响，2020 年市场交易规模同比下滑 79.8%，是在线旅游市场中下滑最为显著的细分版块。目前在线度假市场中的出境游版块基本停滞，国内游版块也受到国内零散疫情等影响而恢复缓慢。在国外疫情形势严峻的环境下，出境游难度较大，消费者逐渐将出境游需求释放至国内游。但与此同时，国内长线游时常受到疫情零星散发状态等影响，消费者在此情况下，一定程度上不得不选择周边游来完成旅游需求的满足；除此之外，随着居民生活水平的提高，旅游消费需求相较以往呈现更加多元化的

趋势，周末出游等“微度假”的旅游方式越来越受到消费者的欢迎。因此，在以上双重因素影响下，消费者的度假选择逐渐本地化、周边化。

四、中国在线旅游度假市场发展格局

中国在线旅游度假市场发展格局主要体现在以下几方面。

(1) 下沉市场崛起带动跟团游占比进一步提升。艾瑞数据显示，2018 年中国在线旅游度假市场中，跟团游占比 46.2%，自助游占比 53.8%。其中跟团游的比重较 2017 年略有提升，艾瑞数据分析其原因是下沉市场游客群体崛起，跟团的方式已能够满足其现阶段的旅游服务需求。

(2) 途牛、携程分别领跑跟团和自助游市场。艾瑞数据显示，2018 年中国在线度假跟团游市场中，途牛位列市场占比第一，为 40.8%，携程和驴妈妈分别占据第二和第三的位置，市场份额分别为 20.5%及 13.8%。而在 2018 年中国在线度假自助游市场中，携程市场份额第一，占比为 28.8%，途牛第二，占比为 24.4%，驴妈妈第三，占比为 16.7%。

(3) 出境游占比进一步提升。艾瑞数据显示，2018 年中国在线旅游度假市场中，出境游占比维持平稳，为 53.9%，而周边游的占比也高于国内游，位居第二，占比 23.1%，而国内游比重则为 23.0%。

(4) 出境游市场日渐成熟，消费者群体稳定，集中度进一步提升。艾瑞数据显示，在 2018 年中国在线出境游市场中，途牛占比第一，份额为 39.9%，第二和第三是携程和同程，分别占比为 26.9%及 11.5%；在国内游市场中，途牛、携程和驴妈妈分别占据前三席位，市场份额分别为 32.7%、32.6%及 10.9%；而在周边游市场中，驴妈妈以 41.0%的份额位列市场第一，同程和携程均以 13.0%的份额分别占据第二和第三的位置。

小贴士

中国在线旅游度假市场案例分析

途牛：发展 S2B2C 模式，核心聚焦消费者体验提升。2019 年以来，途牛的战略方向主要有两点，第一，加强销售网络的多样化，包括自营及合作的线下门店的扩张、社群的经营等；第二，打磨产品满意度，以服务为导向，提升用户体验。核心在于从实际用户的角度出发，思考用户触达途牛的各个渠道以及用户使用途牛的体验感知，帮助提高老用户的留存率及新用户的注册率。

携程：拥有多个产业布局的一站式 OTA 平台。经过 20 多年的发展，携程已涵盖内容社区、预订服务、旅行协助、目的地内活动、旅程中支持等五大板块，能够提供包括住宿预订、交通订票、旅游度假及商旅管理服务和其他旅行相关服务。此外，携程有着强大的供应链优势，携程连续投资并购途风网、同程网、途牛网、去哪儿网、印度 OTA 巨头 Make My Trip、英国的 Skyscanner 等 20 多家公司，快速打通产业链，实现规模扩张。2021 年携程发布“旅游营销枢纽”战略，旨在创造新的交易场景，通过内容转化和营销赋能为泛旅游行业创造增量收益。

驴妈妈：扩大产业链优势，为资源方及消费者提供全面服务。驴妈妈旅游网依托驴妈妈集团在旅游目的地运营、智慧服务等方面的产业链优势，架好上下游产业链的桥梁，一方面加强为旅游目的地输送游客的能力，另一方面为游客提供更加优质的旅游产品和服务。2019 年，驴妈妈在景区业务方面打造景区门票、玩乐的领先交易平台，与景区共建“旅游生态命运共同体”，即在方向上，固基本盘、打大项目；在产品上，推陈出新、革新创意；在跨界方面，金融赋能、产旅融合；在突破方面，营销赋能、内容文创。

五、中国在线旅游度假市场发展趋势

中国在线旅游度假市场发展呈现以下趋势。

(1) 市场需求下沉，三线及以下城市发展潜力巨大。我国在线旅游行业已经进入快速发展期，一、二线城市在线旅游渗透率逐渐进入稳态，其用户增长也逐渐趋缓，而三线及以下城市处于渗透率提升、用户增长的高成长阶段，三线及以下城市用户规模占比由 2017 年的 35.9%上升至 2019 年的 46.1%。2020 年三线及以下城市需求下滑主要是受到疫情影响，但是低线城市需求崛起趋势不变。未来，三线及以下城市或将成为在线旅游增长的主要区域，发展潜力巨大。

(2) 市场往年轻化、本地化和多样化方向发展。除旅游需求向三线及以下城市转移之外，未来在线旅游产业也将呈现年轻化、本地化和多样化的特征。年轻客群正在成长，未来将是在线旅游市场的消费主力。目前 30～45 岁是我国最核心的高支柱型消费群体，当前消费能力最强。25～30 岁是我国最好的高潜型消费群体，美团深耕的是这类群体，因为其消费能力尚未到顶。

随着代际更替，大约 3～5 年后，二三十岁的年轻客群将成长为在线旅游市场的消费主力，而随着消费结构的逐渐变化，旅游市场结构也将逐渐向低龄化转变，在线旅游市场也将呈现低龄化的特点。根据最新数据显示，2020 年 12 月，90 后用户是在线旅游的消费主力军，占比达到 37.8%。80 后用户在线旅游占比排名第二，为 28.7%。95 后旅游消费能力快速释放，约四分之一在线旅游需求来自 00 后用户。

随着本地用户周边游需求持续增加，在线酒店预订从过去的异地预订为主向本异地场景并举转移，主流在线旅游平台也纷纷布局本地化在线旅游，主打本地生活服务的美团在本地酒店预订市场占据优势，易于实现“酒店+餐饮”等的配套服务。携程早在 2017 年就上线了“玩转当地”频道，未来也将持续发展本地化战略。

随着消费者的住宿需求更加多样化，共享住宿逐渐流行，民宿为在线旅游提供了越来越多的房源，而且民宿对在线旅游的依赖度更高。相较于酒店的统一场景，消费者也乐于在旅程中体验多样化的住宿场景，多样化也将逐渐成为在线住宿的主要模式。

(3) 核心企业加速全球化布局。随着我国经济的发展，国力的增强，中国作为旅游目的地的吸引力逐渐增强，入境旅游人数和收入逐年增长；同时，随着居民生活水平的提升和消费升级，居民出境旅游的需求也与日俱增。核心在线旅游度假企业积极布局海外市场：①携程先后投资印度在线旅游公司 MakeMyTrip、美国两大地接社海鸥旅游和纵横集团、英国机票搜索平台天巡，布局印度和欧美市场；②途牛在日本、韩国、泰国等十多个国家和地区设立海外目的地服务中心，通过自建海外目的地服务中心以及与当地专业服务商合作，途牛可以为用户提供更全面的目的地服务和保障。

(4) 产品同内容和科技深度融合。在线旅游行业目前进入稳定发展期，发展较早的机票

和酒店预订模块增长较为缓慢，各大 OTA 将眼光聚焦在在线度假上，度假板块的竞争逐步加剧。为扩大市场份额，各大 OTA 加大销售营销投入，纷纷尝试新型营销方式：①途牛 2015 年开始尝试同热门综艺节目合作，深度植入，同时还成立途牛影视，并自制综艺节目，将旅游产品同内容深度结合；此外途牛同花椒直播合作，尝试旅游直播；②澳大利亚旅游局同暴风科技合作，以 VR 视频形式探索旅游目的地 VR+旅游营销。

旅游产品同内容的深度融合，更能激发用户旅游的需求，有利于提高转化率，是未来最为重要的营销方式。

本章小结

本章首先对网络零售的定义和分类进行了简单介绍；对全球网络零售市场进行了现状分析，包括美国、欧洲、日本等国家和地区；对全球电商市场的数据进行了盘点，并分析了全球零售市场的发展趋势；分析了我国网络零售市场的发展概况，包括我国网络零售市场的现状综述，我国网络零售企业的分类。其次讲述了哪些产品适合网络零售；分析了网络零售对传统零售业的影响、传统企业开展网络零售的常用方法。接着介绍了国内外比较著名的 B2C 及 C2C 网络零售平台；分析了网络零售存在的主要问题。最后对我国在线旅游度假市场进行了分析。目的在于让读者了解到网络零售的基本理论、发展现状以及应用时的注意事项，了解主流的网络零售平台及在线旅游度假的发展，为将来从事网络零售相关事务奠定基础。

思考题

1. 简述网络零售的分类方法并举例说明。
2. 网络零售的发展趋势有哪些？
3. 列举我国网络零售的主要竞争者。
4. 网络零售存在的问题有哪些？
5. 网络零售业为我国物流配送行业带来了很好的发展契机，同时也对我国物流配送行业的发展水平与网络购物需求匹配度提出了更高的要求，试探讨网络零售业对我国物流配送行业的影响。

第四章　网络营销理论与应用

【学习要求及目标】

1. 了解网络营销的定义、职能和理论基础。

2. 掌握网络调研的方法与内容。

3. 学会使用网络广告营销、病毒式营销，以及其他基于Web2.0技术的营销方式，并且能够进行深层次应用。

【核心概念】

网络营销　网络市场调研　网络广告　网络营销方法

【引导案例】

三顿半：打造超级符号 互动无处不在

或许还有不少人对“三顿半”这个名字感到陌生，但是，就是这样一个全新的品牌，在此前速溶咖啡市场还被雀巢等品牌占领的情况下，强势杀出了一条血路。在“双11”、“618”等大促销中，三顿半成功战胜行业大佬雀巢速溶咖啡，在速溶咖啡品类做到第一。而且，在B轮融资中，三顿半获得红杉资本领投，可见资本市场对这个新品牌的看重。那么，三顿半逆势增长的背后，究竟是什么原因？

(1) 独特的市场定位，与用户共研产品。三顿半把产品定位为精品速溶咖啡，采用冻干粉形态还原咖啡本有的风味，让精品和速溶结合，让其迅速与雀巢和麦斯威尔等速溶咖啡品牌区隔开来。在与用户的连接上，三顿半做到了从源头开始，设计了一个神秘的“领航员”角色。“领航员”们是三顿半在各渠道精挑细选出的可以产出优质UGC内容的消费者个体，他们不仅承担着打入普通消费者内部进行品牌推广的职责，更会将自己对于咖啡的意见反馈给品牌方。只要其中几十位领航员提出同一个意见，三顿半就一定会对产品进行改变。

(2) 包装独辟蹊径，打造品牌视觉符号。在包装上，三顿半采用了简约别致的设计，形成了品牌独特的视觉符号。传统的速溶咖啡包装，往往是袋装，三顿半选用了极简风格的Mini小罐装，再用透明盒子或小桶装在一起，就跟90后小时候吃的星球杯一样。

(3) 从产品本身出发，打造源源不断的社交货币。利用美食大V，成为社交平台网红产品。三顿半其实是抓住了一个叫做“下厨房”App的渠道红利，通过将自己的产品送给“下厨房”App上的大量美食爱好者，收获了大量的用户点评和创意分享，迅速积累人气，然后逐步出圈，在微博、B站、小红书上和抖音等平台，很快便带动了二次传播。

(4) 主动创造社交话题，与用户玩在一起。在小红书等平台上，三顿半推出了“盒子变

小花盆 | 30S 教程”以及做钥匙链等活动方式，让用户觉得喝三顿半，既好喝又好玩，与年轻人玩在一起。包装二次创作 DIY，不仅增加了品牌与用户之间的互动趣味性与黏性，而且年轻人很愿意把自己的“手工作品”拍照发朋友圈，满足年轻人的社交需求。

(5) 跨界营销，相互借力。当新消费品牌成长到一定阶段，跨界营销将成为必选项。三顿半也不例外，与茶颜悦色推出了联名礼盒，将三顿半的 Mini 包装和茶颜悦色的品牌元素结合，别有一番风味。三顿半和茶颜悦色还推出了联名概念店，左边店铺售卖三顿半的拼配，右边店铺推出茶颜悦色的兀，十分有趣，并引来了网友争相打卡。

(资料来源：钟薛高 三顿半 王饱饱：网红爆款营销法则攻略，http://m.sohu.com/a/515938831_121124378/?pvid=000115_3w_a)

案例导学

是什么力量让一个新锐互联网咖啡品牌快速出圈？除了定位精准，产品直击痛点以外，“三顿半”网络营销策略的运用也功不可没。“三顿半” 在微博、B 站、小红书上和抖音等平台拥有众多粉丝，通过 KOL 的带动迅速积累人气。同时，善于创造社交话题，与用户玩在一起，迎合了新时代消费者的多重诉求。

第一节　网络营销概述

伴随着互联网、大数据、人工智能的迅速发展，互联网时代带来的信息对称透明、距离无限趋近、产业形成网状闭环、大数据高速流通、企业有机开放等优势日益显现，也深刻影响着人们的工作、学习和生活方式，网络营销作为营销新模式正是在互联网背景下产生，并伴着电子信息技术的发展得到广泛应用。

自电子商务诞生以来，企业及产品通过各种模式的网站在互联网的市场上展开了激烈的竞争，网络营销也逐渐成为实现电子商务交易的最核心过程。

一、网络营销的概念

与许多新兴学科一样，“网络营销”并没有一个公认的、完善的定义。网络营销的产生是科技发展、消费者价值变革、商业竞争等综合因素促成的。网络营销是企业利用网络媒体来开展的各类市场营销活动，是传统市场营销在网络时代的延伸和发展。网络营销不单纯是网络技术，还是市场营销；网络营销不单纯是网上销售，还是企业现有营销体系的有利补充；网络营销是 4Cs 营销理论的必然产物。

网络营销以现代营销理论为基础，通过因特网营销替代了传统的报刊、邮件、电话、电视等中介媒体，利用因特网对产品的售前、售中、售后各环节进行跟踪服务，自始至终贯穿于企业经营全过程，寻找新客户，服务老客户，最大限度地满足客户需求，以实现开拓市场、增加赢利为目标的经营过程。它是直接市场营销的最新形式。广义地说，凡是以互联网为主要手段进行的、为达到一定营销目标的营销活动，都可称为网络营销(或称网上营销)。也就是说，网络营销贯穿于企业开展网上经营的整个过程，即从信息发布、信息收集，到开展以网上交易为主的电子商务阶段，网络营销一直都是一项重要内容。

关于网络营销概念的理解，目前存在许多误区，最常见的误区就是将网络营销与网上销售、在线购物等同起来。这是影响网络营销在企业经营推广、应用的关键障碍。

1. 认识营销与销售

对于营销，美国市场营销协会(American Marketing Association，AMA)的定义是：规划并实施商品、理念或服务的定价、促销、分销，并创造交易来满足个人或组织的目的的过程。

美国知名营销专家菲利普·科特勒在其书中说到营销与销售的区别时称：营销是企业关于如何发现、创造和交付价值以满足一定目标市场的需求，同时获得利润的一门学科；而销售则指的是向顾客介绍商品，以满足客户特定需求的过程。

2. 网络营销是企业整体营销战略的一个组成部分

网络营销不是孤立存在的，是为实现企业总体经营目标，以互联网为基本手段营造网上经营环境的各种活动。许多企业开展网络营销的随意性很大，往往是根据网络公司的建议方案说做就做，而网络营销方案中的活动内容几乎与企业营销部门没有任何关系，网络营销成了网络公司的摆设。

事实上，网络营销应纳入企业整体营销战略规划。网络营销活动不能脱离一般营销环境而独立存在，要与各种营销形式协同作战，才能更好地发挥作用。网络营销是对企业网上经营环境的营造过程，也就是综合利用各种网络营销手段、方法和条件并协调其间的相互关系，从而更加有效地实现企业的营销目标。网络营销应看作是传统营销理论在互联网环境中的应用和发展。

3. 网站推广不等于网络营销

网站推广是网络营销中的一项重要内容，但网站推广并不等于网络营销，它只是网络营销的基础性内容而已。当前，许多网络应用服务企业大举网络营销的旗帜，而推行的服务却仅仅是一些网站推广的服务，这给传统企业造成了“网站推广就是网络营销”的误解，使企业缺乏对网络营销的全面认识，不能科学制订网络营销目标与计划，这对企业科学开展网络营销活动产生了诸多不利的影响。再者，单纯的网站推广其营销效果大打折扣，企业往往发现，虽然访问量上去了、搜索引擎都登录了，却并没有带来多少客户和订单。这是由于相关配套的网络营销措施与举动不到位造成的，就像企业针对地方市场投放大量电视广告，却在商场和街头难觅企业和产品的身影一样。

所以我们在开展网络营销的时候，首先要认识到网站推广不等于网络营销，要制订包括网站推广在内的系统、周密的网络营销计划，才能切实看到效果。

4. 电子商务与网络营销有共同点，但互不包含

许多企业往往将电子商务同网络营销等同起来，或者认为电子商务包含网络营销，或者认为网络营销包含电子商务。事实上，电子商务同网络营销有共同点，但更多的是不同点，两者是互不包含的。

网络营销只是开展电子商务的基础。电子商务是利用因特网进行各种商务活动的总和，必须解决与之相关的法律、安全、技术、认证、支付和配送等问题。而这些问题中的部分问题在我国已经成了发展的瓶颈问题，而网络营销则对之要求不高。国际上有许多实施网络营销成功的范例，一些知名的企业都建有自己的网站，这些网站以自己各具特色的站点结构和功能特点、鲜明的主体立意和网页创意开展网络营销活动，给企业带来了巨大的财富。

网络营销的一个重要职能是进行网上产品分销，主要包括建立网上产品展示平台、建立网上产品分销渠道等工作。网络营销与电子商务的共同点在于围绕企业和产品进行宣传、展示和促销。网络营销主要是从市场营销的角度利用互联网展开的系列活动，而电子商务则着重于通过互联网，达到企业产品零售或分销的整个流程的实现。二者的主要分界线就在于是否有交易行为发生。因此网络营销只是一种手段，无论传统企业还是互联网企业都需要网络营销，但网络营销本身并不能替代一个完整的商业交易过程。

电子商务经过几十年的发展，已经在发达国家显示出巨大的经济潜力。对我国的企业来说，电子商务既是契机也是挑战，而网络营销则是赢得挑战的突破口，是企业电子商务战略中不可忽视的重要一环。通过网络营销缔造贸易良机是中国企业抓住机会迎接挑战的重要手段。

5. 网络营销并不是易如反掌

有人认为，网络进入的门槛很低，因此，网络营销易如反掌，每个企业都可以轻松开展网上营销。虽然建立一个商务营销网站并非难事，在网站上处理一些商业交易也很平常，但是要想在网络营销的实战中进行“有效的”“成功的”商务运作，就远非想象中的那么简单，特别是对网上的大量信息资源进行深层次的价值开发，更是一件艰难而又富有创造性的工作，不做出艰苦的努力是不行的。

事实上，网络营销是一项系统工程，不仅仅因为它在网络营销的过程中，采用一种全新的技术和手段进行商务运作，更因为它是一种影响企业未来生存的选择，也是一种现代企业的经营能力和竞争实力的表现和反映。

网络营销开辟了一个崭新的天地，在网络时空中，用户获得了以前从未掌握的大量信息，研究、审视和处理这些信息需要新的能力。新的知识。我们面对的许多问题，可能是传统思维所无法想象的。在网络营销的过程中，商业的基本流程变了，同顾客和分销商的关系变了，获得数据的渠道和方法变了，定价的原则和策略变了……网络营销人员面对的是完全新奇而又陌生的课题。这里，新技术和新思维所带来的碰撞和激荡是巨大的。

但是，网络上任何宝藏的获得都是需要网络营销技能的。只有伴随着这种技能的增长，我们驾驭网络营销的能力和水平才能不断地增长，才能真正领略网络营销中的无限风光。

网络营销具有传统营销根本不具备的许多独特的、十分鲜明的特点，如：鲜明的理论性、市场的全球性和未来竞争优势、资源的整合性、自主便利性和经济性、市场的冲击性、优质服务、极强的实践性。

二、网络营销的职能

根据网络营销专家冯英健博士对网络营销的理解，网络营销的基本职能表现在八个方面：网络品牌、网站推广、信息发布、销售促进、网上销售、顾客服务、顾客关系、网上调研。下面对这 8 项职能进行详细解释。

1. 网络品牌

网络营销的重要任务之一就是在互联网上建立并推广企业的品牌，以及让企业的线下品牌在网上得以延伸和拓展。网络营销为企业利用互联网建立品牌形象提供了有利的条件，无论是大型企业还是中小企业都可以用适合自己的方式展现品牌形象。网络品牌建设是以企业网站建设为基础，通过一系列的措施推广，实现顾客和公众对企业的认知和认可。网络品牌价值是网络营销效果的表现形式之一，通过网络品牌的价值转化实现持久的顾客关系和更多的直接收益。

2. 网站推广

获得必要的访问量是网络营销取得成效的基础，尤其对于中小企业，由于经营资源的限制，发布新闻、投放广告、开展大规模促销活动等宣传机会比较少，因此通过互联网手段进行网站推广的意义就显得更为重要。这也是中小企业对于网络营销更热衷的主要原因。即使对于大型企业，网站推广也是非常必要的。事实上，许多大型企业虽然有较高的知名度，但网站访问量并不高。因此，网站推广是网络营销最基本的职能之一，是网络营销的基础工作。

3. 信息发布

网络营销的基本思想就是通过各种互联网手段，将企业营销信息以高效的手段向目标用户、合作伙伴、公众等群体传递，因此信息发布就成为网络营销的基本职能之一。互联网为企业发布信息创造了优越的条件，企业不仅可以将信息发布在自己的网站上，还可以利用各种网络营销工具和网络服务商的信息发布渠道向更大的范围传播信息。

4. 销售促进

市场营销的基本目的是为最终增加销售量提供支持。网络营销也不例外，各种网络营销方法大都具有直接或间接促进销售的效果，同时还有许多针对性的网上促销手段，这些促销方法并不仅限于对网上销售的支持。事实上，网络营销对于促进线下销售同样很有价值，这也就是为什么一些没有开展网上销售业务的企业一样有必要开展网络营销的原因。

5. 网上销售

网上销售是企业销售渠道在网上的延伸，一个具备网上交易功能的企业网站本身就是一个网上交易场所。网上销售渠道建设并不限于企业网站本身，还包括建立在专业电子商务平台上的网上商店，以及与其他电子商务网站不同形式的合作等。因此，网上销售并不仅仅是大型企业才能开展，不同规模的企业都有可以拥有适合自己需要的在线销售渠道。

6. 顾客服务

互联网提供了更加方便的在线顾客服务手段，如从形式最简单的FAQ(常见问题解答)，到电子邮件、邮件列表，以及在线论坛和各种即时信息服务等。在线顾客服务具有成本低、效率高的优点，在提高顾客服务水平方面具有重要作用，同时也直接影响到网络营销的效果，因此在线顾客服务成为网络营销的基本组成内容。

7. 顾客关系

顾客关系对于开发顾客的长期价值具有至关重要的作用，以顾客关系为核心的营销方式成为企业创造和保持竞争优势的重要策略。网络营销为建立顾客关系、提高顾客满意度和顾客忠诚度提供了更为有效的手段，通过网络营销的交互性和良好的顾客服务手段增进顾客关系，已经成为网络营销取得长期效果的必要条件。

8. 网上调研

网上市场调研具有调查周期短、成本低的特点。网上调研不仅为制定网络营销策略提供支持，也是整个市场研究活动的辅助手段之一，合理利用网上市场调研手段对于市场营销策略具有重要价值。网上市场调研与网络营销的其他职能具有同等地位，既可以依靠其他职能的支持而开展，也可以相对独立进行；网上调研的结果反过来又可以为其他职能更好地发挥而提供支持。

网络营销的各个职能之间并非相互独立，而是相互联系、相互促进的，网络营销的最终效果是各项职能共同作用的结果。网络营销的职能是通过各种网络营销方法来实现的，同一个职能可能需要多种网络营销方法的共同作用，而同一种网络营销方法也可能适用于多个网络营销职能。网络营销的八项职能也说明，开展网络营销需要用全面的观点，充分协调和发挥各种职能的作用，让网络营销的整体效益最大化。

三、网络营销的理论基础

网络营销的理论基础主要是直复营销理论、网络关系营销理论、软营销理论和网络整合营销理论。

(1) 直复营销理论是20世纪80年代引人注目的一个概念。美国直复营销协会对其所下的定义是：一种为了在任何地方产生可度量的反应和(或)达成交易所使用的一种或多种广告媒体的相互作用的市场营销体系。直复营销是使用一种或多种广告媒体在任何地点达成交易或可度量反应的一个互动的市场营销体系。其特点包含以下三个方面：①互动性。双向的营销传播，不论采用什么媒体都要给受众一个便捷的反馈渠道。②可度量性。其效果和获得的反馈可以精确地度量，并能知道具体的内容。③渠道的广泛性。包括人员直销，目录、直邮、电话、广告、订购终端营销和网上营销等。形式可变，原理相通，一种直复营销形式很容易移植到另一种直复营销形式中。

(2) 企业是社会经济系统中的一个子集，其营销目标的实现受众多外在因素(消费者、竞争者、供应商、分销商、政府和其他社会组织)的影响。只有通过加强与顾客联系，为其提供高度满意的产品和服务，并保持与其长期良好关系，在此基础上开展营销活动，才能实现企业的营销目标。网络关系营销理论是自1990年以来受到重视的营销理论。它主要包括两个基本点：首先，在宏观上认识到市场营销会对范围很广的一系列领域产生影响，包括顾客市场、劳动力市场、供应市场、内部市场、相关者市场以及影响者市场；其次，在微观上认识到企业与顾客的关系不断变化，市场营销的核心应从过去简单的一次性交易关系转变到注重保持长期的关系上来。

(3) 软营销理论是针对工业经济时代的以大规模生产为主要特征的“强式营销”而提出的新理论。网络软营销理论站在消费者的角度，提出在网络环境中开展营销必须尊重消费者的感受和体验，使其能舒心地接受企业的营销活动。该理论认为顾客在购买产品时，不仅要满足基本的生理需求，还要满足高层次的精神和心理需求。

(4) 网络整合营销理论的核心思想是以顾客为中心，以整合企业内外部所有资源为手段，再造企业生产与市场行为，充分调动一切积极因素以实现企业的营销目标。菲利普·科特勒曾指出：“公司所有部门为顾客利益而共同工作时，就是整合营销”。网络整合营销理论主要包括以下几个关键点：网络营销要求把消费者整合到整个营销过程中来，从他们的需求出发开始整个营销过程；网络营销要求企业的分销体系以及各利益相关者要更紧密地整合在一起。

第二节　网络市场调查

一、网络市场调查的含义

网络市场调查是指通过互联网系统而有效地进行营销信息的收集、整理、分析和研究的营销活动。企业通过详细的网络市场调查，对提出的问题找到解决的方法，为企业制订产品计划和营销目标、决定分销渠道、制定营销价格、采取促进销售的策略和检查经营成果提供科学依据；在营销决策的贯彻执行中，为调整计划提供依据，起到检验和矫正的作用。

和传统市场调查方式一样，网络市场调查也有两种分类：一种是网络直接市场调查，就是在网上直接收集一手资料，如在互联网上直接进行问卷调查、E-mail 调查等；另一种是网络间接市场调查，就是在网上间接收集二手资料，如在不同网站上查找已有的各种资料、数据等。

和传统市场调查相比，网络市场调查充分利用了互联网的开放性、自由性、平等性、广泛性和直接性的特性。因此，网络市场调查具有传统的市场调查手段和方法所不具备的一些独特的特点和优势。比如及时性和共享性，便捷性和低费用，交互性和充分性，可靠性和客观性，无时空和地域限制，可检验性和可控性等。

二、网络直接市场调查

(一)网络直接市场调查的途径

根据调查的途径不同，网络直接市场调查分为以下五种方式。

1. 利用自己的网站

网站本身就是宣传媒体，如果企业网站已经拥有固定的访问者，完全可以利用自己的网站开展网络调查。这种方式要求企业的网站必须有调查分析功能，对企业的技术要求比较高，但可以充分发挥网站的综合效益。

2. 借用别人的网站

如果企业自己的网站还没有建好，可以利用别人的网站进行调查。这里包括从访问者众多的网络服务提供商(ISP)获取信息或直接查询需要的信息。这种方式比较简单，企业不需要建设网站和进行技术准备。目前，市场上涌现出一批专业在线调研机构，如艾瑞调研社区以及数字 100 市场研究公司等。由于专业在线机构调研需要对调查系统的样本库进行维护，因此实施成本较高。

3. 混合型

如果企业网站已经建设好但还没有固定的访问者，可以与其他一些著名的 ISP/ICP 网站建立广告链接，以吸引访问者参与调查，这目前常用的方式。调查研究表明，传统的优势品牌一定是网络的优势品牌，但它需要在网络重新发布广告，以吸引顾客访问网站。

4. E-mail 型

直接向潜在客户发送调查问卷，这种方式比较简单、直接，而且费用非常低廉。但要求企业必须积累有效的客户 E-mail 地址，而且顾客的反馈率一般不会非常高。采取该方式时要注意是否会引起被调查对象的反感，最好能提供一些奖品作为对被调查对象的补偿。

5. BBS 等社会化媒体

在相应的 BBS 中发布问卷信息，或者发布调查题目，这种方式与 E-mail 型一样，成本费用比较低廉，而且是主动型的。在 BBS 上发布信息时，要注意网络行为规范，调查的内容应与讨论组主题相关，否则可能会导致被调查对象的反感甚至抗议。参考 2012 年尼尔森在线研究对社会化媒体平台的划分，目前我国的社会化媒体主要有博客、微博、微信等即时通信，音乐分享、图片分享、百科、消费点评、视频分享、直播平台、游戏、社交电商、签到、团购、订阅，以及各种主题论坛等形式。社会化媒体是一种低成本市场调研的渠道。

(二)网络直接市场调查的步骤

网络直接市场调查是企业主动利用因特网获取信息的重要手段。与传统调查类似，网络直接市场调查必须遵循一定的方法和步骤，具体如下。

1. 确定网络直接调查目标

因特网作为企业与顾客有效的沟通渠道，可以使企业充分利用该渠道直接与顾客进行沟通，了解企业的产品和服务是否满足顾客的需求，同时了解顾客对企业潜在的期望和改进的建议。在确定网络直接调查目标时，需要考虑的是被调查对象是否上网，网民中是否存在着被调查群体，规模有多大。只有网民中的有效调查对象足够多时，网络调查才可能得出有效结论。

2. 确定调查方法和设计问卷

网络直接调查方法主要是问卷调查法，设计网络调查问卷是网络直接调查的关键。由于因特网交互性的特点，网络调查可以采用调查问卷分层设计。这种方式适合过滤性的调查活动，因为有些特定问题只限于一部分调查者，所以可以借助层次的过滤寻找适合的回答者。常用的问卷工具有问卷星、乐调查和番茄表单。

3. 选择调查方式

网络直接调查时采取较多的是被动调查方法，即将调查问卷投放到网站等待被调查对象自行访问并接受调查。采用这种调查方式，吸引访问者参与调查是关键，为提高受众参与的积极性可提供免费礼品、调查报告等。另外，必须向被调查者承诺做到有关个人隐私的任何信息不会被泄露和传播。

4. 分析调查结果

分析调查结果是市场调查能否发挥作用的关键，可以说与传统调查的结果分析类似，也要尽量排除不合格的问卷，这就需要对大量回收的问卷进行综合分析和论证。常用的统计分析软件有 Spss、Stata 以及 Phthon。

5. 撰写调查报告

撰写调查报告是网络调查成果的体现。撰写调查报告主要是在分析调查结果的基础上对调查的数据和结论进行系统的说明，并对有关结论进行探讨性的说明。调查报告的结构包含前言、主体和附录三大部分。

6. 答谢被调查者

给予被调查者适当的奖励和答谢对于网上调查来说是十分必要的，这既有利于调动网上用户参与网上调查的积极性，又可以弥补因接受调查而附加到被调查者身上的费用(如网络使用费、市内电话费等)。企业可以采取抽奖的方法，对填写问卷的用户随机进行抽奖，来答谢被调查者。在这一过程中应注意的是，中奖面和奖品价值高低要与调查内容和企业规模相适应。另外，企业也可以在调查报告后面致谢，或以向被调查者免费发送完整调查报告的形式来鼓励用户填写调查问卷。

三、网络间接市场调查

(一)网络间接市场调查的途径

二手资料的来源渠道有很多，如政府出版物、公共图书馆、大学图书馆、贸易协会、市场调查公司、广告代理公司和媒体、专业团体、企业情报室等。其中，许多单位和机构都已在互联网上建立了自己的网站，各种各样的信息都可通过访问其网站获得。再加上众多综合型 ICP(互联网内容提供商)、专业型 ICP，以及成千上万个搜索引擎网站，使得互联网上的二手资料收集更加方便。

互联网上虽有海量的二手资料，但要找到自己需要的信息，首先，必须熟悉搜索引擎(Search Engine)的使用，其次，要掌握专题型网络信息资源的分布。网上查找资料主要通过

三种方法：利用搜索引擎；访问相关的网站，如各种专题性或综合性网站；利用相关的网上数据库。具体内容如下。

1. 利用搜索引擎查找资料

搜索引擎使用自动索引软件来发现、收集并标识网页，建立数据库，以 Web 形式提供给用户一个检索界面，供用户以关键词、词组或短语等检索项查询与提问匹配的记录。目前，其成为因特网上最突出的应用。

2. 访问相关的网站收集资料

如果知道某一专题的信息主要集中在哪些网站，可直接访问这些网站，获得所需的资料。企业在进行市场调研时，应善于借助国内外专业咨询公司以及市场调研机构，如 Forrester Research、国际数据公司 IDC、麦肯锡咨询公司、波士顿管理咨询公司、中国电子商务研究中心、艾瑞市场咨询公司以及阿里研究院等。

3. 利用相关的网上数据库查找资料

网上数据库有付费和免费两种。在国外，市场调查用的数据库一般都是付费的。我国的数据库业近十年有较大的发展，近几年也出现了几个 Web 版的数据库，但它们都是文献信息型的数据库。

(二)网络间接市场调查的具体方法

网络间接市场调查的具体方法有以下几种。

1. 收集市场环境信息

企业仅仅了解一些与其紧密关联的信息是不够的，特别是在做重大决策时，还必须了解一些政治、法律、文化、地理环境等宏观和微观环境的信息，这有助于企业从全局高度综合考虑市场变化因素，寻求市场商机。对于政治信息、经济信息，企业可以从一些政府、国际组织的网站中查找，如国家统计局(http://www.stats.gov.cn)的网站就提供了很多宏观环境的数据，中国商务部网站也是一个权威的、丰富的商业及市场信息来源。

2. 收集市场行情信息

企业收集市场行情资料，主要是收集产品价格变动、供求变化方面的。目前互联网上建有许多信息网，具体如下。

(1) 实时行情信息网，如东方财富网提供的是中国股市的实时行情信息。

(2) 专业产品商情信息网，如太平洋电脑网提供的是计算机相关硬件设备及部分 IT 产品的报价信息。

(3) 综合类信息网，如登录淘宝网就可以查询到各种商品的零售价格信息。

3. 收集竞争者信息

收集互联网上竞争者信息的途径，主要有访问竞争者的网站、收集竞争者网上发布的信息、从其他网上媒体获取竞争者信息、从有关新闻组和 BBS 中获取竞争者信息等。

市场领导者可选择网络的各种信息传播途径，如网站或参与 BBS 论坛讨论，以发现潜在威胁者和最新竞争动态，然后有针对性地访问其竞争者的网站，了解其发展状况，以做好应对准备；竞争者主要是选择访问领导者的网站并扮作领导者的顾客来收集其信息，同时以一些公众性网上媒体为辅助；补充者可能限于资金等因素，主要通过访问竞争者网站了解竞争动态。

4. 收集消费者信息

收集消费者信息就是了解消费者偏好，即收集消费者的个性特征，如地址、年龄、E-mail、职业等，为企业细分市场和寻求市场机会提供依据。企业可以登录提供消费者信息统计的网站，收集二手资料。二手资料的收集相对于一手资料的收集更加快捷，也更加便宜，如艾瑞咨询可以提供很多消费者信息的统计数据。

此外，企业可以对已经统计过的访问者在其计算机上放置 Cookie，记录访问者的编号和个性特征，这样既可以让消费者下次接受调查时无须填写重复信息，也可以减少对同一访问者的重复调查；企业也可以采用奖励或赠送礼品的办法，吸引访问者登记并填写个人情况表，以获取消费者个性特征。必须注意的是，企业在收集消费者敏感信息时，应注意适度原则，避免收到虚假信息或侵犯用户的隐私权等。

小贴士

市场调研工具

各种市场调研工具的分类如下。

(1) 公司背景概况

企查查、天眼查、拉钩网、IT 桔子、Questmobile。

(2) 行业情况分析

36 氪、虎嗅、艾媒网、易观大数据、新榜、中国产业研究院。

(3) 相关用户信息

腾讯大数据、艾瑞数据、易观智库、移动观象台。

(4) 舆情信息监控

百度指数、阿里指数、微信指数、新浪微舆情。

(5) 数据网站

艾瑞数据、极光大数据、CNNIC、数位观察。

第三节　网 络 广 告

一、网络广告的概念及发展状况

(一)网络广告的概念

通俗地讲，网络广告是指广告主利用一些受众密集或有特征的网站以图片、文字、动画、视频或者与网站内容相结合的方式传播自身的商业信息，并设置链接到某目的网页的

过程。

(二)网络广告的发展状况

据艾瑞咨询数据显示，2020年中国五大媒体(杂志、报纸、广播、电视和网络)广告收入规模达8729亿元，其中网络广告市场规模达7666亿元。受疫情影响，群众户外活动场景受限，居家和室内活动时段变多，媒介接触习惯进一步发生改变；同时互联网技术的升级创新了网络广告的玩法，进而达到更优质的传播效果，因此网络广告的价值愈发凸显，推动广告主将更多的广告预算向网络广告倾斜，使得网络广告成为疫情期间收入规模增长最为可观的广告形式。

二、网络广告的类型

从营销的角度，网络广告大致分为Web站点广告、电子邮件广告、搜索引擎广告、社交媒体广告、富媒体广告和植入式广告六大类。

1. Web站点广告

(1) 旗帜广告(banner ads)

早期的旗帜广告多为静态无交互功能的图片形式，后来普遍采用Flash、Java等技术实现动态交互型图像。旗帜广告具有可交互、可定向、可跟踪等突出优点。

(2) 按钮广告(button ads)

按钮广告亦称图标广告，由于它的尺寸较小，因此表现手法相对简单，通常只显示一个标志性图案或企业、品牌、商标的名称。主要用作引导用户点击进入其链接网页的提示性广告。

(3) 摩天大楼广告(skyscraper ads)

这亦称条幅广告或擎天柱广告，是一种常位于网页两边垂直放置的、窄而高的网络广告。

(4) 弹出式广告(pop-up ads)

这是一种在已显示内容的网页上弹出的具有独立广告内容的窗口，一般出现在打开浏览网页之后，由于会对用户的浏览行为产生影响，因此容易引起他们的反感。

(5) 插播式广告(interstitial ads)

这也是具有独立广告内容的窗口，但与弹出式广告不同，它是插在用户进入欲浏览网页的下载过程中，即在两个网页切换的间隙中弹出，CNNIC将其定义为“空隙页面”广告，亦称过渡页广告。

(6) 文本链接广告(text link ads)

这是将网页中相关文字设置链接功能的广告形式。广告虽然简单，但对浏览者干扰最少，所以，尽管难以产生图形广告的视觉冲击效果，但对于那些有潜在需求的受众，其广告传播效果还是不错的。

2. 电子邮件广告

通过电子邮件发送广告，具有针对性强、费用低廉、广告内容不受限制等特点，尤其是可以针对具体受众发送特定的分类广告，从而成为实施精细化营销的主要手段之一。

3. 搜索引擎广告

搜索引擎广告是网络广告市场份额占比较大的广告类型，主流形式是关键词广告和竞价排名。

(1) 关键词广告(keywordads)

用户在搜索引擎上输入待检索的关键词后，随即在搜索结果页面上显示诸多与关键词相关的信息链接。

(2) 竞价排名(bidding ranking)

被检索的信息在搜索结果页面上的排名顺序是搜索引擎服务商根据其设定的算法规则自动排列的，是非盈利性的。与这种传统的自然排名不同，竞价排名是搜索引擎服务商的一种盈利模式，其原理是根据顾客的点击率来收费。

4. 社交媒体广告

随着IM、SNS等社交媒体的发展，通过社交平台投放广告已经被广告主广泛认可，并成为一种新兴的网络广告形式。社交媒体广告不仅可由广告主投放并传播，而且可以借助用户口碑实现广告的自传播，形成涟漪效应。

5. 富媒体广告

以动画、声音、视频为媒介的网络广告统称为富媒体广告(rich media ads)。作为一种综合形式的广告，富媒体广告可应用在Web站点广告、电子邮件广告和社交媒体广告中。除声音、视频、流媒体等形式外，墙纸式广告、屏保广告也是常用的富媒体广告传播方式。

6. 植入式广告

作为植入式营销的主要方式，植入式广告是将产品或品牌有代表性的视觉符号甚至内容，策略性地融入影视节目、游戏或软文中，通过场景再现、思维联想等效应，让观众、用户或读者产生对产品或品牌的印象，达到广告传播的目的。因此，也称为隐性广告或软广告。

三、网络广告的投放

随着网络广告功能的增强、形式的丰富，越来越多的企业开始在网上投放广告。从目前来看，网络广告的投放一般有以下几种方式，企业可以根据自身的需求，从中选择一种或几种方式。

1. 建立企业网站

建立自己的网站，对于大公司来说，是一种必然的趋势。这不但是一种企业形象的树立，也是宣传产品的良好工具。实际上，在因特网上做广告，归根到底是要设立公司自己的主页。其他的网络广告形式，无论是黄页、工业名录、免费的因特网服务广告，还是网上报纸、新闻组，都提供了一种通过点击快速链接跳转至公司主页的形式。在因特网上做广告，建立公司的Web主页是最根本的一项内容。主页形式是公司在因特网上进行广告宣传的主要形式。按照今后的发展趋势，一个公司的主页地址也会像公司的地址、名称、电

话、传真一样，是公司独有的标识和无形资产。

2. 借助免费的服务

由于网上的免费服务能吸引大量用户，因此企业可以在提供服务的同时，向用户发送网络广告。企业可提供的免费服务很多，比如免费 E-mail、免费 BBS 等，这些服务一般都要求用户注册，企业可以利用这些资料有针对性地发送网络广告。具体来说，此种方式有两个显著特点：一是主动性强。所有的使用者都可以按照自己的喜好和兴趣选择订阅一些免费信息。一旦用户选择订阅了有关的信息，就可以定期收到所订阅的信息，当然，其中包含着广告的内容。不过用户既可以随时增加订阅，也可以随时修改或停止订阅。二是可统计性。用户在第一次使用免费服务时，必须详细地填写用户资料，这就使得提供免费服务的企业网站能详细地知道使用者的具体情况，企业可以根据消费者的特征(年龄、性别、职业、受教育水平、兴趣爱好、婚姻状况等)，有针对性地发布自己的广告。

3. 通过大型门户网站

企业自己的网站访问量可能有限，而大型门户网站的访问量大、用户多，企业可以利用这些网站来发布网络广告。如国内的新浪、搜狐、网易就提供网络广告服务，甚至这些网站的主营收入大部分都来自网络广告。这些门户网站提供的网络广告类型多样，效果各不相同，收费也不一样。

4. 通过专业网站

专业网站为用户提供某类专门服务，登录这些网站的访问者多数是相关领域的专业人士或爱好者，他们具备较高的专业知识水平和忠诚度。企业通过这类网站发布网络广告，具有相当强的针对性和良好的广告效果，但同时广告价格也比较高。比如太平洋汽车网作为专业的汽车网络媒体，以资讯、导购、导用、社区为出发点，坚持原创风格，为网友提供汽车报价、导购、评测、用车、玩车等多方面的第一手资讯，并营造一个互动的车友交流空间。汽车类企业在这类网站发布专业产品的广告效果是相对较好的。

5. 利用网络黄页

在因特网上有一些专门提供企业网址、联系方式等内容查询服务的网站，这些站点如同电话黄页一样，按类别划分，便于用户进行站点的查找。在其页面上，会留出一定的位置给企业做广告。在这些页面上做广告有两点好处：一是针对性强，在查询的过程中都是以关键字来区分的；二是醒目，处于页面的明显处，容易为正在查询相关问题的用户所注意，因此容易成为用户浏览的首选。

6. 列入企业名录

一些网络服务提供者(ISP)或政府机构会将一些企业信息加入它们的主页中，企业可以利用这样的机会列入相关企业名录。如河南省商务厅网站的外贸企业名录、经济信息文章中收录了很多相关成功企业的介绍。

7. 网上报纸或杂志

在因特网日益发展的今天，国内一些著名的报纸和杂志，如《大河报》、《南方都市报》

都在因特网上建立了自己的网站。而更有一些新兴的报纸与杂志，干脆脱离了传统的“纸”质媒体，完完全全地成了一种“网上报纸或杂志”，且其反响非常好，每天访问的人数不断上升。可以预计，随着计算机的普及与网络的发展，网上报纸与杂志将如同今天的报纸与杂志一般，成为人们必不可少的生活“伴侣”。在这些网上杂志或报纸上做广告，也是一种较好的选择。

8. 借助 BBS 等自媒体

BBS 或论坛是网上流行的沟通方式，任何用户只要注册 ID(身份)都可以在 BBS 上浏览、发布信息。利用 BBS 做广告有两种方式：一是企业可以选择与产品有关的 BBS 发布相应的网络广告，能起到良好的宣传作用；二是企业可以建立自己的 BBS 系统，吸引用户来畅所欲言，达到宣传的目的。如广西汉声音响公司就建立了自己的 BBS。

除 BBS 外，还有诸多形式可供选择，如社交媒体、手机 App、虚拟社区、微博和微信等。

四、网络广告投放过程中的注意事项

网络广告投放过程中应特别注意以下问题。

1. 预留一定的测试时间

由于网络广告技术含量高，相关环节较多，为避免广告投放中发生不应有的错误，应在广告投放前测试广告播放是否正常、广告链接是否正确、数据库是否正常运作、广告监测系统能否正常计数，以保证正常投放。

2. 广告创意的更换

同一广告创意投放久了，会造成网民疲劳，点击率下降，建议两周更换一次创意。但如果是新品牌的推广，希望增强品牌记忆度，可以采取同一创意、固定广告位、长期投放，培养用户的浏览习惯。

3. 必要的投放管理与优化

(1) 投放前对创意进行测试，尤其是大型投放。

(2) 在广告投放之初建立必要的备份方案，以保证在投放效果出现波动时进行替换与弥补。

(3) 对活动网站进行详细的流量监测，客观评估不同媒介组合所贡献的曝光与受众行动的质量。

五、网络广告效果测定的标准

2009 年 6 月 18 日，中国互联网协会网络营销工作委员会成员大会在北京隆重召开，在大会上发布了由 99click 发起，联合奥美世纪、易观国际、天极传媒、金山软件共同起草的《中国网络营销(广告)效果评估准则》意见稿，意见稿指出中国网络广告营销效果数据分析指标包括广告展示量、广告点击量、广告到达率、广告二跳率、广告转化率共 5 个。

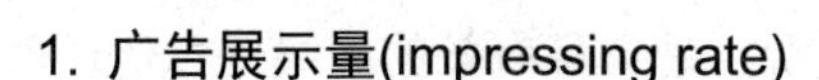

1. 广告展示量(impressing rate)

广告每一次显示，称一次展示。展示量一般为广告投放页面的浏览量，通常反映广告所在媒体的访问热度。广告展示量的统计是 CPM 付费的基础。

2. 广告点击量(click rate)

网民点击广告的次数，称为广告点击量。广告点击量通常反映广告的投放量。广告点击量与产生点击的用户数(多以 cookie 为统计依据)之比，可以初步反映广告是否含有虚假点击。广告点击量与广告展示量之比，称为广告点击率，该值可以反映广告对网民的吸引程度。广告点击量统计是 CPC 付费的基础。

3. 广告到达率(reach rate)

网民通过点击广告进入被推广网站的比例，即广告到达量与广告点击量的比值称为广告到达率，广告到达量是指网民通过点击广告进入推广网站的次数。广告到达率通常反映广告点击量的质量，是判断广告是否存在虚假点击的指标之一。广告到达率也能反映广告着陆页的加载效率。

4. 广告二跳率(2nd-click rate)

这是指通过点击广告进入推广网站的网民，在网站上产生了有效点击的比例。广告带来的用户在着陆页面上产生的第一次有效点击称为二跳，二跳的次数即为二跳量。广告二跳量与广告到达量的比值称为二跳率。广告二跳率也能反映着陆页面对广告用户的吸引程度。

5. 广告转化率(conversion rate)

这是指通过点击广告进入推广网站的网民形成转化的比例。转化是指网民的身份产生转变的标志，如网民从普通浏览者升级为注册用户或购买用户等。转化标志一般指某些特定页面，如注册成功页、购买成功页、下载成功页等，这些页面的浏览量称为转化量。广告用户的转化量与广告到达量的比值称为广告转化率。广告转化量的统计是进行 CPA、CPS 付费的基础。广告转化率通常反映广告的直接收益。

第四节　常用的网络营销方法

一、博客营销

(一)博客营销的概念

要了解什么是博客营销，首先就要知道什么是博客。博客最初的名称是 Weblog，由 web 和 log 两个单词组成，按字面意思理解就是网络日记。后来喜欢新名词的人把这个词的发音故意改了一下，读成 we blog，由此，blog 这个词被创造出来。

博客这种网络日记的内容通常是公开的，用户可以发表自己的网络日记，也可以阅读别人的网络日记，因此博客可以理解为一种个人思想、观点、知识等在互联网上的共享。由此可见，博客具有知识性、自主性、共享性等基本特征。正是博客这种性质决定了博客营销是一种基于思想、体验等表现形式的个人知识资源，是一种有效的网络信息传递形式。

博客营销是利用博客这种网络应用形式开展网络营销的工具。公司、企业或者个人利用博客这种网络交互性平台，发布并更新企业、公司或个人的相关概况及信息，并且密切关注并及时回复平台上客户对于企业或个人的相关疑问以及咨询，通过较强的博客平台帮助企业或公司零成本获得搜索引擎的较前排位，以达到营销目的。

(二)博客营销的策略

1. 选择博客托管网站，注册博客账号

选择博客托管网站，注册博客账号即选择功能完善、稳定、适合企业自身发展的博客营销平台，并获得发布博客文章的资格。选择博客托管网站时应选择访问量比较大而且知名度较高的，可以根据全球网站排名系统等信息进行分析判断。对于某一领域的专业博客网站，不仅要考虑其访问量，而且还要考虑其在该领域的影响力，影响力较高的博客托管网站，其博客内容的可信度也相应较高。

2. 选择优秀的博客

在营销的初始阶段，用博客来传播企业信息的首要条件是具有良好的写作能力。博客在发布自己的生活经历、工作经历和某些热门话题的评论等信息的同时，还可附带宣传企业，如企业文化、产品品牌等。特别是当发布文章的博客是在某领域有一定影响力的人物时，所发布的文章更容易引起关注，吸引大量潜在用户浏览，通过个人博客的文章内容为读者提供了解企业信息的机会。

3. 坚持更新内容

企业应坚持长期利用博客，不断地更换其内容，这样才能发挥其长久的价值和应有的作用，吸引更多的读者。因此进行博客营销的企业有必要创造良好的博客环境，采用合理的激励机制，激发博主的写作热情，促使企业博主有持续的创造力。同时应鼓励他们在正常工作之外的个人活动中坚持发布有益于公司的博客文章，这样经过长期的积累，企业在网络上的信息会越积越多，被潜在用户发现的机会也就大大增加了。

4. 协调个人观点与企业营销策略之间的分歧

从事博客写作的是个人，但网络营销活动属于企业营销活动，因此博客营销必须正确处理两者之间的关系。如果博主所写的文章都代表公司的官方观点，那么博客文章就失去了其个性特色，也就很难获得读者的关注，从而失去了信息传播的意义。但是，如果博客文章只代表个人观点，而与企业立场不一致，就会受到企业的制约。因此，企业应该培养一些有良好写作能力的员工进行写作，他们所写的东西既要反映企业的观点，又要保持自己的观点性和信息传播性，这样才会获得潜在用户的关注。

二、微博营销

(一)微博营销的内涵

微博营销是指通过微博平台为商家、个人等创造价值而执行的一种营销方式，也是指

商家或个人通过微博平台发现并满足用户各类需求的商业行为方式。微博营销以微博作为营销平台，每一个听众(粉丝)都是潜在的营销对象，企业通过更新自己的微博向网友传播企业信息、产品信息，树立良好的企业形象和产品形象。每天更新内容就可以跟大家交流互动，或者发布大家感兴趣的话题，来达到营销的目的，这样的方式就是互联网推出的微博营销。

该营销方式注重价值的传递、内容的互动、系统的布局、准确的定位，微博的火热发展也使得其营销效果尤为显著。微博营销涉及的范围包括认证、有效粉丝、朋友、话题、名博、开放平台、整体运营等。

(二)微博营销的特点

1. 操作简单，成本低廉，互动性强

信息发布便捷，140 字以内的发布信息，只需要简单的构思，就可以形成一条博文，经微博小秘书审查通过后，即可发布，远比博客发布容易，对于同样效果的广告则更加经济。与传统的大众媒体(报纸，流媒体，电视等)相比，微博受众广泛，前期一次投入，后期维护成本低廉，并且能与粉丝即时沟通，及时获得用户反馈。

2. 传播效果好，速度快，覆盖面广

微博信息支持各种平台，包括手机、计算机与其他传统媒体。同时传播的方式具有多样性，转发非常方便。利用名人效应能够使事件的传播量呈几何级放大。

3. 多样化和人性化的应用手段

从技术上，微博营销可以同时方便地使用文字、图片、视频等多种展现形式。从人性化角度上，企业品牌的微博本身就可以将自己拟人化，使自己更具亲和力。

4. 开放性和高传播性

微博几乎是什么话题都可以进行探讨，而且没有拘束，微博就是要最大化地开放给客户。一条微博在触发微博引爆点后，短时间内通过大量的互动性转发就可以抵达微博世界的每一个角落，在短时间内引起广泛关注。

5. 拉近距离

在微博上面，政府可以和民众一起探讨，明星可以和粉丝们互动，微博其实就是在拉近距离。

6. 高技术性，浏览效果极佳

微博营销可以借助许多先进多媒体技术手段，从多维角度展现形式对产品进行描述，从而使潜在消费者更形象直接地接收信息。

(三)微博营销的策略

1. 注重价值的传递

企业微博是一个给予平台。只有那些能对浏览者创造价值的微博自身才有价值，此时

企业微博才可能达到期望的商业目的。企业只有认清了这个因果关系，才可能从企业微博中受益。

2. 注重微博个性化

微博的特点是“关系”“互动”，因此，虽然是企业微博，但也切忌仅是一个官方发布消息的窗口那种冷冰冰的模式，要给人感觉像一个人，有感情，有思考，有回应，有自己的特点与个性。这样的微博具有很高的黏性，可以持续积累粉丝与关注度，因为此时的微博已经有了不可替代性与独特的魅力。

3. 注重发布的连续性

微博就像一本随时更新的电子杂志，要注重定时、定量、定向发布内容，让大家养成观看的习惯。当其登录微博后，能够想着看看你的微博有什么新动态，这无疑是成功的最高境界，虽很难达到，但我们需要尽可能出现在他们面前，培养其观看习惯。

4. 注重互动性加强

微博的魅力在于互动，拥有一群没有互动的粉丝是很危险的，因为他们慢慢会变成不看你内容的粉丝。因此，互动性是微博持续发展的关键。第一个应该注意的问题就是，企业宣传信息不能超过微博信息的 10%，最佳比例是 3%～5%。更多的信息应该融入粉丝感兴趣的内容之中。

5. 注重系统性布局

任何一个营销活动，想要取得持续而巨大的成功，都不能脱离了系统性，单纯将微博当作一个营销点来运作，很难持续取得成功。应该看清这种全新形态的互动形式的潜力，投入更多的精力与更高的重视程度，将微博营销纳入整体营销规划中来，这样微博才有机会发挥更多作用。

6. 注重准确的定位

微博粉丝众多纵然是好事，但是，对于企业微博来说，“粉丝”质量更重要。因为企业微博最终的商业价值，或许就取决于这些有价值的粉丝。企业应围绕目标顾客关注的相关信息来发布微博，吸引目标顾客的关注，而并非只考虑吸引眼球，导致吸引来的都不是潜在消费群体。因此，企业要重视粉丝是否是目标消费群体这个问题。

7. 注重方法与技巧

想把企业微博经营得有声有色、持续发展，单纯在内容上传递价值还不够，必须讲究一些技巧与方法。比如，微博话题的设定、表达方法就很重要。如果你的博文是提问性的，或是带有悬念的，引导粉丝思考与参与，那么浏览和回复的人自然就多，也容易给人留下印象；反之，新闻稿一样的博文会让粉丝想参与都无从下手。

三、微信营销

(一)微信营销的概念

微信营销是网络经济时代企业或个人营销模式的一种，是伴随着微信的火热而兴起的

一种网络营销方式。微信不存在距离的限制，用户注册微信后，可与周围注册的“朋友”形成一种联系，订阅自己所需的信息。商家通过提供用户需要的信息，推广自己的产品，从而实现点对点的营销。微信营销主要体现在以安卓系统、苹果系统的手机或者平板计算机中的移动客户端进行的区域定位营销。商家通过微信公众平台，结合微信会员管理系统展示商家微官网、微会员、微推送、微支付、微活动，形成一种主流的线上线下微信互动营销方式。

(二)微信营销的特点

1. 点对点精准营销

微信拥有庞大的用户群，借助移动终端、天然的社交和位置定位等优势，每个信息都是可以推送的，每个个体都有机会接收到这些信息，继而帮助商家实现点对点精准营销。

2. 灵活多样的营销形式

漂流瓶：用户可以发布语音或者文字然后投入“大海”中，如果有其他用户“捞”到则可以展开对话。

位置签名：商家可以利用“用户签名档”这个免费的广告位为自己做宣传，这样附近的微信用户就能看到商家的信息。

二维码：用户可以通过扫描识别二维码身份来添加朋友、关注企业账号；企业则可以设定自己品牌的二维码，用折扣和优惠来吸引用户关注，开拓 O2O 的营销模式。

开放平台：通过微信开放平台，应用开发者可以接入第三方应用，还可以将应用的LOGO放入微信附件栏，使用户可以方便地在会话中调用第三方应用进行内容选择与分享。

公众平台：在微信公众平台上，每个人都可以用一个 QQ 号码，打造自己的微信公众账号，并在微信平台上实现和特定群体的文字、图片、语音的全方位沟通与互动。

3. 强关系的机遇

微信点对点的产品形态注定了其能够通过互动的形式将普通关系发展成亲密关系，从而产生更大的价值。通过互动的形式与用户建立联系，互动就是聊天，可以解答疑惑，可以讲故事，用一切形式让企业与消费者形成朋友的关系，你不会相信陌生人，但是会信任你的“朋友”。

(三)微信营销的模式分析

1. 草根广告式——查看附近的人

利用微信中基于位置服务的功能插件——“查看附近的人”便可以使更多陌生人看到这种强制性广告。用户点击“查看附近的人”后，可以根据自己的地理位置查找到周围的微信用户。在这些附近的微信用户中，除了显示用户姓名等基本信息外，还会显示用户签名档的内容。所以用户可以利用签名档处为自己的产品打广告。

营销方式：营销人员在人流最旺盛的地方后台 24 小时运行微信，如果“查看附近的人”使用者足够多，则这个广告效果也会随着微信用户数量的上升，可能这个简单的签名栏也会变成移动的“黄金广告位”。

2. O2O 折扣式——扫一扫

二维码发展至今其商业用途越来越多，所以微信也就顺应潮流结合 O2O 展开商业活动。将二维码图案置于取景框内，然后你将可以获得成员折扣、商家优惠或者是一些新闻资讯。

营销方式：在移动应用中加入二维码扫描这种 O2O 方式早已普及，这对于坐拥上亿用户且活跃度足够高的微信，价值不言而喻。

3. 互动营销式——微信公众平台

对于大众媒体、明星以及企业而言，如果微信平台和朋友圈的社交分享功能的开放，已经使得微信成为一种移动互联网中不可忽视的营销渠道，那么微信公众平台的上线，则会使这种营销渠道更加细化和直接。

4. 微信开店——微信店铺

这里的微信开店(微信商城)并非微信“精选商品”频道升级后的腾讯自营平台，而是由商户申请获得微信支付权限并开设微信店铺的平台，公众号要申请微信支付权限一般需要具备两个条件：第一必须是服务号；第二还需要申请微信认证，以获得微信高级接口权限。商户申请了微信支付后，才能进一步利用微信的开放资源搭建微信店铺。

(四)微信营销的策略

1. “意见领袖型”营销策略

企业家、企业的高层管理人员大都是意见领袖，他们的观点具有相当强的辐射力和渗透力，对大众有着重大的影响作用，会潜移默化地改变人们的消费观念，影响人们的消费行为。微信营销可以有效地综合运用意见领袖型的影响力，以及微信自身强大的影响力来刺激大众的需求，激发其购买欲望。

2. “互动式”营销策略

微信即时性和互动性、可见度、影响力，以及无边界传播等特质特别适合病毒式营销策略的应用。微信平台的群发功能可以有效地将企业拍的视频、制作的图片，或是宣传的文字群发到微信好友。企业更是可以利用二维码的形式发送优惠信息，这是一个经济、实惠且有效的促销好模式。使顾客主动为企业做宣传，激发口碑效应，将产品和服务信息传播到互联网还有生活中的每个角落。

3. “视频、图片”营销策略

运用“视频、图片”营销策略开展微信营销，首先要在与微友的互动和对话中寻找市场机会，为特定的市场潜在客户提供个性化、差异化服务，其次，借助各种技术，将企业产品、服务的信息传送到潜在客户的大脑中，为企业赢得竞争的优势，打造出优质的品牌服务。

(五)微信营销的优点

1. 高到达率

营销效果很大程度上取决于信息的到达率，这也是所有营销工具最关注的地方。与手

机短信群发和邮件群发被大量过滤不同，微信公众账号所群发的每一条信息都能完整无误地发送到终端手机，到达率高达 100%。

2. 高曝光率

曝光率是衡量信息发布效果的另外一个指标。信息曝光率和到达率完全是两码事，与微博相比，微信信息拥有更高的曝光率。在微博营销过程中，除了少数一些技巧性非常强的文案和关注度比较高的事件被大量转发后获得较高曝光率之外，直接发布的广告微博很快就会淹没在微博滚动的动态中，除非你是刷屏发广告或者用户刷屏看微博。而微信是由移动即时通信工具衍生而来，天生具有很强的提醒力度，比如铃声、通知中心消息停驻、角标等，随时提醒用户收到未阅读的信息，曝光率高达 100%。

3. 高接受率

微信用户已超过 12 亿，微信已经成为或者超过类似手机短信和电子邮件的主流信息接收工具，其广泛性和普及性是网络营销的基础。部分公众号拥有数万甚至十数万粉丝，除此之外，由于公众账号的粉丝都是主动订阅而来，信息也是主动获取，基本不存在信息遭到抵触的情况。

4. 高精准度

事实上，那些粉丝数量庞大且用户群体高度集中的垂直行业微信账号，才是真正炙手可热的营销资源和推广渠道。比如酒类行业知名媒体佳酿网旗下的酒水招商公众账号，拥有近万名由酒厂、酒类营销机构和酒类经销商组成的粉丝团体，这些精准用户粉丝的数量相当于一个盛大的在线酒会，每一个粉丝都是潜在客户。

5. 高便利性

移动终端的便利性再次增加了微信营销的高效性。相对于个人计算机而言，智能手机不仅能够拥有个人电脑所能拥有的任何功能，而且携带方便，用户可以随时随地获取信息，而这会给商家的营销带来极大的方便。

四、病毒性营销

(一)病毒性营销的含义

病毒性营销是一种形象的说法，就是以病毒的深入肌体、繁殖快速、传播广泛且迅速的特征来比喻网上一种全新的营销活动。所谓病毒性营销是指用户通过网络媒体工具，如免费邮件空间、免费域名、ICQ 网上即时交流软件、免费游戏或电子书籍等，使企业的产品信息在互联网上像病毒一样快速复制、传播和扩散到巨大的受众(消费者)群体。病毒性营销是一种与传统营销截然不同的营销理念和营销方式。

病毒性营销不是以传播病毒的方式开展营销，而是充分利用网络信息快速双向传播的特点，以类似于网络病毒快速蔓延的效应而得名。由于其快速而廉价的特性，自 Hotmail.com 率先使用该模式以来，病毒性营销已经为越来越多的企业网站所采用。当时，Hotmail 为了给自己的免费邮件作推广，在邮件的结尾处附上“PS.Get your free E-mail at Hotmail”，邮件接收者看到该信息后，可能会去申请自己的免费邮箱，然后使用该邮箱给其他人发邮件；其他人又会重复同样的过程。这样 Hotmail.com 的每一个用户不知不觉地都成了 Hotmail 的推广者，使 Hotmail 的产品和服务信息迅速在网络用户中复制和扩散。这种滚雪球般的效果可以在几小时之内，使第一封邮件传播到成千上万的受众那里。正是由于病毒性营销快速而廉价的传播方式，使 Hotmail 获得了爆炸式的增长。

小贴士

穿纸尿裤的宝宝滑旱冰成网络明星

一段视频广告曾经在网络上引起轰动，一群穿着纸尿裤的可爱宝宝竟然会滑旱冰，还摆出各种炫酷的姿势，甚至大跳 Hip-Hop。不少网友看过后觉得有意思并通过网络互相传阅，2009 年 7 月 3 日起，这段视频已经累计被下载 800 万次。这个现象就被称为“病毒性营销”。

这段视频时长 1 分钟，主角是清一色的外国婴儿。尽管这些婴儿身上还裹着纸尿片，但短片中的他们向观众展示出超群的滑旱冰技艺。旱冰鞋在他们脚下如飞火轮一般自如。他们忽而跳跃，忽而跳上栅栏，忽而翻跟头，忽而又大跳 Hip-Hop，这些镜头通常都只会出现在专业的溜冰手身上，而片中的婴儿却轻而易举地完成了一个个高难度动作。

该短片发布后受到网友热捧，有网友表示：“这是我所见过的最可爱的视频!”网友纷纷通过网络将短片互相传阅，使得这群旱冰宝宝人气飙升。该短片甚至出现在 CCTV 晚间新闻中。

据了解，该短片其实是法国依云(Evian)矿泉水公司的广告，体现了依云矿泉水“保持年轻”(Live Young)系列的宗旨，这些高难度动作是制作人经过后期合成增加的特技效果。有网友表示，知道是运用 3D 手法制作完成，但依然觉得“确实很可爱”。该广告充分利用了病毒性营销与社交网络的力量，使得广告主仅用很少的预算就达到了超高的收视率和曝光率。

(网址：https://baike.baidu.com/item/%E6%97%B1%E5%86%B0%E5%AE%9D%E5%AE%9D/8055017?fr=aladdin)

(二)病毒性营销的优点

病毒性营销具有以下优点。

1. 有吸引力的病原体

天下没有免费的午餐，任何信息的传播都要为渠道的使用付费。之所以说病毒性营销是无成本的，主要是指它利用了目标消费者的参与热情，但渠道使用过程中的推广成本是依然存在的，只不过目标消费者受商家的信息刺激自愿参与到后续的传播过程中，原本应由商家承担的广告成本转嫁到了目标消费者身上。因此对于商家而言，病毒性营销是无成本的。

既然目标消费者并不能从“为商家打工”中获利，那么他们为什么还自愿提供传播渠道？原因在于第一传播者传递给目标群体的信息不是赤裸裸的广告信息，而是经过加工的、具有很大吸引力的产品和品牌信息，而正是这一披在广告信息外面的漂亮外衣，突破了消费者戒备心理的“防火墙”，促使其完成从粉丝受众到积极传播者的转变。

网络上盛极一时的“流氓兔”证明了“信息伪装”在病毒性营销中的重要性。韩国动画新秀金在仁为儿童教育节目设计了一个新的卡通兔，这只兔子相貌猥琐、行为龌龊、思想简单、诡计多端、爱耍流氓、只占便宜不吃亏，然而正是这个充满缺点、总是被欺负的弱者成了反偶像明星，它挑战已有的价值观念，表现了大众渴望摆脱现实、逃脱制度限制所付出的努力与遭受的挫折。流氓兔的 Flash 出现在各 BBS 论坛、Flash 站点和门户网站，私下里网民们还通过聊天工具、电子邮件进行传播。如今这个网络虚拟明星衍生出的商品已经达到 1 000 多种，成了病毒性营销的经典案例。

2. 几何倍数的传播速度

大众媒体发布广告的营销方式是“一点对多点”的辐射状传播，实际上无法确定广告信息是否真正到达了目标受众。病毒性营销是自发的、扩张性的信息推广，它并非均衡地、同时地、无分别地传给社会上每一个人，而是通过类似于人际传播和群体传播的渠道，产品和品牌信息被消费者传递给那些与他们有着某种联系的个体。例如，目标受众读到一则有趣的 Flash，他的第一反应或许就是将这则 Flash 转发给好友、同事，无数个参与其中的“转发大军”就构成了成几何倍数传播的主力。

3. 高效率的接收

大众媒体投放广告有一些难以克服的缺陷，如信息干扰强烈、接收环境复杂、受众戒备抵触心理严重等。以电视广告为例，同一时段的电视有各种各样的广告同时投放，其中不乏同类产品“撞车”现象，大大减少了受众的接收效率。而对于那些可接受的“病毒”，是受众从熟悉的人那里获得或是主动搜索而来的，在接收过程中自然会有积极的心态；接收渠道也比较私人化，如手机短信、电子邮件、封闭论坛等(存在几个人同时阅读的情况，这样反而扩大了传播效果)。以上几个方面的优势，使得病毒性营销最大限度地克服了信息传播中的噪声影响，增强了传播的效果。

4. 更新速度快

网络产品有自己独特的生命周期，一般都是来得快去得也快。病毒性营销的传播过程通常是呈 S 形曲线的，即在开始时很慢，当其扩大至受众的一半时速度加快，而接近最大饱和点时又慢下来。针对病毒性营销传播力的衰减，一定要在受众对信息产生免疫力之前，将传播力转化为购买力，方可达到最佳的销售效果。

五、其他方法

常用的网络营销方法，除了上文中提到的博客营销、微博营销、微信营销和病毒营销外，还有App营销、网络口碑营销、内容营销、网络软文营销以及直播营销。2016年被称为“中国网络直播元年”，网络直播是随着移动互联网和智能终端发展产生的一种新的媒体变革，并成为一种新的营销模式——直播营销。在开展直播营销时，要精准策划，主要把握以下几点：①提供满足用户好奇心的内容；②选择热门话题，促进用户互动和参与；③注重内容新鲜度，实现口碑传播；④强化内容的亲和力和情感性，激发共鸣。关于直播营销的相关内容会在后续章节详细阐述。

本章小结

本章首先介绍了网络营销的概念、职能及其理论基础；其次阐述了网络市场调查的含义，网络直接市场调查与间接市场调查的方式与方法；接着描述了我国网络广告的发展概况，介绍了网络广告的主要形式，网络广告的投放及投放过程中的注意事项，网络广告效果的测定标准；最后对常用的网络营销方法进行详细的介绍，包括博客营销、微博营销、微信营销以及病毒性营销。目的在于帮助读者大致了解网络营销的有关基础理论、学会进行网络市场调查、较好地选择网络广告方式、深入理解并应用常用的网络营销方法，进而帮助自己或所在公司能够更好地从事网络营销活动。

思考题

1. 试分析中国网络消费者的特征。
2. 网络营销的理论基础有哪些？
3. 网络营销的方式有哪些？
4. 网络广告有哪些分类？试比较新浪、搜狐、网易的网络广告报价。

第五章　订单履行与物流配送

【学习要求及目标】

1. 理解订单履行的含义及过程，掌握电子订单的特征。
2. 掌握 B2C、B2B 电子订单的履行及其面临的挑战。
3. 认识订单履行与物流的关系，了解订单履行中必须具备的供应链管理思想。
4. 了解物流、第三方物流的内涵，掌握物流配送的基本方法。

【核心概念】

订单履行　电子订单　协同商务　供应链管理　物流配送　退货处理

【引导案例】

深圳信恩世通电子商务有限公司订单履行的成熟经验

深圳信恩世通电子商务有限公司中国运营办(ChinaDivision)是中国领先的供应链服务提供商，服务内容涵盖产品采购、仓储管理、订单履行、物流运输及增值服务等，在中国拥有优质的产品供应链资源，整合从源头厂家到终端客户资源，能够根据客户的产品品类和配送需求，提供量身订制的供应链解决方案，帮助客户采购成品、也可采购原材料，寻找供应商最终生产成品。仓储物流方面可以提供最高 30 天的免费仓储、先进的仓库管理系统、免费的 API 和插件，可实现无缝对接直接发货，并提供一站式即时物流轨迹查询，帮助客户节省仓储成本、减轻资金压力。多元化的增值服务能解决组装、定制包装、贴标签和商业植入等方面的需求，让客户能投入更多时间专注核心业务的发展。

2018 年年初，客户 B 在 Indiegogo 网站上创建了自己的众筹项目。5 个月后，产品接近制作完成，客户到处寻求合适的合作伙伴，帮助其把产品成功送到每一个支持者手上。在收到客户请求后，中国运营办团队根据客户提供的订单信息，快速整理订单概况，将订单分类分国家进行统计，计算出所有订单的最优服务运费，提供给客户参考，最终赢得客户的青睐。由于众筹订单货量庞大，工厂不便安排发货，中国运营办以最优惠的价格帮客户把货物顺利运送到中国运营办的仓库。收到货物后，根据客户要求，中国运营办团队耐心帮客户组装完成每一个产品，并协助客户定制专属的带 LOGO 包装材料，让支持者们在收到货物后第一时间认出产品，有助于建立客户的品牌认知度。中国运营办团队在短短的一天内可以帮客户完成上千个订单的打包和出货，高质量高效率地完成所有任务。

(资料来源：http://cn.chinadivision.com/about)

案例导学

通过因特网来获取订单可能是 B2C 中最容易的一部分，而订单履行和送货上门则是棘手的事情。可以说，大多数 EC 应用的实现需要利用支持服务，订单履行是电子商务最主要的支持服务之一(安全服务、支付、物流等)。深圳信恩世通电子商务有限公司中国运营办案例生动地刻画了专业订单履行的复杂性。

第一节　订单履行概述

一、订单履行的概念及其过程

订单履行已成为电子商务竞争的有力武器。有学者认为，客户不只是在网上购买产品，更重要的是购买送达的产品。

(一)订单履行的内涵及过程

大部分电子商务的实施需要支持服务，包括支付、安全、基础设施和技术，以及订单履行。网上下订单只是技术问题，是比较容易解决的，但如何组织产品并将产品送到客户手中则是个棘手的问题。

订单履行(Order Fulfillment)是指在客户订单下达以后组织产品，并能够按时将客户所订产品配送到其手里，同时还要提供诸如产品安装说明、必要的培训、退换等全部相关的客户服务。订单履行过程如图 5-1 所示。

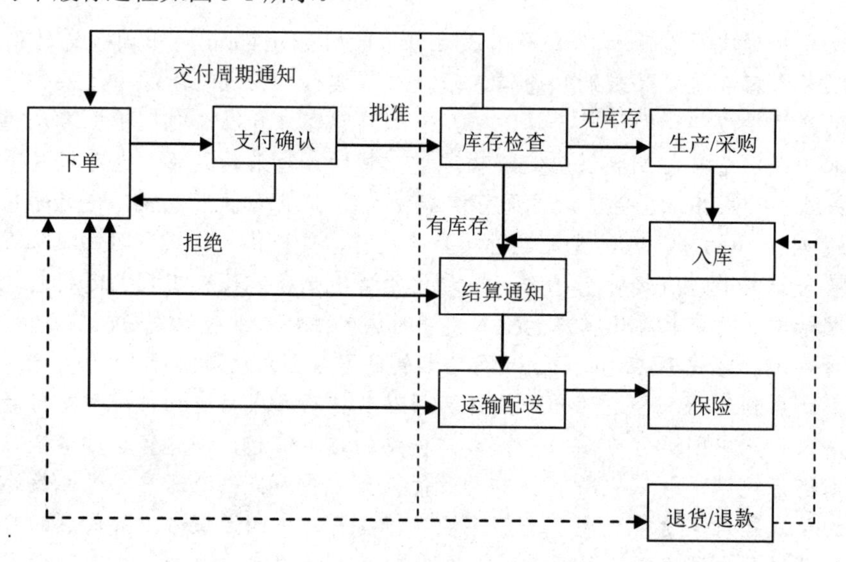

图 5-1　订单履行过程

在客户下单并进行支付确认后，企业就开始履行订单。具体步骤如下。

(1) 检查当前库存是否有现货，并根据检查结果估计交付周期，通知客户，若客户对交付周期不满意，可取消订单。

(2) 如果有库存，则通知客户进行支付、结算，并安排配送。

(3) 如果没有库存，对于生产企业则进入生产系统(如 ERP 系统、SCM 系统、JIT 系统)组织生产，对于零售企业则进入采购系统组织采购。

(4) 生产或采购完成并入库，转至第 2 步。

(5) 客户收到货物后如果不满意，则可调换或退货、退款。

互联网及其他通信网络环境结合电子商务应用系统，保障了交易各方之间的信息流；

电子支付系统解决了电子商务中的资金流问题；而订单履行则是要解决电子商务交易中的物流问题。

(二)传统订单履行与电子订单履行特征比较

电子商务创造了与传统的批量生产和规模经济完全不同的以客户为中心的商业模式，从而要求电子订单履行更加快捷、更有灵活性以及对客户更有实用性。传统订单履行与电子订单履行特征和对比如表 5-1 所示。

表 5-1　传统订单与电子订单履行特征对比表

传统订单履行特征	电子订单履行特征
所有的客户都以同一种方式履行订单	订单履行以每个客户为基础进行
订单通常是大型和托盘化的，形成零担和整车运输	订单较小，需要拆包拣货，以及频繁的包裹投递
客户对产品的需求是稳定和一致的，很少要求临时改变	客户对产品的需求是断断续续和零星的，经常要求临时改变
单向产品运动，很少有退货	双向产品运动，退货频繁
客户需求以根据预测的供应(推动)方式来满足	客户需求以根据客户实际订单的拉动方式来满足
客户订单送货的目的地是集中且标准的	客户送货的起点和终点分散，因订单而不同

(三)订单履行面临的困难

由于电子商务改变了传统的经营方式，使得订单履行变得既重要又困难。订单履行的重要性体现在它是企业与客户完成交易的最后一个环节，订单履行的好坏直接关系到企业的声誉，影响消费者的满意度和忠诚度；而困难则是经营方式的改变和人们在电子商务环境下交易观念的变化所引起的。

1. “拉式”生产方式对“推式”生产方式

传统的零售是先生产商品，再在零售店卖给客户，也就是先有货，后销售。而电子商务常采用按订单生产的方式，且许多是个性化的定制生产。这就使得企业在产品供应上面临着挑战。它不仅要求企业及其所在的供应链能准确预测客户的需求，控制库存，还要求企业有一条敏捷的供应链能够快速响应客户需求的变化。因此，电子供应链与协同商务成为提高供应链性能的关键。

2. “送”货对“取”货

传统的零售是客户到零售店购买并带走，是客户自己上门取货；而电子商务销售是远距离完成的，企业必须送货上门。因为 B2C 电子商务所面对的常常是小订单、低价值的交易，高昂的配送成本是无法接受的。这就使得企业在产品配送上面临挑战，既要保证配送的即时性，又要降低配送成本。

3. “现场”服务对“远程”服务

电子商务配送物流一般是由第三方物流公司承担的，而电子商务交易又是远程实现的，这就导致企业在产品技术支持上与传统零售存在差异。“远程”服务将代替“现场”服务，企业承担的任务更多是培训和指导等。

另外，在电子商务环境下还存在所谓的逆物流问题。在传统零售中，当客户对所购商品不满意时，可去现场调换或退货，而电子商务的远程交易使得客户所在地可能根本没有可调换或退货的场所，因此就出现了“逆物流”问题。逆物流就是将客户所购买的不满意产品退回给企业。

因此，订单履行的任务可以分解为以下三个方面的内容。

(1) 商品的生产与组织，包括库存控制、供应链管理及其电子化、协同商务。

(2) 运输配送，将客户购买的产品快速地配送到客户手中。

(3) 客户服务，远程支持客户使其能够顺利地安装、使用产品，同时还要保障客户在遇到产品不满意时能够方便地调换或退货。

(四)支持电子订单履行的技术

互联网技术、无线通信技术和动态优化技术的结合使物流过程的重组成为可能，为重新设计订单履行系统提供了机会。这些技术中最主要的是连接性结构技术、供应链可视化技术和动态优化技术，它们可以帮助企业建立高效的电子订单履行网络。

1. 连接性结构技术

为管理实时供应链，企业需要一个包括实时源数据收集和先进的 B2B 一体化的电子订单履行网络。实时源数据收集的手段主要有 RFID 终端、条形码扫描仪、Web 表格、GPS、无线遥感等。先进的 B2B 一体化主要解决不同系统的数据共享问题，用“多到多”的信息传输模式取代“点到点”的信息传输模式。连接性不仅仅是把不同的系统连接在一起，更重要的是为信息传输提供了智能化。

2. 供应链可视化技术

供应链可视化技术涉及整个供应链中产品和信息移动的实时监测和例外提示，它可以使订单履行企业对自己“四墙”之外的供应链活动加深理解并加强控制。在许多方面，它就像一个订单履行网络的指挥与控制系统，可以监测并控制第三方的活动(如供应商的提前期、承运人的绩效等)。提供对订单履行网络产品和信息移动的实时可视性，能大大提高网络参与者对系统的信任度。通过可视性系统收集的数据和绩效，可以使订单履行网络实施统计过程控制和全面质量管理。

3. 动态优化技术

由于电子订单履行周期的缩短，履行计划的制订时间也大大缩短，订单履行企业需要动态优化技术来实时重新计划、重新排序、重新确定优先级。

二、B2C 电子商务的订单履行

(一)电子订单履行的挑战

电子商务成功的关键是订单履行能满足客户的要求，否则会有失去客户信任的风险。

但电子订单履行确实给参与者带来了挑战(如表 5-2 所示)，特别是在以下三个方面。

表 5-2　B2C 电子订单履行给参与者带来的挑战

电子订单履行的参与者	电子订单履行特征
邮购零售商	电子订单履行成为区别对手的关键
传统零售商的电子商务	在传统的物流中心为单个订单取货、包装，客户服务支持，更紧张的库存需求
单纯的网上零售商	难以适应业务量的迅猛增长，后端系统不成熟，基础设施自建或外包的决策
供应商	新的客户和渠道，更紧张的需求预测和补充安排
仓储商	更紧张的业务人员、设备和信息系统，扩展各地的仓储中心
包裹投递商	高增长，与客户的电子一体化，对大宗货物和配送任务的新需求

(1) 需求爆炸。2006 年中国 B2C 市场进入快速发展阶段，市场增长迅猛。2021 年，我国网络零售交易额达 13.1 万亿元，同比增长 14.1%，其中，实物商品网上零售额达 10.8 万亿元，首次突破 10 万亿元，同比增长 12.0%，占社会消费品零售总额的比重为 24.5%，对社会消费品零售总额增长的贡献率为 23.6%。2021 年全年，中国快递业务量达 1083 亿件，同比增长 29.9%，包裹数量占全球一半以上。

(2) 送货方式多样化。网上零售商和传统零售商的电子商务都创造了多种方式来满足消费者的日常需求，使消费者对电子订单履行的选择增加，为消费者带来便利。

(3) 绩效标准提高。电子订单履行的绩效标准越来越高，“完美订单”已成为追求的目标，而且客户的期望值还在不断提高，比如越来越需要客户订制和个性化服务。电子商务的客户总是问三个问题：我的订单在哪里？我可以更改订单吗？我订的货什么时候送到？通过互联网随时回答这些问题是成功的必要条件，因此必须实现整个供应链的可视性。物流系统在移动产品与服务的同时要移动信息，以每天 24 小时实时提供给客户货物状态。

(二)订单履行的实施主体

许多单纯的网上零售商将订单履行业务和管理外包给第三方物流公司，这些物流公司有些由目录订单履行公司演变而成。如 Fingerhut 通过其三个订单履行中心为 Wal-Mart 的电子商务网站及另外 20 个网上零售商提供订单履行服务，其中一个中心还可处理退货。Submit.com 为 K-Mart 的网上零售商 BlueLight.com 提供订单履行服务。

与此相反，有的网上零售商则选择利用自己建立的物流系统来处理复杂的物流问题。他们认为第三方物流提供商不能满足自己的要求，需要自己的仓储设施来增加灵活性并更好地为客户服务。

(三)退货问题

据统计，2021 年“双 11”期间，京东退货率约为 10%，直播电商的退货率甚至一度高达 60%。由于退货处理需要专门的业务经验，销售商们大都外包给专门的物流公司。

虽然客户随时有可能改变主意，但如果改进订单和送货的准确性，则有可能节省数十亿美元的退货处理成本。

退货问题常常是由送货时间太长造成的，因为客户每天都会发现新产品、新商家，这样就会增加改变主意的可能性。因而应尽量增加订单履行中心的密度，让货物更加靠近消费者，以减少送货延误。

(四)仓储技术

电子订单履行需要订单履行中心或先进的仓库装备技术，如先进的仓库管理系统(WMS)可以使仓库更具灵活性，以满足电子商务客户多样的需求。WMS 可以方便、迅速地配置分拨系统，以适应不同的客户和快速变化的商业环境。市场的国际化还要求 WMS 具有多语言功能。此外，库存管理极为重要，应实现整个供应链的库存可视化。

三、B2B 电子商的订单履行

(一)电子订单履行的复杂性

与 B2B 电子商务相比，B2C 电子商务只是沧海一粟。2018 年全国电子商务交易总额为 31.63 万亿元，其中 B2B 交易额为 22.5 万亿元。2016—2020 年，全国电子商务交易额从 26.1 万亿元增长到 37.21 万亿元，年均增长率为 9.3%。根据《“十四五”国内贸易发展规划》，到 2025 年电子商务交易额将达 46 万亿元。伴随着我国 B2B 电商垂直领域的快速崛起，B2B 深入到了各个产业链的上下游，以前相对比较封闭的钢铁、煤炭等领域都受到了来自 B2B 电子商务的影响，为我国 B2B 电商市场带来了新的“增长动力”。当前，围绕“互联网+”、供给侧结构性改革、“一带一路”推出的相关政策，为 B2B 电商市场提供了广阔的发展空间。

如图 5-2 所示，由于三种新型枢纽(Hub)——中立的垂直网上市场(E-Marketplace)、销售商或采购商联盟(如 GM、Ford、Daimler-Chrysler)和运输网上市场的迅速出现，电子商务的渠道选择变得更加复杂。发货人可能混合使用多个电子渠道，也可能以某一个渠道为主。这种不确定性使许多承运人担心到底谁在控制电子商务的发货，谁得到了其中的价值。不仅是承运人，其他 B2B 电子订单履行的参与者也都面临挑战(见表 5-3)。

(二)库存分布的可视性

提供对货物整个运送过程的订单可视性是 B2B 电子订单履行的所有参与者共同的目标，也是对电子物流的主要需求。实际上，从 20 世纪 90 年代后期物流管理向供应链管理转变以来，可视性一直是供应链管理的重要目标，但是还存在一些传统制度障碍。比如承运人开发出专有的货物跟踪系统，却因其没有兼容性而无法与发货人的信息系统一体化。

网络技术给可视性问题提供了更加一体化、简单化的解决方案，许多新型的物流服务提供商应运而生，他们提供的服务如下。

(1) 基于互联网的可视性工具。相当于可以收集供应商、客户、承运人、货运代理、海关代理、仓库等所有供应链参与者信息的物流信息枢纽，不仅能统一跟踪每个订单的状态，而且还提供特殊管理系统，迅速找到瓶颈和延迟的货物，以采取补救行动。

(2) 综合解决方案。一些物流软件企业和供应链优化企业正迅速扩大服务范围，以 ASP 乃至网上市场的形式，成为综合的电子订单履行提供商。

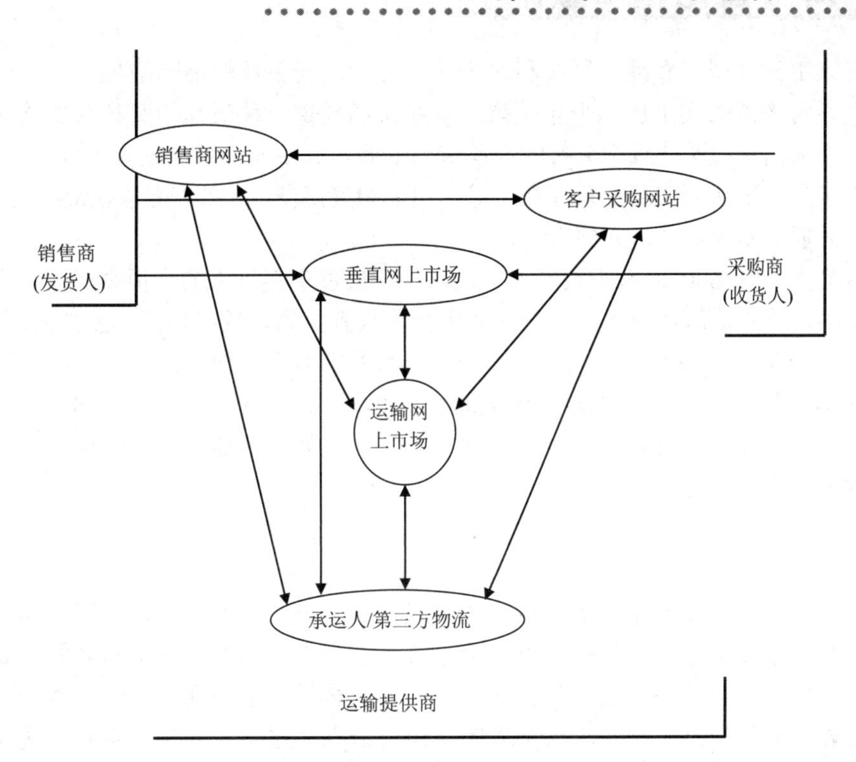

图 5-2　虚拟市场的交易流程图

表 5-3　电子订单履行对 B2B 参与者的挑战

电子订单履行的参与者	电子订单履行的挑战
发货人(销售商)	渠道的混合，物流合作伙伴的选择，战略/战术/业务决策的一体化
收货人(采购商)	独自或联合采购网站，供应链协同，总体送货成本降低
承运人	自我服务网站，与垂直网站或运输交易网站链接，传统制度障碍
第三方物流提供商	与承运人的合作，模式/服务的范围，信息资源共享
仓储商	位置，业务密度，资本投入，与优胜者的联盟
垂直网上市场	“发货”按钮在什么地方，谁在后端，提供什么服务
运输网上市场	由交易场所变成 ASP 和增值服务，联盟或中立
物流软件应用提供商	综合解决方案，介入网上市场，成为战略合作伙伴

(3) 虚拟第三方物流。一些第三方物流、货运代理及新创的网络公司正成立“虚拟第三方物流”，结合基于互联网的信息能力和决策工具，为发货人提供下订单、跟踪和管理运输工作流程的“自助式”网上解决方案。

(三)垂直网上市场的“发货”按钮

电子商务的新趋势是 B2B 网上市场的迅猛发展，这些网上市场通常专注于某一专门的服务、商品或行业，为众多的供应商和采购商服务。迄今为止，大多数市场都专注于服务，或者以包裹对象投递的产品。面向包裹的 B2B 市场，与 B2C 市场一样，可以依靠已经建立的电子过程，由快递公司来送货。

随着化工、金属、食品、纸张和农产品等行业市场数目的不断增加，订单的货物数量不断增大，对物流的需求也越来越复杂。这些市场提供一种或几种商品买卖的交易方法，从简单的供求信息发布、统一分类的商品目录发布，到拍卖和反向拍卖，以及现实的交易。通过将供应商和采购商在网上联系在一起，可大幅度降低网上市场的供应链成本。据估计，网上订单处理成本相对传统方式可降低 70%。

尽管美国已有 600 多家垂直网上市场，但一般能生存下来的会很少，而生存者必须能提供清晰的电子物流解决方案。不过迄今为止，只有少数市场将物流功能与其网站一体化，而且主要是与第三方物流合作，有的与一个，有的则与几个合作。实际上，专注垂直网上市场的承运人和第三方物流也是创新者和冒险者，因为这些网上市场大都是纯粹的新创企业，它们主要是希望通过物流服务迅速增加市场的交易，再通过模式转换、共同运输来提高物流效率。

(四)B2B 的网络效应

在网上设定订单发送路线就像孩子的游戏一样简单，但现实的订单履行和物流却难得多，特别是还需要努力降低物流成本。网上市场创建者大都专注于交易量的提高，很少想到利用成功的电子物流来创造附加价值。其实通过合并订单和优化供应链两端的供应商与采购商可以提高供应链的效率，也就是将 Wal-Mart 等大公司的供应链进行最优化实践，通过互联网工具应用到“多到多”网上市场的小公司上。随着交易量的增加，这些解决方案可以帮助网上市场创建者将托盘货物订单在供应商的发货点合并成整车订单，以及在运输过程中通过不入库转运进行在途合并，将多个供应商的托盘货物合并成整车送达采购商，从而实现以整车的价格运送托盘货物。

四、电子订单履行与物流的关系

电子商务在国内外的实践使越来越多的人认识到：电子订单履行是制约电子商务发展的瓶颈，是决定电子商务企业成败的关键。承担电子订单履行职能的物流行业从来没有像现在这样引人注目，特别是第三方物流得到了空前的发展机遇。2020 年全国社会物流总额 300.1 万亿元，同比增长 3.5%，2021 年全国社会物流总额 335.2 万亿元，按可比价格计算，同比增长 9.2%，两年年均增长 6.2%，增速恢复至正常年份平均水平。

作为物流业的新兴领域，第三方物流在国外的物流市场上已占据了相当可观的份额，欧洲目前使用第三方物流服务的比例约为 76%，美国约为 58%，日本约为 80%；同时，欧洲有 24%、美国有 33%的非第三方物流服务用户已积极考虑使用第三方物流；欧洲 62%、美国 72%的第三方物流服务用户认为他们有可能在未来几年内会增加对第三方物流服务的需求。全球物流业务外包将平均每年增长 17%。实践证明，第三方物流服务的营运成本和效率，远远优于企业自营物流。

电子商务的物流服务提供商在获得机遇的同时，也感受到电子订单履行正在改变着传统的物流运行模式，使其逐渐显现出电子物流的特点。其主要包括以下内容。

(1) 更好的库存分布可视性。

(2) 需求协同导致更准确的预测与资源计划。

(3) 自动在途合并以减少延迟和产生 TL 运输。

(4) 更快的送货时间要求以保障按订单生产和装配。

(5) 承运人、第三方物流等提供新的物流管理。

(6) ASP 使发货人和承运人像大公司一样运行。

(7) 最大限度地利用互联网技术来管理动态物流网络，利用所有伙伴的物流设施。

为适应电子订单履行的要求，传统的物流业巨人如 UPS、TNT 等，通过与新型物流服务提供商如 Descartes 的合作，提供一体化的电子物流解决方案，如 UPS E-Logistics、TNT Loop 等。国内的企业如中国邮政等，也在积极构建电子商务的物流服务平台，希望在激烈的市场竞争中赢得先机。

总之，电子订单履行深刻地影响着物流业的发展，使物流成为商务关键的组成部分。一些专家甚至断言：未来的成功企业实际上都是物流企业。

第二节 供应链管理与协同商务

一、价值链与供应链

(一)价值链

价值链是指在一个行业或一个企业内，从原材料到形成最终产品或服务的过程中所进行的一系列活动，其中每一项活动都为最终产品添加经济价值，价值链就是这一系列相互联系的增值活动。价值链有行业价值链和企业价值链之分。行业价值链上的基本角色有六个，即供应商、制造商、运货商、经销商、零售商和客户，每个组织承担其中的一个或多个角色，也可能只承担某个角色中的部分活动。企业价值链是企业内从原材料到形成最终产品或服务的过程中所进行的一系列活动，其增值活动主要有五种：运入物流、内部运作、运出物流、销售和营销以及售后服务。

价值链是由迈克尔 • 波特(Michael E. Porter)在《竞争优势》(*Competitive Advantage*)一书中首先提出的，他认为：“每一个企业都是用来进行设计、生产、营销、交货等过程及对产品起辅助作用的各种相互分离的活动的集合。”企业的价值创造是通过一系列活动构成的。这些活动可分为基本活动和辅助活动两类：基本活动包括设计、生产、市场推广、营销、配送以及售后服务和支持等；而辅助活动则包括采购、技术开发、人力资源管理和企业基础设施等。这些互不相同但又相互关联的生产经营活动，构成了一个创造价值的动态过程，即价值链。价值链在经济活动中是无处不在的，上下游关联的企业与企业之间存在行业价值链，企业内部各业务单元的联系构成了企业的价值链，企业内部各业务单元之间也存在着价值链联结。价值链上的每一项价值活动都会对企业最终能够实现多大的价值造成影响。

伴随着互联网的发展，虚拟价值链、价值增值网等延伸了价值链概念，但价值链的本质没变，即价值链是由一系列能够满足顾客需求的价值创造活动组成的。这些价值创造活动通过信息流、物流或资金流联系在一起。

电子商务充分利用网络信息技术的优势，在行业或企业的内部与外部可能触及的范围内整合各种资源，包括研发、生产、管理、市场营销、信息系统、人力资源和物流配送等，使企业获得各种能力，从而形成自己的核心能力，并取得竞争优势。

(二)供应链

早期观点认为，供应链(Supply Chain)是制造企业中的一个内部过程，是指把从企业外部采购的原材料和零部件，通过生产转换和销售等活动，再传递到零售商和用户的一个过程。传统的供应链概念局限于企业的内部操作层上，注重企业自身的资源利用。后来有些学者把供应链的概念与采购、供应管理相关联，用来表示与供应商之间的关系。这种观点得到了研究合作关系、JIT关系、精细供应、供应商行为评估和用户满意度等问题的学者的重视。但这样一种关系也仅仅局限在企业与供应商之间，而且供应链中的各企业独立运作，忽略了与外部供应链成员企业的联系，往往会造成企业间的目标冲突。

小贴士

21世纪的企业竞争

英国著名的供应链专家马丁·克里斯托弗(Martin Christopher)写的《物流与供应链管理》一书中有这样两句话。一句说市场上只有供应链而没有企业：“我们的企业是以企业的形式运作的，但实际在竞争当中是只认供应链的。”另外一句话说：“21世纪的竞争不是企业和企业之间的竞争，而是供应链和供应链之间的竞争。”

随着经济全球化、贸易和投资便捷化与自由化以及互联网的发展，供应链从原有的区域性概念发展到一种全球性概念，供应链上的企业不再受限于某个地域或某个国家；供应链上企业之间的分工更加明确(生产、分销、零售等)；供应链上所有成员的行为具有一致性目标——使整个供应链的价值增值最大化以满足客户或最终用户的各种需求；借助信息技术与互联网的支持，原有的线性结构转变成围绕核心企业的网状结构。

因此，要想使整个供应链具有市场竞争优势，必须拥有有效的供应链管理，特别是要借助信息技术和电子商务，实现供应链成员之间的信息共享，提高整个供应链的协同能力，形成电子化供应链(E-SC)。

二、供应链管理

(一)供应链管理的概念

供应链管理(Supply Chain Management，SCM)的概念就像供应链的概念一样，迄今还没有一个被广泛接受的定义。但从供应链的基本思想可以看出，供应链管理的本质就是对供应链上成员的各种活动及这些活动所形成的信息流、物流、服务流及资金流进行集成管理，从而实现以最快的速度、最低的成本为客户提供最大的价值，改善并维持整个供应链的竞争力。

互联网的快速发展改变了全球制造业的经营模式，虚拟制造、动态联盟等生产模式的出现需要新的管理模式与之相适应。企业间的合作、协调、利益共享、风险共担等新的管理理念相继出现，而传统企业组织中那种以企业自身利益为核心的采购(物资供应)、加工制造(生产)、销售等运作模式，已经无法适应新的制造模式，那种“大而全”“小而全”的自我封闭的管理体制，更无法适应网络环境下的竞争。供应链和供应链管理正是在这样的背景下提出的。

供应链管理已跨越了企业的界限。通过互联网/内联网/外联网的互联，各成员内部的每个工作环节被有机地连接起来，供应链上、下游的每个成员利用信息高速公路形成了互惠共赢的网络合作联盟，分担采购、生产、分销和销售等职能，使企业成为一个协调发展的整体，整个供应链获得了总体竞争优势，从而也使每个成员企业自身效率与效益大幅提高。因此，供应链是从物流和信息流角度对企业内部各个工作环节和相互合作的不同企业之间密切联系的一种形象描述，具有高效率、低成本的内涵。供应链管理的目的就是要从系统的角度出发，对具有密切联系的不同环节统筹管理，全面地提高整条供应链的运营效率，特别是连接处的效率，形成共赢的合作关系，以降低总体运营成本，提高总体竞争力。

供应链管理的主要任务有需求分析与预测(Analysis Forecasting)、生产计划与排程(Planning and Scheduling)、补货(Replenishment)以及物流管理(Logistics Management)，涉及的关系有客户关系、供应商关系、伙伴关系(如第三方物流、咨询机构等)以及员工关系。

小贴士

香港冯氏集团(原利丰集团)的供应链管理实践

香港冯氏集团是一家香港乃至世界范围内商贸业的著名创新企业。没有厂房、仓库、运输工具，也没有任何垄断权力,凭借着复合型的知识和人才、规范的工作流程、良好的商誉，为客户管理着采购、分销、物流、信息、在途资金等各种重要环节，并以这样的服务获取着稳定的回报和快速的成长。

1906 年，冯柏燎先生和李道明先生在广州创立了利丰公司，它是一家由中国商人建立的贸易公司，直接与西方国家从事外贸业务。然而，利丰公司真正成为一个现代化的世界供应链运营商，应当是在冯国经和冯国纶先生成为企业第三代经营者之后逐渐形成的。经过几十年的努力，利丰公司已经强化了对供应链的上游、中游和下游的各个环节的管理能力，将原材料和零部件的采购与寻求最佳的劳动密集型生产基地进行区分，为快速响应生产制造的需求提供了实际的解决方案。1992—2006 年，利丰公司的营业收入、进出口业务和核心业务的年复合增长率达到 23%。

2012 年 8 月 1 日，已经是全球最大消费品贸易采购公司的香港利丰集团(Li & Fung Group)改名为冯氏集团(Fung Group)，后来又转变为中国香港的合同物流公司 LF Logistics(利丰物流),2021 年 12 月,全球最大的集装箱航运公司马士基收购了 LF Logistics(利丰物流)。

冯氏集团不仅了解客户需求，拥有服务于客户的知识技术和庞大的业务网络，而且了解各个生产基地的制造技术、质量、产能及配额和各国的进出口规定，并与有竞争力的供货商和生产商建立了长期而密切的合作关系，可以将各个环节的优势整合在一起来争取订单。

接到客户订单后，冯氏集团才开始安排原料采购和生产工序，并负责流程监控和环节与环节之间的沟通和组织，具体的生产则外包给世界各地的生产商。同时，由于冯氏集团与很多生产商有稳定的业务往来，所以生产商愿意在预定产能、快速生产和各种生产细节上配合，并提供最高的生产弹性，使这个由各方组合成的供应链能为客户提供更快更好的服务。

合作和信任令订单处理过程更加快捷，并可节省讨价还价的时间和人力资本，为这段供应链增值。而通过与冯氏集团的合作，生产商也实现了专门化，在其核心业务的制造能力上专注发展。与众多生产商形成了一个千变万化的供应链结构，尽力为每一个订单创造一条有效益的供应链，从而为客户提供最大的弹性和最具竞争力的产品。

(资料节选：香港利丰集团——极致的供应链管理，http://www.sohu.com/a/216280856_433517)

(二)供应链管理的方法

1. 供应商管理库存

供应商管理库存是指供应商根据需求方的库存水平、周转率、需求信息以及交易成本产生自己的生产订单并及时将产品或物料送达需求方指定的库存位置。它采用的是一种连续补货策略，由供应商决定什么时候补货和补多少货。需求方与供应商共享需求预测、库存、销售报告等信息是 VMI 成功的关键。VMI 的基本工作流程如图 5-3 所示。

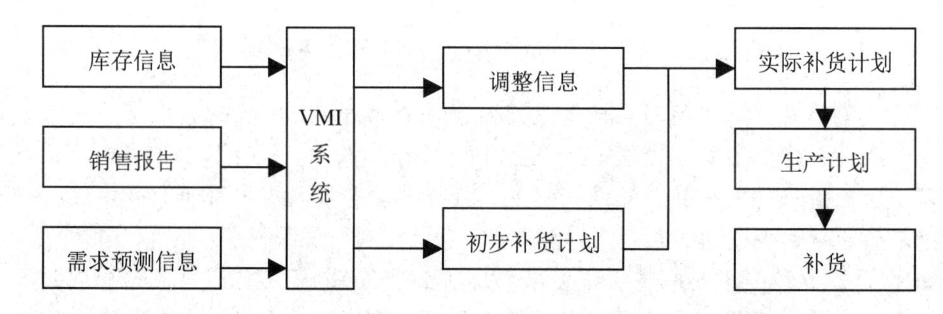

图 5-3　VMI 的基本工作流程

首先供应商根据需求预测信息制订初步的补货计划，接着根据最新的库存信息和销售报告等对初步补货计划进行调整，生成实际补货计划。然后根据此补货计划生成生产订单并输入生产系统，生产系统形成生产计划并组织生产以满足补货需要。最后将生产出的产品配送到需求方指定位置完成补货。

2. 快速响应

快速响应(Quick Response，QR)是美国纺织服装业发展起来的一种供应链管理方法。其目的是通过供应链企业间的信息共享、协同运行、优化流程，对最终消费者需求迅速做出反应，减少原材料到销售点的时间和整个供应链上的库存，最大限度地提高供应链管理的运作效率，从而达到提高客户服务质量、降低供应链总成本的目标。

3. 有效客户响应

1) 定义

有效客户响应(Efficient Consumer Response，ECR)是指“以满足客户要求、最大限度地降低物流过程费用为原则，能及时作出迅速、准确的反应，使物品供应或服务流程最佳化而组成的协作系统”。其核心理念是基于消费者的需求，致力于创造价值最大化的活动并摒弃没有附加价值的活动，力求降低成本，从而使客户享受到顾客让渡价值最大的服务或产品。它是以消费者的观点去执行企业的策略目标。

2) ECR 模式及其要素

ECR 模式主要解决供应链上的 4 个问题：以最合理的价格、最恰当的时间，向消费者提供形式最合理的商品；维持合理库存，既不占用过多资源，又不会导致供货中断；有效地向消费者传递商品的价值和利益；有效的新产品引入与开发。ECR 模式及其基本要素如图 5-4 所示。

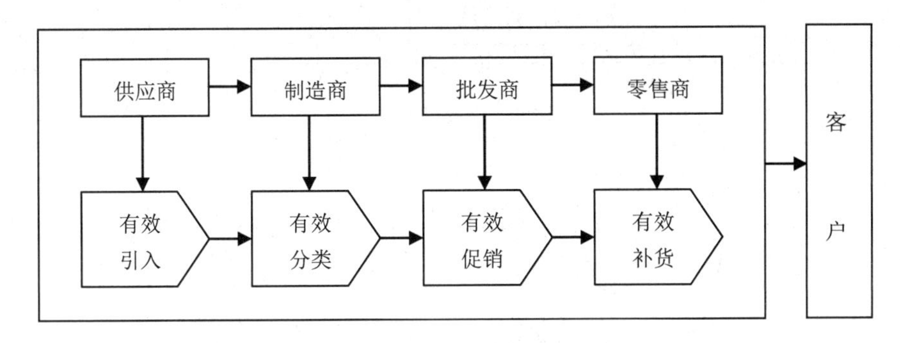

图 5-4　ECR 模式及其基本要素

(1) 有效引入。正确分析和掌握消费者的需求并据此引入新产品，有利于降低新产品开发的失败率。

(2) 有效分类。通过二次包装等手段，提高货物的分销效率，使库存和商店空间的使用率最优。

(3) 有效促销。提高仓库、运输、管理和生产效率，使整个供应链系统效益最高。

(4) 有效补货。使用包括电子数据交换(EDI)、以需求为导向的自动连续补货系统和计算机辅助订货系统，使补货系统的时间和成本最优。

4. CPFR

1) CPFR 的基本概念

协同式供应链库存管理(Collaborative Planning Forecasting and Replenishment，CPFR)的形成始于沃尔玛所推动的联合预测补货系统(Collaborative Forecast and Replenishment，CFAR)是供应链企业间借助互联网协同预测产品的市场需求，并在此基础上实行连续补货的系统。后来，在沃尔玛的不断推动下，基于信息共享的 CFAR 系统发展成为 CPFR。它是在 CFAR 协同预测和连续补货的基础上，将原来属于各企业内部事务的计划工作(如生产计划、库存计划、配送计划、销售规划等)由供应链各企业协同参与制订。CPFR 在沃尔玛等企业取得成功后，得到了迅速推广，并由零售商、制造商和方案提供商等许多实体组成了 CPFR 委员会，致力于 CPFR 的研究、标准制定、软件开发和推广应用工作。

2) CPFR 流程

CPFR 的实际操作流程共有 9 步，如图 5-5 所示。

(1) 制定协议框架。建立供应链成员(如供应商、制造商、分销商、配送商、零售商等)的合作指导文件和规章，制定出符合 CPFR 标准的方案，方案将描述各方的期望值、为保证成功所需的行动和资源、合作的目的、保密协议、资源使用授权等，并明确约定了各方的职责以及绩效评价方法，阐明合作方交换信息和分担风险的承诺。

(2) 制定协同商务方案。供应链合作伙伴交换企业策略和业务计划信息以共同制订业务发展计划，从而有效降低异常和意外发生的概率。制订业务计划书并在业务计划书上明确策略的实施办法。

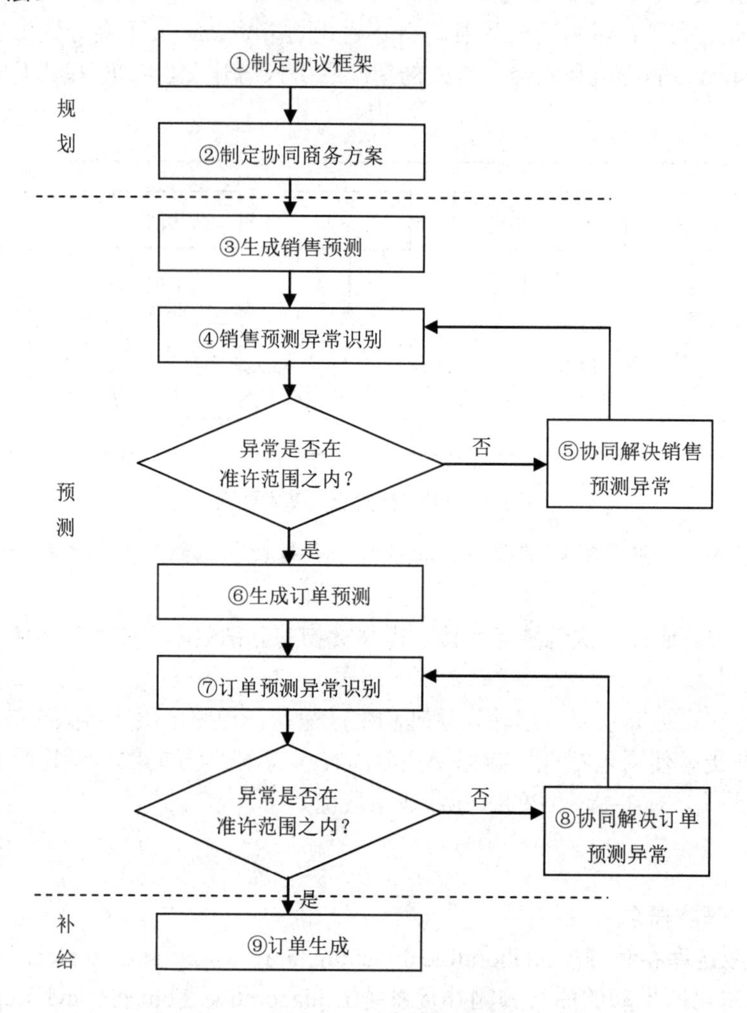

图 5-5　CPFR 流程

(3) 生成销售预测。依据 POS 历史数据、实时信息和对未来的预测信息，建立销售预测。可由一方提出供伙伴讨论，也可各自提出再进行协商。

(4) 销售预测异常识别。列出销售预测可能出现问题的例外品项，如爆发性产品，出人意外的大卖，对于异常的销售情形，特别要时时监控，以调整策略。

(5) 协同解决销售预测异常。当异常发生时，上下游应设定一些做法来增加或减少销售量以降低对库存的冲击。

(6) 生成订单预测。根据 POS 数据、实时信息、库存策略等制定出订单预测以支持共享的销售预测和协同业务计划。订单数量要随时间变化并反映库存情况。订单预测能使制造商及时安排生产能力，同时也让销售商感到制造商有能力及时发送产品。

(7) 订单预测异常识别。此步骤类似第 4 步的过程，特别要注意产品的销售/订单百分比，若比值高于平时，代表将会有库存产生，比值越高意味库存越多，比值高低与其合理性视各品项而定，可以借由比值的监视与控制来掌握订单异常状况的处理。

(8) 协同解决订单预测异常。此步骤类似第(5)步。

(9) 订单生成。由订单预测转化成确定的订单，并据此制订生产计划，形成生产指令，对库存进行补给。

成功实施 CPFR 的关键因素有：以共赢的态度看待供应链成员间的合作关系，协同解决所有异常和意外；各成员应有清晰的责、权、利，伙伴之间的各种计划应相互衔接，遵守共同标准；充分利用供应链上各成员的信息，并有明确的业务流程和信息处理规则；CPFR 需要有良好的信息技术支持，包括文件传输协议、数据交换标准、安全协议、集成的信息系统等。

三、协同商务

(一)协同商务的概念

协同商务(Collaborative Commerce)的思想最早由 Gartner Group 在 1999 年提出。该公司对协同商务的定义是：协同商务是指将具有共同商业利益的合作伙伴整合起来，主要是通过对整个商业周期(从市场研究、产品设计开始直至将产品销售到最终用户手中为止)中的信息进行共享，实现和满足不断增长的客户需求；通过对各个合作伙伴的竞争优势的整合，共同创造和获取最大的商业价值。它包括企业内部协同和企业外部协同。

企业内部协同是指企业内部不同部门、不同层次、不同周期、不同利益群体等之间的协同，如投资人与经营者之间的协同；库存、生产、销售、财务等部门之间的协同；企业战略层、管理层、作业层之间的协同；企业长期规划与短期利益之间的协同等。其目标是整合企业内部资源，消除信息孤岛。

企业外部协同是指供应链成员之间的协同，依据各企业间的信息共享，实现整个供应链的业务流程整合，使得企业的所有规划和运作不再从本企业自身的角度出发，而是要兼顾整个供应链最优化。

(二)协同商务的内容

协同商务的内容主要有以下几方面。

(1) 信息与知识的共享。信息与知识的共享是指将企业员工与其完成自己的工作所需的信息联系起来。其特点在于两方面：一方面，信息要充分，能够分享所有相关信息，如客户信息、伙伴信息、企业内部资源信息等；另一方面，这些信息是根据员工的身份定制的，员工只能访问与他们相关的信息。

(2) 业务整合。当企业内部或是跨企业的员工为了一个共同的目标如协商合同、新产品设计、生产或物流计划等开展协作时，需要借助供应链企业间的业务整合来实现该目标。例如，客户在线购物时，从下订单到产品的生产组装、物流配送等整个业务流程被整合在一个信息平台上。

(3) 协作社区。在整个供应链运作过程中，不同企业或同一企业的不同部门员工之间需要相互协助，员工还可能需要与客户协作并沟通。这需要协作社区来保障这些业务。

(4) 业务处理。协同商务必须提供安全可靠的业务处理流程，包括客户的订单管理、库存管理、财务管理等，并及时更新后台系统的数据。

第三节　物 流 管 理

根据国家发改委发布的《“十四五”现代流通体系建设规划》，在社会再生产过程中，流通效率和生产效率同等重要，是提高国民经济总体运行效率的重要方面。流通体系在国民经济中发挥着基础性作用，国内循环和国际循环都离不开高效的现代流通体系。物流体系属于流通体系中的重要内容。2021 年全国社会物流总额为 335.2 万亿元，社会物流总费用为 16.7 万亿元，全年货物运输总量为 530 亿吨，货物运输周转量为 22.4 万亿吨公里。近年来我国物流成本有所下降，2021 年社会物流总费用占 GDP 的比重降到 14.6%，但与发达国家 10%以下相比，物流成本仍然偏高。高额的物流成本在经济转型过程中，已逐渐成为制约社会经济效益提升的因素，凸显短板效应。

一、物流基本知识

(一)物流与物流管理

物流(Logistics)就是物品(包括实物商品、服务或信息)从供应地向接收地的实体流动过程。它包括进、出、内部流动、外部流动、退货等不同内容，涉及的基本功能有运输、储存、装卸、搬运、包装、流通加工、配送、信息处理等。而物流管理就是对这一流动过程的计划、执行、协调和控制，保障所交易的物品以最低的成本在供应起点到消费终端之间快速、高效地流动和存储，以满足客户的需要。

(二)物流的分类

根据物流在供应链中的作用，物流的活动主体、活动覆盖范围以及物流系统性质的不同，可以将物流分成不同的类型，主要分类方法如下。

1. 按物流在供应链中的作用分类

物流在供应链中的作用有五种，即原料供应、生产运作、产品销售、客户退换、废品回收等，对应的物流类型有以下 5 种(图 5-6 描述了一个以生产企业为核心的供应链上的物流过程)。

(1) 供应物流。生产企业、流通企业或消费者购入原材料、零部件或商品的物流过程称为供应物流。这是从买方角度出发的交易行为中所发生的物流。

(2) 生产物流。从工厂的原材料购进入库起，直到工厂产品库的产品发送为止，这一全过程的物流活动称为生产物流。原材料及半成品等物品按照工艺流程在各个加工点之间不停地移动、流转形成了生产物流。

(3) 销售物流。生产企业、流通企业出售原材料、零部件或商品的物流过程称为销售物流。这是从卖方角度出发的交易行为中所发生的物流。

(4) 回收物流。将经济活动中失去原有使用价值的物品，如报废品、生产过程所产生的各种边角料和废料，以及周转使用的包装容器等，根据实际需要进行收集、分类、加工、包装、搬运和储存，并分送到专门处理场所，这个过程中所形成的物流，称为回收物流。

(5) 逆向物流。不合格物品的返修、退货等从需方返回到供方所形成的物流过程称为逆向物流。供应、生产或销售过程均存在逆向物流问题。图 5-6 中与供应物流、生产物流和销售物流反方向的物品流动都是逆向物流。

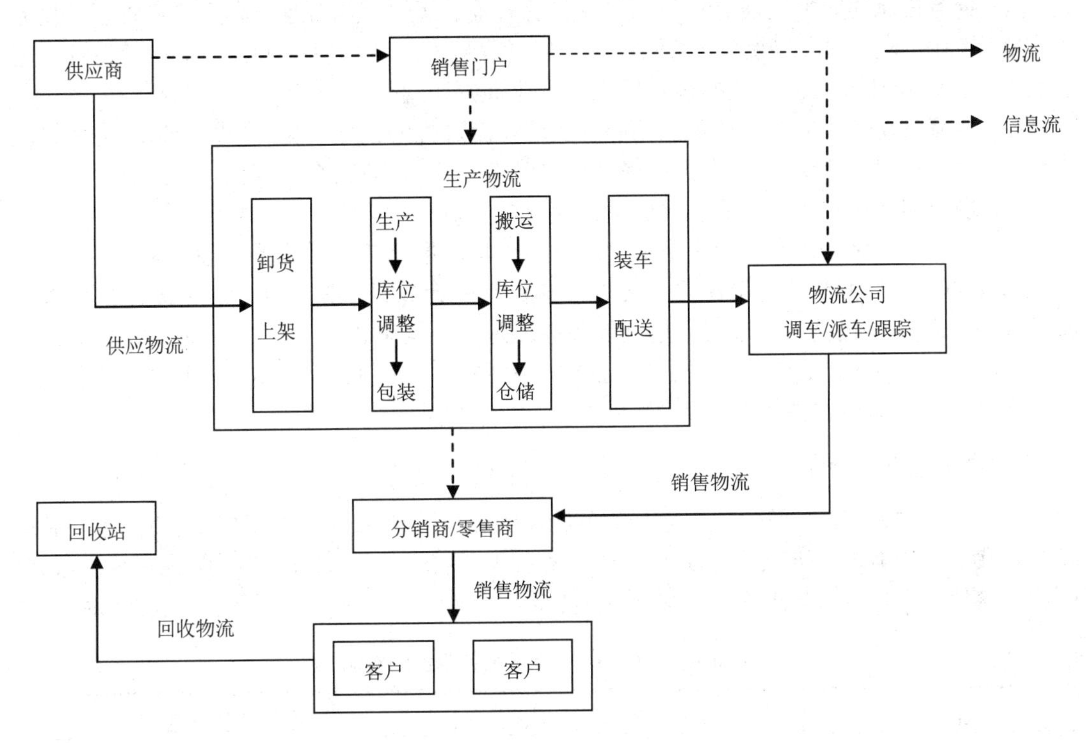

图 5-6 供应链物流过程

本节所讲述的物流是针对电子商务企业在销售过程中所发生的物流与逆向物流问题。

2. 按照物流活动的主体分类

承担物流任务的主体有企业自营、专业子公司和第三方物流公司，对应的物流类型有以下三种。

(1) 企业自营物流。企业自营物流指由原料、零部件或成品提供者或售卖者自主经营物流运输服务。企业自营物流要求企业自备车队、仓库、场地和人员等。该物流模式投入和运营成本很高，因此适用于批量生产或大规模定制生产的企业，或区域性服务企业，如城市百货公司等。

(2) 专业子公司物流。一般是将企业自营物流从企业运作中剥离出来，成为一个独立运作的专业化实体。它与母公司或集团之间的关系是服务与被服务的关系。它以专业化的工具、人员、管理流程和服务手段为母公司提供物流服务，同时还可以将剩余资源承担其他物流服务。

(3) 第三方物流。第三方物流是指由买卖双方之外的第三方企业承担交易过程中形成的物流运输任务，即买卖双方将物流业务外包给第三方承担。它有利于买卖双方降低交易成本，而第三方物流公司可通过优化资源配置提高物流运作效率，降低物流成本，并可以满足电子商务交易中的小批量、多品种、高速度和准时供货等物流要求。

(三)电子商务环境下物流的特点

1. 物流运作的特点

(1) 物流信息化。物流信息化包括物品信息管理、运输信息管理、客户信息管理、物流成本管理等内容。常用的物流信息化技术有条形码技术、数据库技术、电子订货系统、电子数据交换、快速反应及有效的客户反映、企业资源计划等。

(2) 物流自动化。物流自动化的核心是实现物流过程的机电一体化。物流自动化使物流作业能力不断扩大，劳动生产力大幅提高，物流作业的差错减少，物流运作时间缩短。

(3) 物流网络化。物流信息化是物流网络化的基础。

(4) 物流智能化。物流智能化是指物流自动化与信息化发展后的更高层次应用，即利用人工智能的理论与方法与计算机系统结合，通过智能计算机系统，如专家系统、机器人及其智能控制系统等解决物流过程中遇到的各种运筹与决策难题。

(5) 物流柔性化。柔性化要求物流配送中心根据“多品种、小批量、多批次、短周期”的消费需求，灵活组织并实施物流作业。

2. 物品运输的特点

在物品运输方面，传统物流与电子商务物流的最大区别在于：传统物流是将批量商品运往少数几个目的地(如流向零售店)；而电子商务物流是将一个个小包裹递送给许多客户家庭，即“多品种、小批量、多批次、短周期”。表 5-4 列举了传统物流与电子商务物流的对比。

表 5-4　传统物流与电子商务物流的对比

特　征	传统物流	电子商务物流
需求类型	推，以产定销	拉，按订单生产、定制
需求性质	稳定、持续	波动、零散
客户	少量商业伙伴	不确定
发货量	大批量集装运输	单件或数件，包裹运输
发货价值	总值大	总值小
目的地	集中在几个地方	分散在不同地方
货物流向	通常是单向的	通常是双向的
责任	单个连接	贯穿整个供应链
运输商	通常企业自营，有时外包	通常外包，有时企业自营
仓库	一般都有	只有大企业或承运企业有
时间要求	按计划	变化、不确定
运输状态	不清楚	动态跟踪

二、第三方物流

(一)第三方物流形成的背景

企业从事物流活动需要投入大量的人力、物力、财力。对于缺乏资金的企业特别是中

小型企业而言，构建物流系统是非常困难的，同时各自经营物流业务也会导致资源浪费、物流效率低下。因此，外包物流业务是企业降低物流成本、形成新的利润源泉的关键。

任何企业的资源都是有限的，将有限的资源用在提升企业的核心竞争力上才能使企业资源得到最优配置，才能形成或保持竞争优势。因此企业可通过对内外部资源的整合，将非核心业务转移给具有相对优势的外部企业。而物流对于制造、零售等类型的企业显然不具有优势，因而成为这些企业的非核心业务。

信息技术的发展使企业面临的竞争环境发生了巨大的变化，供应链管理、虚拟组织等协作、共赢的经营理念既增加了物流活动的复杂性，又对物流活动提出了快速、有效响应以及“零库存”等更高的要求。第三方物流为实践这种经营理念创造了条件。

(二)第三方物流的特征

第三方物流具有以下特征。

(1) 关系契约化。第三方物流通过契约形式，来规范物流经营者与物流消费者之间的关系。物流经营者根据契约规定的要求，提供多功能乃至全方位的一体化物流服务，并依据契约来管理所提供的所有物流服务活动及其过程。第三方物流发展物流联盟也是通过契约的形式来明确各物流联盟参加者之间的责任与权利及其相互关系的。

(2) 服务个性化。不同的物流消费者存在不同的物流服务要求，第三方物流需要根据不同的物流消费者在企业形象、业务流程、产品特征、客户需求特征、企业竞争需要等方面的要求，提供针对性的个性化物流服务和增值服务。从事第三方物流的经营者还需要考虑市场竞争、物流资源、物流能力的影响，从而形成核心业务，不断强化所提供物流服务的个性化和特色，以增强物流市场的竞争力。

(3) 功能专业化。第三方物流提供的是专业化的物流服务，从物流设计、物流操作过程、物流技术工具、物流设施到物流管理都必须体现出其专业化水平，这既是物流消费者的需要，也是第三方物流自身发展的基本要求。

(4) 管理系统化。第三方物流应具有系统的物流功能，这是第三方物流产生和发展的基本要求。第三方物流需要建立现代管理系统才能满足运营和发展的基本要求。

(5) 信息网络化。信息技术是第三方物流发展的基础。在物流服务过程中，信息技术发展实现了信息实时共享，促进了物流管理的科学化，极大地提高了物流效率和效益。

(6) 资源共享化。第三方物流经营者不仅自己可以构筑信息网络和物流网络，而且可以共享物流消费者的网络资源。

(三)第三方物流的分类

第三方物流经营者可以分为有形的和无形的两类。有形的第三方物流经营者是以自己的资产提供优质服务，如中国远洋运输(集团)总公司(COSCO)、中国外运长航集团有限公司、中国海运(集团)总公司、顺丰速运(集团)有限公司等；无形的第三方物流经营者是管理公司，不拥有资产，只提供人力资源和信息系统，专业管理客户的物流功能，如中国物流策划研究院、中物联物流规划研究院、菜鸟网络科技有限公司等。

专业化和社会化的第三方物流经营者是物流企业。按照物流企业是自行承担物流业务，还是委托他人进行操作，可将物流企业分为物流自理企业和第三方物流企业。物流自理企业就是平常人们所说的物流企业，可进一步按照业务范围进行划分。

第三方物流企业可以按照物流业务代理的范围，分成功能性第三方物流企业和综合性第三方物流企业。功能性第三方物流企业包括运输代理企业、仓储代理企业和流通加工代理企业等。功能性第三方物流企业也叫单一第三方物流企业，即它仅仅承担和完成某一项或几项物流功能。按照主要从事的物流功能可将它进一步细分为运输企业、仓储企业、流通加工企业等。综合性第三方物流企业能够完成并承担多项甚至所有的物流功能，这样的企业一般规模较大、资金雄厚，并且有着良好的物流服务信誉。

因此，物流公司一般分为三种类型：一是资产密集型的交通运输商；二是物流信息技术服务商，包括软件公司、供应链信息管理商、贸易信息管理商和网上运输市场；三是第三方、第四方物流商，包括货运代理商和契约物流服务商。

(四)第三方物流的优点

第三方物流有以下优点。

(1) 低作业成本。第三方物流可为委托企业平均降低10%～20%的成本，这是许多企业选择外包的主要原因。专业的第三方物流经营者利用规模生产的专业优势和成本优势，通过提高各环节的利用率来节省费用，使企业能从分离费用结构中受益。

(2) 致力于核心业务。为了能有资金投资其他核心领域，越来越多的企业将非核心业务外包给专业化的公司。企业通过将物流业务外包给第三方物流经营者，能够将时间和精力放在自己的核心业务上，从而增强企业的核心竞争力。

(3) 减少资金积压。利用第三方物流的先进技术、设备和软件，能够减少物流消费者的投资，提高企业的资金周转速度，从而提高资金回报率，促进资源的有效配置。

(4) 降低库存。企业不能承担原料和库存的无限增长，尤其是要及时将高价值的零部件送往装配点，以保证库存的最小量。第三方物流经营者借助精心策划的物流计划和适时运送手段，最大限度地降低了库存，改善了企业的现金流量，实现了成本优势。

(5) 提升企业形象。第三方物流经营者是物流专家，他们利用完备的设施和训练有素的员工对整个供应链网络实现完全的控制，并减少了物流的复杂性。他们通过遍布全球的配送网络和服务提供商(分承包方)大大缩短了交货期，继而帮助客户改进服务，树立自己的品牌形象。第三方物流经营者通过“量体裁衣”式的设计，制定出以客户为导向、低成本高效率的物流方案，为企业在竞争中取胜创造了有利条件。

(6) 拓展国际业务。随着全球经济一体化步伐的加快，不少没有国际营销渠道的企业希望进入国际市场，而第三方物流恰恰可以帮助这些企业达到拓展国际业务的目的。

(7) 整合供应链管理。一体化物流要求企业对整个供应链进行整合，通过外包改善物流服务质量，提高客户服务水平。因而，越来越多的企业考虑到第三方物流的专业能力，希望能与它们合作进行供应链整合。

第四节　退货处理与客户支持

当货物被运送给顾客后，将面临验收、投入使用阶段，其中有两个问题需要考虑。一是如何解决客户退换问题。如果客户发现物品不能满足自己的要求或没有达到商家的承诺

水平，就有可能要求退换。在传统零售业中的退换比较简单，一般都是客户去所购商店办理退换手续，但电子商务交易则面临着退换的困难。二是如何使商品顺利地投入使用。远程客户支持是解决这些问题的重要手段。

一、物品退换策略

为了保障客户权益，企业必须合理安排客户的商品退换问题，常用的策略如下。

1. 原处退换

原处退换就是指在哪里买就在哪里退换。这种退换策略与传统商店购物方式相似，但买卖双方都因退换问题而增加了费用。买方为了退换，需要重新包装、托运(可能还有托运保险)、等待退款或调换的商品，卖方还得拆包、办理退款或重新安排配送。因此这不是一个好的策略。

2. 建立退货中心

企业将配送与退货物流(逆物流)分离处理，建立退货中心，所有退换商品均先退回到退货中心再等待处理。这对企业有利，但对客户不利。

3. 利用零售商店铺

对于类似沃尔玛那样的“鼠标+水泥”型电子商务企业，则可以利用传统的零售店铺接收退货。客户可以在最临近的零售店办理物品退换手续，这对客户比较有利，但企业必须有明确的渠道利益管理办法，因为接收退换额外地增加了零售店的经营成本。

4. 建立退货合作伙伴

没有零售店铺的电子商务企业，可以与其他有店铺的企业建立合作关系，指定某伙伴企业作为退货接收渠道，如星巴克就承担过这方面的业务。

5. 外包

由顺丰、德邦、中国邮政等专业物流企业承担逆物流服务。

二、远程技术支持

技术支持可以现场支持，也可以远程支持。一些通过培训即可由用户自己完成的作业或者通过远程控制可直接帮助用户完成的作业，可通过远程技术支持服务完成。远程技术支持主要有远程培训、指导和控制。著名的网络设备服务商思科公司(cisco.com)就是利用远程技术支持为全球的销售代表、合作伙伴和客户开展培训服务。下面介绍一种这样的远程技术支持工具——Webmeeting，以帮助大家理解远程技术支持的运作。

Webmeeting(weboffice.webmeeting.com.cn)是中国台湾太御科技公司开发的一套远程技术支持工具，可用于远程教育、客户服务、协同商务等。视频区可以交互切换各用户的视频；音视频控制区可控制是否使用语音或视频；文字对话区是类似于 QQ 的一个点对点文字聊天室；任务选择区有共享白板、共享桌面、共享网络浏览器和远程控制等。

用户在共享白板区可以共享所有可打印的文档或图片，可对文档进行标记，在白板上自由书写，如同教师在课堂上使用多媒体课件教学一样。

共享网络浏览器则可即时共享访问各类网站，也可共享播放其他基于浏览器的应用文档(如 Flash 动画)等。

共享桌面是将用户自己的桌面开放给其他用户，这样其他用户可协同完成桌面工作处理，如文档编辑、图片绘制、合同修改等。

远程控制是通过网络来操作和控制对方计算机系统，就如同现场操作一样。它可以用来指导用户操作各类计算机应用系统，还可以直接根据客户的需求远程维护计算机应用系统。

本章小结

客户不只是网上购买产品，更重要的是购买送达的产品。大多数电子商务应用的实现需要利用支持服务。通过因特网来获取订单可能是 B2C 中最容易的一部分，而订单履行和送货上门却是棘手的事情。订单履行和物流配送是电子商务最主要的支持服务。订单履行已成为电子商务竞争的有力武器，本章在介绍订单履行内涵、辨析传统订单与电子订单的基础上，分析了 B2C、B2B 电子订单的履行及其面临的挑战。物流配送可以是自营，也可以是外包，电子商务环境下的物流是集成的系统，不仅要快速响应，更要实现商务协同，其特点表现为信息化、自动化、网络化、智能化、柔性化，最终达到快速配送的目的。第三方物流是电子商务实施物流外包的有效形式，利用第三方物流也是解决退货处理的有效途径，本章最后简述了退货策略和远程支持的有关技术。

思考题

1. 当前电子订单履行面临哪些挑战?
2. 简要说明 B2C、B2B 电子订单的履行。
3. 举例说明供应链运作的现实意义。
4. 简要说明物品退换策略。

第六章　网络商店的规划与运营

【学习要求及目标】

1. 了解建立网上商店前的准备。
2. 了解后台数据处理与配置。
3. 了解网上购物与订单处理流程。
4. 了解数据分析统计系统的种类和特点。

【核心概念】

网络商店　会员服务系统　数据分析　网站建设

【引导案例】

bookschina 网站的功效

中图网创办于 1998 年，隶属于北京英典电子商务有限责任公司，是图书行业的“奥特莱斯”，以销售精选的、近 20 年出版的出版社尾货图书为主要特色，售价 2-5 折，且包含老版书、稀缺书，在其他平台很难买到的图书。

功能模块包括：淘书团、今日值得买、五星书、畅销榜、9 块 9 包邮、出版社浏览、闲情雅趣和批发。特别是淘书团版块，最低 1 折团购好书，少儿、文学、小说等上百种分类图书，淘书团所有团购图书都经过层层筛选，实时更新团购图书，淘书团天天上新品，好书淘不停。

(资料来源：仝新顺，陈金法主编. 电子商务概论[M]. 中原出版传媒集团，2008.8)

案例导学

网络商店以简单易用的 Web 界面，为用户提供了个性化的交易及信息服务支持。本章主要介绍网络商店的规划及设计，包括商店的设计、产品目录的设计、购物车的设计、电子订单及数据处理的方法。

第一节　构建网络商店前的准备

网络商店是指企业在网上开设虚拟商店，以此宣传和展示所经营的产品和服务，进而提供网上交易的功能。构建网络商店是一项复杂的工程，由网站规划、网站定位、选择操作系统、选择服务器、选择开发工具和数据库、网站建设等工作来协同完成。

一、网络商店的规划

(一)网络商店的市场调研分析

网络商店的市场调研分析对象主要有以下几种。

1. 分析同类商品市场的大小

建立的网络商店要想在市场中胜出，就必须了解市场的需求量，并获知该类商品中竞争者的特点，然后根据这些结果分析出自己的商品在众多的竞争商品中所占的分量和地位。

2. 分析不同地区的销售商机与潜在市场

由于市场的复杂性，不同地域有各自的特点，因而要了解在销售特定地域中可能扩展的销售程度，研究各个地域相关市场的有利性，才能使公司的产品更具竞争力。

3. 分析特定市场的特征

只有充分了解各种市场的特征，才能根据这些特征有针对性地销售商品。

4. 分析不同商品市场的规模与发展方向

对于网络商店的市场调研分析，需要熟悉消费者爱好的动向及消费习惯，以了解不同商品市场的规模与发展方向。

(二)市场调研分析的方向

1. 竞争分析

竞争分析旨在帮助企业更加系统深入地了解竞争对手，辨析企业目前所处的竞争环境，分析消费者对商家所提供的商品或服务能接受的程度，结合企业的自身情况调整营销战略。

2. 品质分析

市场品质分析是根据预先设定的标准对目标市场及客户进行衡量和评测。通过对既有商品和网站不断进行改良，可以使企业获得竞争上的优势。

3. 新产品市场开拓的分析

一种新产品或服务进入市场后，需要特别注意该产品或服务的创意，并把它及时地介绍给大众。

总之，网络商店的市场调研可以集中于下面两点：一是调查目前网络中有多少家具有竞争力的网络商店，其网站架构、页面设置、销售策略如何；二是调查参与电子商务的消费者对该网站的意见和建议等。

经过以上这些市场调查后，就要考虑如何规划，该往哪个方向发展，哪些地方还需要改进，优势在哪里。

综合以上内容，通过市场调查研究，就可以对建立网络商店进行可行性分析：①相关行业的市场状况如何，市场有何特点，是否能够在互联网上开展业务。②市场主要竞争者分析，竞争对手上网情况及其网站规划、功能作用。③公司概况、公司自身条件分析，市场优势，利用网站可以提升哪些方面的竞争力(技术、费用、人力等)及建设网站的能力。

二、网络商店的定位

电子商务网站的职能定位是商务网站设计中必不可少的内容。成功的网站是技术、艺术、企业形象与企业营销策略的有机组合，需要运用先进的网页技术与平面设计作为形象

展示的手段，以合理的结构层次和准确的链接关系表达企业营销策略。

(一)定位网站的主题

网络商店属于以商业为目的的电子商务网站，其主题应围绕商务交易而进行，体现出交易的便捷性。

(二)定位网站的功能

以商业目标为出发点的网络商店，其网站不仅代表企业的网上品牌形象，同时也是开展网络营销的根据地，网站建设的水平对网络营销的效果有着直接的影响。一个商业网站可以实现以下 8 个方面的功能。

1. 品牌形象

网站的形象代表着企业的网上品牌形象，网站建设的专业化与否直接影响着企业的网络形象，同时也对网站的其他功能产生直接影响。

2. 产品/服务展示

顾客访问网站是为了对展示的产品和服务进行深入的了解，企业网站的主要价值就在于灵活地向用户展示产品和服务，通过产品说明、图片和多媒体信息，向顾客传达全面的产品和服务信息。

3. 信息发布

网站是一个信息载体，可以依法发布一切有利于企业形象、顾客服务以及促进销售的信息，如企业新闻、产品信息、促销信息、招标信息、合作信息、人员招聘信息等。因此，拥有一个网站就相当于拥有一个强有力的宣传工具。

4. 顾客服务

通过网站可以为顾客提供各种在线服务和帮助信息，比如常见问题的解答(FAQ)、在线填写寻求帮助的表单、通过聊天实时回答顾客的咨询等。

5. 顾客关系

通过网络社区、网络论坛等方式吸引顾客参与，不仅可以开展顾客服务的活动，同时也有助于增进与顾客之间的关系。

6. 网上调查

利用网站的在线调查功能，可以获得用户的反馈信息。网上调查常用于产品调查、消费者行为调查、品牌形象调查等，可获得第一手市场资料。

7. 网上联盟

为了获得更好的网上推广效果，网络商店需要与供应商、经销商、客户网站，以及其他内容互补或者相关的企业建立合作关系，形成企业联盟。

8. 网上销售

建立网站以及开展网络营销活动的主要目的就是为了增加销售。一个功能完善的网站本身就可以完成订单确认、网上支付等功能。网站本身就是一个销售渠道。

因此，当一个企业在规划自己的网站时，应该明确建立网站的目的，然后还要对网站的功能需求进行分析。网站的功能决定了网站的规模和需要投入的资金。

三、确定网络商店的基本内容

(一)网络商店应具备的功能

尽管每个商业网站规模不同，表现形式各异，但从经营的实质来说，不外乎信息发布型和产品销售型两种基本类型，一个综合性的网站可能同时包含这两种基本形式。

一个综合性网站应该包含的主要信息主要包括以下几个方面。

1. 公司概况

公司概况包括公司背景、发展历史、主要业绩及组织结构等，能够让访问者对公司的情况有一个概括的了解，这是在网络上推广公司的第一步，也是非常重要的一步。

2. 产品目录

商店提供公司产品和服务的目录，以方便顾客在网上查看，并根据需要决定资料的详简程度，或者配以图片、视频、音频资料。但在公布有关技术资料时应该注意保密，避免被竞争对手利用，造成不必要的损失。

3. 荣誉证书和专家/用户推荐

作为一些辅助内容，荣誉证书和专家/用户推荐可以增强用户对公司产品的信心，其中第三者作出的产品评价、权威机构的鉴定或者专家的意见更具有说服力。

4. 公司动态和媒体报道

通过公司动态可以让用户了解公司的发展动向，加深对公司的印象，从而达到展示企业实力和形象的目的。因此，如果有媒体对公司进行了报道，要及时转载到网站上。

5. 产品搜索

如果公司产品比较多，无法在简单的目录中全部列出，那么为了让用户能够方便地找到所需的产品，除了设计详细的分级目录外，增加一个搜索功能也是有效的措施。

6. 产品价格表

用户浏览网站的部分目的是希望了解产品的价格信息，对于一些通用产品及可以定价的产品，应该留下产品价格；对于一些不方便报价或价格波动较大的产品，也应尽可能地为用户了解相关信息提供方便。比如，设计一个标准格式的询问表单，用户只要填写简单的联系信息，单击“提交”按钮就可以了。

7. 网上订单

为用户设计一个简单的相关产品网上订购程序是十分必要的，很多用户喜欢利用“提交”表单而不是电子邮件来发送信息。

8. 销售网络

用户通常喜欢通过网络获取足够的信息后，然后在本地的实体商城购买，尤其是价格比较贵重或者销售渠道比较少的商品。因此，网站应尽可能详尽地告诉用户在什么地方可以买到他所需要的产品。

9. 售后服务

有关质量保证条款、售后服务措施以及各地售后服务的联系方式等都是用户比较关心的信息，而且是否可以在本地获得售后服务往往是影响用户购买决策的重要因素，应尽可能详细。

10. 联系信息

网站上应该提供足够详尽的联系信息，除了公司的地址、电话、传真、邮政编码、网管 E-mail 地址等基本信息之外，最好能详细地列出客户或业务伙伴可能需要联系的具体部门的联系方式。对于有分支机构的企业，还应当有各地分支机构的联系方式，这样不仅能为用户提供方便，同时也起到了对各地业务的支持作用。

11. 辅助信息

辅助信息的内容比较广泛，可以是本公司、合作伙伴、经销商或用户的一些相关新闻、趣事，也可以是产品保养/维修常识、产品发展趋势等。

12. 艺术展示

通过展示一些图片、动画或者其他多媒体文件等方式，来展示企业品牌形象，会起到事半功倍的效果。

上述基本信息仅仅是网站建设应该关注的基本内容，并非每个企业网站都必须涉及。在规划设计一个具体的网站时，主要应考虑企业目标所决定的网站功能导向，让企业上网成为整体战略的一个有机组成部分。

(二)网络商店的内容设计

1. 信息结构

一个网站的信息结构是指网站及其 Web 页面组织、标记、导航的方法，它使整个 Web 站点能够被浏览和搜索。信息结构在网站结构设计时就要考虑到，最常见的网站结构是树状如图 6-1 所示。大多数的树状网站层次都设计成宽而浅，即在第二级设置 3～10 个目录，并把层级限制在 2～3 级。这样设计的原因是如果层次窄(目录很少)且深(层次过多)，访问者要花费更多的精力去寻找所需的资讯，不利于吸引客户。

通常，一个网站应包括以下内容：首页，用来欢迎访问者和介绍网站；帮助页面，帮助访问者使用网站；企业页面，提供有关企业相关电子商务信息；交易页面，引导消费者

购买商品或服务；内容页面，在全面销售过程中提供从消息搜索到售后服务和评估等所有有关产品与服务的信息。

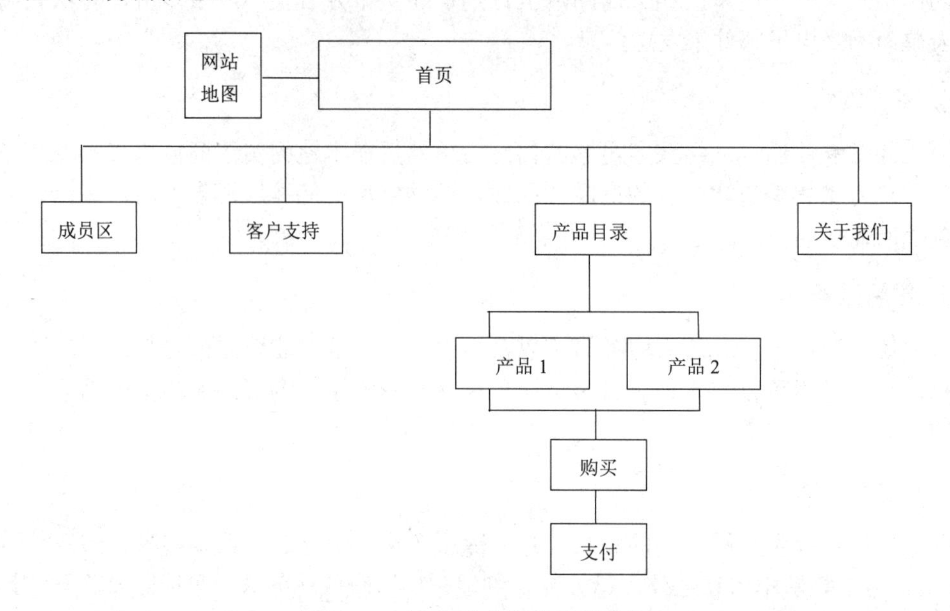

图 6-1　树状网络商店的典型结构

首页是一个网站的门户，一定要确保得体。访问者输入网址之后所见到的第一个页面便是首页，首页的目的不在于销售产品，而在于推销网站。要达到这个目标，可以在首页中介绍网站新近内容，帮助访问者浏览网站，或者创造出一种观感——网站特有，既反映品牌战略又与网站整体风格一致。搜索引擎和外部链接可能会引导访问者链接到网站内部页面，因此网站中的网页应该都能通过链接回到首页。

2. 网站导航结构

网站导航的目的是帮助访问者快速、轻松地找到所需信息的辅助系统。在网站导航中要考虑的问题有：访问者如何进入网站；访问者如何使用网站；访问者怎样才能从网站获取信息；访问者如何转换页面或目录；访问者如何找到其所需信息等。网站导航必须能够帮助访问者快速地找到信息，因为每个访问者都不希望将太多时间浪费在搜索当中。网站导航还必须简单易懂，因为访问者希望能精确地直接找到所需页面，且无须自己思考。

网站设计者设计一个成功的网站导航要做到一贯性，设计时还可能用到一些导航辅助工具，如导航条、导航、网站地图等。

最简单的导航辅助工具是导航条，它能帮助访问者链接到最相近的目的地(如“首页”“关于我们”)和网站的主要目录(如产品目录、客服支持等)。一般来说，导航条上的项目是根据重要性的高低从左向右排列，因而往往最左边是首页链接。导航条可以是文本、按钮或者菜单标签等形式。

通常导航条会被设计在页面的顶端，以便在打开网页时能最先被看到。但是如果网页包括标题广告，那么导航条就应该被放置在广告紧接的下面。这么安排是因为经过测试，多数网络使用者都存在“标题广告致盲”，即忽略标题广告及所有在上面的内容。

如果要设计第二个导航条，那么应该将它放置在每一个网页的底部。这样访问者如果

查阅整个网页而未搜索到所需内容，也可以轻松地转到下一个位置。一个有效的导航方案应该是在网页顶端设置一个简单、吸引人且清楚的导航条，而在网页的末端设置一个相对复杂的文本形式的导航条。

某些时候由于网站内容繁多，一个导航条不能容纳所有的选项，在这种情况下可以在导航条的每个目录下再设立次级目录(如在客服支持目录下设立客户服务 FAQ、产品信息、订单状态等次级目录)。次级目录的形式可以设计成下拉菜单或者是鼠标指向按钮时出现子菜单。

大中型的网站除了导航条以外，一般还包括网站地图，这样可以方便访问者更好地浏览网站。设计网站地图时应该注意它的方便性，此外它还要求在反映网站信息结构的同时应该做到便于理解。大中型的网站还要求具有可搜索性，要做到这一点，网站一般会在首页的顶部或者网站地图中设置“搜索网站”功能。

3. 一致性

网站设计的一致性体现在信息结构和网站导航之间的紧密联系。首先同时也是最重要的，一致性意味着网站页面拥有统一的页面设计。一个网站的页面设计包含了视觉上区分一个站点与其他站点的元素，如布局、字体、颜色、图像和导航等。如果网站中不同的网页使用了截然不同的页面设计，那么会给访问者带来诸多不便，不利于网站吸引和留住访问者。

4. 性能

在网站设计阶段，响应速度理所当然是要考虑的最主要问题之一。因为一旦网页打开的时间过长，访问者一般会选择离开转而去访问其他网站。

影响网页响应速度的因素有很多，像用户网络的带宽，以及网络托管服务商可用的带宽等，这些都是网站设计者不能控制的因素。网站设计者要重点考虑的因素是网页的内容，一个有经验的网站设计者应该懂得如何提高网页下载速度，至少给人以下载迅速的印象。

造成下载速度缓慢的原因是网页中存在过大或者过多的图片。一般来说，几千字节大小的低分辨率图片，访问者就能看得十分清楚。如果图像十分重要，可以在页面上放置缩略图和高清晰度的完全大小图片的链接，是否查看清晰图片则根据访问者个人意愿选择。这样可以保证一般用户快速地浏览相关页面。

另一个影响网页响应速度的设计误区是动态网页效果。这些特效的生成需要调用后台数据库，如 Java 程序、声音文件、动态横幅广告、复杂的表格式结构等。特别是表格式网页必须整页面显示，更加影响了网页打开的速度。因此为了提高网页读取的速度，就需要避免或者慎重地使用这些特效。

衡量一个网站响应速度是否合理的方法有很多种，其中一种十分有效的标准是 12 秒原则：网站的任何一个网页都应该在 12 秒内打开。如果超过这一时间，访问者很可能放弃并转而浏览其他类似的网站。12 秒原则是符合目标客户群的一般标准。归根结底，网站设计最基本的准则是以满足目标客户群的需求和期望为目标而进行的。

另外与 12 秒原则相类似的是 4 秒原则，即在 4 秒内必须显示某些内容给访问者。如果符合这一原则，即使整个网页响应的时间要略长于 12 秒，访问者一般也不会放弃。所以，有些网站的做法是将图片或图像分成数个小型图片，以便于一开始就能快速显示。

5. 色彩与图形设计

万维网是一个缤纷多彩的世界，正确使用颜色、照片、图片和音像等文件是对网站有益的补充。

有效应用色彩与图形的关键在于与目标客户群的期望相互匹配。比如财经服务类网站仅使用源色(如绿色、蓝色等)，辅以一些简单的图表便能很好地反映出要表达的内容；而一些女性网站则趋向于应用一些明亮而柔和的色彩和大量的图片及空白的空间。再比如，游戏网站一般运用大量的Flash动画或动态图片等。

一个网站必须有一种或两种主题色才不至于让访问者迷失方向，也不至于显得单调、乏味。所以确定网站的主题色是网站设计的一个重点。一般来说，一个网页中尽量不要超过四种色彩，因为太多色彩会让人失去方向感，觉得没有侧重点。当主题色确定好以后，使用其他配色时，一定要考虑其他配色与主题色的关系，以及要体现什么样的效果。另外，还要考虑哪些因素占主要地位，是明度、纯度还是色相。

在网页设计中，色彩的搭配原则如下。

(1) 网页标题。网页标题是网站的路标，浏览者在网页间跳转、了解网站的结构及内容，都必须通过导航或者页面中的一些小标题实现。所以网页标题要使用稍微具有跳跃性的色彩，以吸引浏览者的视线，让他们感觉网站清晰明了、层次分明，不会迷失方向。

(2) 网页链接。一个网站是由许多网页构成的，文字与图片的链接是网站中不可缺少的一部分。特别是文字链接，因为链接有别于文字，所以其颜色不能与文字的颜色相同。现代人的生活节奏快，不可能将太多的时间浪费在寻找网站的链接上，因此应设置独特的链接颜色，让自然而然的好奇心驱使用户移动鼠标，进行点击。

(3) 网页文字。如果一个网站用了背景颜色，必须要考虑背景的用色，以及与前景文字的搭配等问题。一般的网站侧重的是文字，所以背景颜色可以选择纯度或者明度较低的色彩，而文字采用较为突出的亮色，这样可以让人一目了然。

(4) 网页标志。网页标志是宣传网站最重要的部分之一，所以这一部分一定要在页面上脱颖而出。将LOGO和Banner(旗帜广告)做得鲜亮一些，也就能在色彩方面与网页的主题色分离开来。有时候为了更突出，也可以使用与主题色相反的颜色。

四、网络商店的系统配置

(一)服务器配置

网络商店硬件建设的核心是服务器。服务器具有性能强、可靠性强、吞吐能力强、内存容量大、联网功能强等特点。选择服务器应考虑安全性、开放性、性价比以及可扩展性等问题。在线企业首先要着重解决的问题是网站运行的服务器是自行购买还是租用，若租用网站托管应如何选择。

1. 虚拟服务器

虚拟服务器即虚拟主机，也叫“网站空间”，它是采用相关的软硬件技术把一台运行在互联网上的服务器划分成多个“虚拟”的服务器，从而实现多用户共享硬件资源、通信资源，大幅降低了用户的建站成本。每一个虚拟主机都具有独立的域名和完整的因特网服务

器(支持 WWW、FTP、E-mail 等)功能。一台服务器上的不同虚拟主机是各自独立的，并由用户自行管理。但一台服务器主机只能够支持一定数量的虚拟主机，当超过这个数量时，用户将会感到性能急剧下降。

2. 主机托管服务

主机托管服务是指致力于主机托管服务的公司，针对各种规模的组织提供全面的主机托管服务和其他功能服务。服务器可以由自己购买，也可以租用主机托管商的服务器。几乎所有的主机托管服务提供商内部都有各自的网站设计部门，这样就保证了托管商和设计者之间能够顺利合作。除此之外，主机托管服务供应商还提供一系列实用的功能，如数据库整合、超大带宽以支持多媒体技术、购物车、网站搜索引擎以及全面网站统计等。

主机托管服务是那些需要多个镜像站点的企业的最佳选择。镜像站点是指实际位于其他地区的 Web 服务器上的原始 Web 站点的精确副本。当企业的顾客群过大而分散在不同区域时，企业便需要建立一些镜像站点。其好处有两点：一是减少了通信成本；二是因缩短了服务器与客户之间的距离，从而提高了顾客接入网站的速度。

3. 自主服务器

自主服务器是指企业购置必要的硬件、软件和专用通信设备来建立和管理自己的网站。当企业有特殊的需要，如建立完善的数据安全系统，保护个人信息免遭泄露或者建设大型复杂网站时，自主服务器是最好的选择。

自主服务器模式的劣势在于建设的成本与进度。其他主机托管方式的服务商可以依靠广泛的客户来分摊网站托管的成本，实现利润最大化。而企业自己建立和管理网站则要独立承担全部的费用，更不要说还需要考虑安全和全天候网站管理的问题。企业决策是否选择自主服务器的主要衡量标准是比较收益与管理成本之间的差距。自主服务器带来的收益主要表现在更加有效地管理网站，提高企业在网站设计、开发与功能建设方面的自主权上。

(二)操作系统的选择

目前，服务器操作系统主要有三大类：一类是微软公司的 Windows 系列，一类是 UNIX 系列，还有一类是 Linux 系列。

(1) Windows 服务器操作系统是微软公司开发的。服务器操作系统的主要版本有 Windows NT 4.0 Server、Windows 2000/Advanced Server、Windows 2003/ Advanced Server、Windows Server 2008+Windows Server 2008R$_2$ 以及 Windows Server 2012 等等。结合微软的.NET 开发环境，Windows 可以为企业用户提供良好的应用框架。

(2) UNIX 服务器操作系统由 AT&T 公司和 SCO 公司共同推出，主要支持大型的文件系统服务、数据服务等应用。由于一些出众的服务器厂商生产的高端服务器产品中只支持 UNIX 操作系统，因而 UNIX 甚至成为高端操作系统的代名词。目前市面上流传的 UNIX 操作系统主要有 SCO SVR、BSD UNIX、SUN Solaris、IBM-AIX、HP-UX 。

(3) Linux 服务器操作系统是在 Posix 和 UNIX 基础上开发出来的，支持多用户、多任务、多线程、多 CPU。Linux 开放源代码政策，使得基于其平台的开发与使用无须支付任何单位和个人的版权费用，Linux 也因此成为后来很多操作系统厂家创业的基石，同时也成为目前国内外很多保密机构服务器操作系统采购的首选。目前国内主流市场中使用的主要有 Novell

的中文版 Suse Linux、RedHat 系列、红旗 Linux 系列等。

(三)网络商店开发平台

网络商店开发平台的选择应重点考虑如何提高开发效率和系统调整效率。从开发队伍的组织、培养、工作协调等方面来讲，现在的网络开发技术有许多，例如：ASP、JSP 和 PHP。另外，许多 IT 公司还提供了整套电子商务解决方案，例如微软公司的 Microsoft Site Server Commerce Edition 3.0、IBM 公司的 Websphere 等。这些公司提供的电子商务解决方案可以方便地协助企业构建功能强大而且具有经济效益的网站。

(四)域名注册

选择一个合适的域名是企业一种重要的营销手段和品牌策略。域名将成为企业在网上的地址，是企业的标志。域名的注册遵循“先申请先注册”原则，管理机构对申请人提出的域名是否违反了第三方的权利不进行任何实质审查。同时，每一个域名的注册都是独一无二、不可重复的。因此，在网络上，域名是一种相对有限的资源，它的价值将随着注册企业的增多而逐步为人们所重视。

国际域名与数字分配机构(The Internet Corporation For Assigned Names And Numbers，ICANN)负责互联网协议(IP)地址的空间分配、协议标识符的指派、通用顶级域名及国家和地区顶级域名系统的管理，以及根服务器系统的管理。但 ICANN 并不负责域名注册，它只是管理其授权的域名注册商(如 Godaddy、Enom、万网、新网等)。cn 域名的管理机构是中国互联网信息中心(CNNIC)，CNNIC 授权注册商，注册商直接从 ICANN 批发域名。

由于产品和服务不同，域名注册的价格也不等。早期注册一个.com 域名大概需要几百美元，现在注册一个.com 域名价格在几美元，国内注册.com 域名大概需要 100 多元人民币。一旦域名注册成功，域名注册商就可以保留域名到网站所有者找到合适的托管服务商，同时域名的管理权也就从域名注册商或先前拥有者手中转移到网站托管服务商手中。

小贴士

中国著名域名注册服务商

中国万网官方网站：http://wanwang.aliyun.com
新网官方网站：http://www.xinnet.com
新网互联官方网站：http://www.dns.com.cn
商务中国官方网站：http://www.bizcn.net

五、网络商店建设费用预算

网络商店建设费用预算是建设网站的关键一步。应正确把握预算资金的每一步应用，否则会由于费用预算的失误而导致网站不能正常运行。

建立不同的网站，其费用相差很大。如果建立一个仅仅用于发布信息的网站，其费用较少；而建立功能齐全、能进行在线交易的网站，则花费较大。

由于 IT 业发展迅猛，新产品和新技术不断出现，价格不断变化，因而对网站建设费用

进行精确的预算十分困难。所以我们应在充分咨询相关专业人员的情况下进行，避免盲目行动。

一般来说，建立一个基于虚拟主机的小型网站需花费 1～3 万元，建立一个大型复杂网站需花费 10～100 万元。建立网站和建设其他项目一样，通常会出现一些意料之外的费用和时间拖延，应留有余量，建设网站的经验越少，所留余量应越大。

第二节　后台数据处理与配置

计算机最大的特点就是能够快速准确地处理大量数据，数据处理是它的基本功能和关键技术。数据处理的中心问题是数据管理，数据管理是指对数据进行分类、组织、编码、存储、检索和维护。数据库技术正是数据处理技术发展到比较成熟后的产物。电子商务以计算机及网络技术取代传统方式来进行生产经营活动，必须通过数据库技术来存储和管理各种商务数据并获得决策支持。

一、后台数据处理的功能

1. 进行数据处理

对于参与电子商务的企业而言，数据的来源不仅仅是企业内部的信息管理系统，还包括大量的外部数据。数据是企业的重要资源，是决策的依据，是进行各类生产经营活动的基础及结果。随着数据库技术的发展，企业已经可以对数据库中海量的商务数据进行科学的组织、分析和统计，从而更好地服务于企业的决策活动。

2. 提供决策支持

决策是关系到企业成败的关键，而数据库存储的数据就是决策的依据。对于参与电子商务的企业而言，由于信息更灵通、过程更规范，这就为决策支持打下了良好的基础。

电子商务系统如果缺少好的决策支持功能，一方面是对海量数据资源的一种浪费，另一方面也是从事电子商务企业的一大损失。

二、后台数据的配置

(一)数据库的模式

目前数据库技术主要采用客户机/服务器(C/S)和浏览器/服务器(B/S)两种模式。

1. C/S 结构

C/S(Client/Server)结构，即客户机和服务器结构。通过它可以充分利用两端硬件环境的优势，将任务合理分配到 Client 端和 Server 端来完成，从而降低了系统的通信开销。C/S 结构的优点包括：一是能充分发挥客户端 PC 的处理能力，很多工作可以在客户端处理后再提交给服务器；二是客户端响应速度快。

传统的 C/S 体系结构虽然采用的是开放模式，但这只是系统开发层级的开放，在特定的应用中无论是 Client 端还是 Server 端都还需要特定的软件支持。由于没能提供用户真正期望的开放环境，C/S 结构的软件需要针对不同的操作系统开发不同版本的软件，加之产品的更新换代十分快，C/S 结构已经很难适应百台以上的计算机局域网用户同时使用。而且此结构代价高，效率低，其缺点主要有以下几个。

(1) 只适合局域网。随着互联网的飞速发展，移动办公和分布式办公越来越普及，这就需要我们的系统具有扩展性。C/S 方式的远程访问需要对系统进行专门的设计来处理分布式的数据。

(2) 客户端需要安装专用的客户端软件。首先涉及安装的工作量，其次任何一台计算机出问题，如病毒、硬件损坏，都需要进行安装或维护。还有，系统软件升级时，每一台客户机都需要重新安装，其维护和升级的成本非常高(大多数没法自动升级而需要人工升级)。

(3) 对客户端的操作系统一般也会有限制。C/S 结构可能适用于 Windows 98，但不能用于 Windows 2000 或 Windows XP；或者不适用于微软新的操作系统等，更不用说 Linux、UNIX 操作系统了。

2. B/S 模式

B/S(Browser/Server)结构，即浏览器和服务器结构。它是随着因特网技术的兴起，对 C/S 结构的一种变化或者改进的结构。在这种结构下，用户的工作界面是通过浏览器来实现的，极少部分事务逻辑在前端(Browser)实现，但是主要事务逻辑在服务器端(Server)实现，形成所谓三层(3-tier)结构。这样就大大简化了客户端计算机的载荷，减轻了系统维护与升级的成本和工作量，降低了用户的总体成本(TCO)。它是一次到位的开发，能实现不同的人员从不同的地点，以不同的接入方式(比如 LAN、WAN 和 Internet/Intranet 等)访问和操作共同的数据库；它能有效地保护数据平台和管理访问权限，服务器数据库也很安全。特别是在 Java 这样的跨平台语言出现之后，B/S 架构管理软件更加方便、速度更快、效果更优。

在 B/S 模式中，用户访问应用服务器资源以动态交互或互相合作的方式进行。B/S 模式中主流语言是 Java 和 HTML 等。B/S 模式最主要的特点是与软、硬件平台无关。B/S 模式把应用逻辑和业务处理规则放置在服务器一侧，这样的结构可以使客户机做得尽可能“瘦”。

目前常用的浏览器有 Internet Explorer、Firefox、Safari 和 Chrome 等。

(二)后台数据处理配置

在网站数据库的选择上，可供选择的数据库有 MySQL、MSSQL、Sybase、Oracle 及 DB2 等。上述这些产品对于网站系统在运行效率、处理能力等方面各有特点，重要的是要选择适合整个开发队伍技术能力的系统。在数据库结构设计方面，要着重考虑数据的安全、查询的速度和数据整理的效率等。一般通过规则化与效率测试的 SQL 设计，可以同时满足开发效率与运行效率的要求，合理限制数据库的操作权限可以满足一定的数据安全要求。

下面介绍几款商业领域使用的主流数据库系统。

1. Oracle

Oracle 是一个最早商品化的关系型数据库管理系统，也是应用广泛、功能强大的数据库管理系统。Oracle 作为一个通用的数据库管理系统，不仅具有完整的数据管理功能，还是一

个分布式数据库系统，支持各种分布式功能。Oracle 使用 PL/SQL 语言执行各种操作，具有开放性、可移植性、可伸缩性等功能。Oracle 能在所有主流的操作系统平台(Windows、Linux、UNIX、Solaris)上运行，支持所有的工业标准，完全开放，使客户可以选择最适合的解决方案。

2. Sybase

最新版本的 Sybase Adaptive Server 与以前的版本相比，具有更强大的功能，Sybase 比较强大的地方在于它对资源的低占有率。在这一方面，Sybase 15 还引入了新的“专利查询过程技术”，显示了增强的性能和降低的硬件资源消耗。

3. Microsoft SQL Server

Microsoft SQL Server 是一种典型的关系型数据库管理系统，可以在许多操作系统上运行，它使用 Transact-SQL 语言完成数据操作。由于 Microsoft SQL Server 是开放式的系统，其他系统可以与它进行完好的交互操作。但 SQL Server 只能在 Windows 操作系统上运行，Windows 平台的可靠性、安全性和伸缩性逊于 UNIX 等，所以 SQL Server 在处理大数据量的关键业务时，缺乏稳定性。

4. DB2

DB2 数据库是 IBM 公司推出的企业级数据库产品。DB2 几乎可以在所有主流的操作系统平台上运行，适合海量数据的存储，并且性能十分优秀。DB2 获得了最高级别的安全性认证。另外，DB2 支持 ODBC 和 JDBC 等多种数据库接口的应用系统。同时，DB2 操作比较简单，在 Windows 平台和 UNIX 平台上操作过程几乎完全一致。

第三节　会 员 服 务

一、会员服务设计

为了管理上的方便，同时也为了减少客户购物时的麻烦，需要为客户提供会员服务。客户注册为会员后，其姓名、通讯地址等基本信息将在网站数据库中记录，客户再次购物时就不必再逐项输入。

会员服务的设计步骤如下。

(1) 提供一个注册页面，以供新会员输入基本信息。

(2) 正确输入要求填写的注册信息后，单击“注册”按钮，系统会自动返回注册成功的页面。

(3) 新会员注册成功后，如果发现自己的信息需要修改，则可单击“会员登录”超链接，进入到会员登录页面。

(4) 会员在看到某一商品的信息后，可能想要具体了解该商品的信息并决定是否购买，所以系统要能够按照顾客的选择列出该商品的详细信息，并且要在顾客购买时提供方便的购买手段。

(5) 会员在这个页面中确定了所要购买的商品后单击“确定”按钮，系统将调出购物车模块将要购买的商品添加到购物车里。

二、商品列表设计

商品列表应包括以下项目：商品名称、价格图片、上架时间、商品简介、相关服务(如送货期限)、商品比较。不同网上商店具有不同的商品列表，但目的都是方便顾客购买，同时将网络商店的商品尽可能全部展示出来。商品列表的设计步骤如下。

(1) 首先设计网络商店所销售商品的分类结构，应有醒目的商品导航栏，以便顾客购买所需的商品。

(2) 如果顾客单击了某类商品的按钮，系统就会显示出与之相对应的更详细的商品列表。

(3) 顾客在看到某一商品的信息后，可能想要具体了解该商品的信息并决定是否购买，所以系统要能够按照顾客的选择列出该商品的详细信息。如单击商品的缩略图，可以进入放大图的页面及商品的详细介绍页面。

(4) 会员在这个页面中确定了所要购买的商品后单击“确定”按钮，系统将调出购物车模块，将要购买的商品添加到购物车里。这时，网上商店中所需的商品列表信息显示模块就设计完成了。

在网上购物的过程中，顾客并不能亲身感受到商品，这是网上购物与现实购物的最大区别。顾客作出购买决策，需要对备选商品进行评价，商品详细信息页面应充分从顾客的角度考虑，为决策提供信息支持。因此在设计时要考虑到这一特点，不仅要弥补不能亲身接触的缺陷，还应该运用多媒体及网络的交互功能，为顾客的决策提供更加全面方便的信息。

一般而言，商品的详细信息应包括以下几个方面：①商品图片。应根据需要提供大、中、小三种商品图片。小图片最好用于几个商品的产品列表；在单个商品的展示过程中，提供中等尺寸的图像，并能单击观看商品的放大版图像；对于有些商品还应提供不同角度和关键细节的图片。②详细说明。应根据商品的不同特性，提供商品各个方面的信息，包括库存信息。③相关商品链接。应向购买者推荐与之相关的商品，包括配套的商品，互补的商品，同系列高、低档商品以及据历史访问统计购买该产品的顾客可能感兴趣的其他商品。④第三方评价。在线商店应提供以往有良好购物体验的顾客的评价和媒体相关评价与报道，这些信息有助于顾客建立对在线商店的信任以及作出购买决策。

三、购物车设计

“购物车”是在线购物类网站中非常重要的功能。它是一个虚拟的购物车，用户可以将自己喜爱的商品放入购物车，同时也可以将不需要的商品从购物车中删除，直到最后付款。它的出现使网上购物显得非常简单、形象和人性化。

(一)购物车的主要功能

购物车实现的主要功能是：显示和统计购物车中的商品；往购物车中增加、删除物品，清空购物车，以及修改购买物品数量。所以电子商城购物车的设计目标应为：①允许查看、

修改一个对象；②持续性，应该记住他前一次会话的内容；③与客户相对应；④允许商品加入购物车或从购物车中删除；⑤可以容纳很多的商品。

(二)实现技术

实现购物车的关键在于服务器识别每一个用户并维持与他们的联系。但是 HTTP 协议是一种“无状态”(Stateless)的协议，因而服务器不能记住是谁在购买商品，当用户把商品加入购物车时，服务器也不知道购物车里原先有些什么，使得用户在不同页面间跳转时购物车无法“随身携带”，这就给购物车的实现造成了一定的困难。

目前购物车的实现主要是通过 cookie、session 或结合数据库的方式。下面分析一下它们的机制及作用。

1. cookie

cookie 是由服务器产生，存储在客户端的一段信息。它定义了一种 Web 服务器在客户端存储和返回信息的机制，cookie 文件包含域、路径、生存期和由服务器设置的变量值等内容。当用户访问同一个 Web 服务器时，浏览器会把 cookie 原样发送给服务器。通过让服务器读取原先保存到客户端的信息，网站能够为浏览者提供一系列的方便，例如在线交易过程中标识用户身份、安全要求不高的场合避免用户重复输入名字和密码、门户网站的主页定制、有针对性地投放广告等。利用 cookie 的特性，大大扩展了 Web 应用程序的功能，它不仅可以建立服务器与客户机的联系，还可以将购物信息生成 cookie 值存放在客户端(因为 cookie 可以由服务器定制)，从而实现购物车的功能。用基于 cookie 的方式实现服务器与浏览器之间的会话或购物车，有以下特点：①cookie 存储在客户端，且占用很少的资源，浏览器允许存放 300 个 cookie，每个 cookie 的大小为 4 KB，足以满足购物车的要求，同时也减轻了服务器的负荷；②cookie 为浏览器所内置，使用方便；③即使用户不小心关闭了浏览器窗口，只要在 cookie 定义的有效期内，购物车中的信息也不会丢失；④cookie 不是可执行文件，所以不会以任何方式执行，因此也不会带来病毒或攻击用户的系统；⑤基于 cookie 的购物车要求用户的浏览器必须支持并设置为启用 cookie，否则购物车失效；⑥存在着关于 cookie 侵犯访问者隐私权的争论，因此有些用户会禁止本机的 cookie 功能。

2. session

session 是实现购物车的另一种方法。session 提供了可以保存和跟踪用户状态信息的功能，使当前用户在 session 中定义的变量和对象能在页面之间共享，但是不能为应用中其他用户所访问。它与 cookie 的最大区别是：session 将用户在会话期间的私有信息存储在服务器端，提高了安全性。在服务器生成 session 后，客户端会生成一个 sessionid(识别号)保存在客户端，以保持和服务器的同步。这个 sessionid 是只读的，如果客户端禁止 cookie 功能，session 会通过在 URL 中附加参数，或隐含在表单中提交等其他方式在页面间传送。因此利用 session 实施对用户的管理更为安全、有效。

同样，利用 session 也能实现购物车的功能。这种方式的特点是：session 用新的机制保持与客户端的同步，不依赖于客户端设置；与 cookie 相比，session 是存储在服务器端的信息，显得更为安全，因此可将身份标识、购物等信息存储在 session 中；session 会占用服务器资源，加大服务器端的负载，尤其当并发用户很多时，会生成大量的 session，影响服务器的性能；由于 session 存储的信息更敏感，而且是以文件形式保存在服务器中，所以仍然存在着安全隐患。

3. 结合数据库的方式

结合数据库的方式也是目前较普遍采用的模式。在这种方式中，数据库承担着存储购物信息的作用，session 或 cookie 则用来跟踪用户。这种方式具有以下特点：数据库与 cookie 分别负责记录数据和维持会话，能发挥各自的优势，使安全性和服务器性能都得到了提升；每一个购物行为，都要直接建立与数据库的连接，直至对数据库表的操作完成后，连接才释放；当并发用户很多时，会影响数据库的性能，因此，这对数据库的性能提出了更高的要求；使 cookie 维持会话有赖客户端的支持。

4. 各种方式的选择

虽然 cookie 可用来实现购物车的功能，但必须获得浏览器的支持，再加上它是存储在客户端的信息，极易被获取，所以这也限制了它存储更多、更重要的信息。一般 cookie 只用来维持与服务器的会话，例如当当网就是用 cookie 保持与客户的联系。但是这种方式最大的缺点是，如果客户端不支持 cookie 就会使购物车失效。

session 能很好地与交易双方保持会话，可以忽视客户端的设置，在购物车技术中得到了广泛的应用。但 session 的文件属性使其仍然留有安全隐患。

结合数据库的方式虽然在一定程度上解决了上述问题，但在这种购物流程中涉及对数据库表的频繁操作，尤其是用户每选购一次商品，都要与数据库进行连接，当用户很多的时候就会加大服务器与数据库的负荷。

四、支付结算

付款是顾客网上购物的最后环节，消费者需要在付款台选择付款方式，输入自己的账号、卡号和密码，完成付款。付款设计原则如下。

(1) 简洁性。避免要求用户填写一些与购物无关或对购物没有帮助的信息，在顾客了解相关信息的基础上尽量减少冗余步骤。

(2) 清晰性。需填写的项目要明白易懂，并适当解释信息的用途和填写的要求。所购商品、送货地点、送货方式、付款方式等信息要让用户确认，给用户踏实和清楚的感觉。

(3) 安全性。在注册付款过程中要有信息安全传送和使用的保证及说明。

(4) 方便性。在用户注册过程中，需要提供必要的手段以减少用户输入。付款过程中要具有一定的灵活性，便于用户对自己的付款信息进行管理，以满足用户的不同要求。

(5) 防错性。采取尽可能安全的措施预防用户出错，而不能只是在用户出错后给出错误信息。在付款过程中，有些相抵触的选项也应该事先规避。

五、在线商店的服务与支持

为了帮助顾客更快捷轻松地买到自己需要的商品，建立顾客对在线商店的信任，在线商店在设计时应该提供一些辅助手段和一些必要信息，消除顾客的疑虑，给顾客一种可信的感觉。下面是一些常用的服务与支持手段。

1. 联系信息

联系信息包括电子邮件、订购电话、传真、在线帮助等。

2. 公司背景资料

在线商店要向顾客介绍公司的详细地址、概况、企业理念及顾客政策等。

3. 常见问题解答(FAQ)

在线商店与客户长期的交互过程中，应该收集顾客常见的疑虑，集中采用 FAQ 的形式解答顾客疑问，以降低服务成本，帮助顾客建立对商店的信任。

4. 订单状态查询

在线商店要支持顾客随时跟踪所订购商品的处理情况，并可在发货前修改或取消订单。

5. 定义和解释重要术语

在线商店应就某些专业术语和在线商店的专用术语提供必要的定义和解释。

6. 指导帮助复杂流程

在线商店应提供即时的或详细的指导，以帮助顾客完成更多复杂流程。

第四节 购物与订单处理

一、网上商店购物流程

消费者在网上商店购物的过程一般可以分为以下 5 个步骤。

1. 浏览商品

网络消费者通过网络商店提供的多种搜索方式，对产品组合、关键字、产品分类、产品品牌等信息进行查询和浏览。

2. 选购商品

网络消费者按照自己喜欢的方式搜索到所需的商品后，可以浏览该商品的使用性能、市场参考价格，以及本人在该商店的购物积分等信息。单击“立即购买”按钮将其放入购物车，在商品编号和品名的表单中输入订购的数量即可。在确定采购之前，消费者可在购物车中查看、修改或取消选购的商品。

3. 用户注册

消费者在第一次访问所选定的网络商店进行购物时，先要在该网站注册用户姓名、地址、电话、电子邮件等必要信息，以便网络商店进行相关的操作。

4. 支付货款

支付货款有多种形式，除了网上支付之外，货到付款也是众多网上购物者的付款方式

之一。客户在收到货物及发票后将钱款直接交付给配送人员，并由配送人员带回客户的意见。

5. 配送货物

网上购物者在确定需要购买的商品后，即可选择货物配送方式。当商店在确定了用户所订购的商品后，可以根据客户的要求在用户希望的时间内将商品邮寄给用户或送货上门。

二、网络订单处理

网络订单处理主要包括订单信息处理和客户信息处理这两个方面的内容。

1. 订单信息处理

网络商店管理人员对网络商店后台管理系统的订单系统进行操作，包括每日定时接单，对订单进行分类处理；将订单分发给有关部门，进行商品配送。在网络商店技术比较成熟的情况下，这些工作都将由计算机自动完成。目前，根据网络商店支付、身份认证的方式不同，订单处理分以下两种情况。

(1) 已完全实现网上支付订单的处理。这类订单已经能够由计算机自动处理，包括顾客身份的判断、支付能力的确认和扣款等。

(2) 非网上支付订单的处理。这类订单要求网络商店工作人员必须以人工和计算机结合的方式对订单的有效性进行判断，对已经经过CA身份认证的订单，顾客信息可以不必以人工的方式进行联系和确认，只需对订单进行常规处理；否则，需要以电话、传真或电子邮件等方式对订单顾客的身份、购买商品信息、送货地点及方式、结算方式等进行确认，然后再进入配送环节。

2. 客户信息处理

凡在网络商店注册登记和发出订单请求的顾客，在网络商店后台管理系统中均有记录，这类信息将为企业的商品营销决策提供重要依据。在不侵犯顾客隐私和保护消费者合法权益的原则下，商店可要求顾客填写基本信息和扩充信息。这类信息主要有以下两种。

(1) 了解顾客对商品的基本需求，如爱好倾向、消费方式、消费方向等，作为商品投放市场的信息反馈和下一步决策的依据。

(2) 从订单顾客中产生老顾客群和有一定消费水准的消费群，针对这部分顾客有针对性地投放广告和推荐商品，将产生较高的回报率。

第五节 系 统 管 理

一、系统账号管理

电子商务站点管理系统负责整个站点所有资料的管理，因此管理系统的安全性显得格外重要。系统账号管理应该限制所有使用站点管理系统的人员及相关的使用权限。每个管理账号都要有专属的进入代码与确认密码，以验证各站点管理者的真实身份。此外，还应设定账号的等级，依据不同的管理需求设定不同的管理等级，让各管理者能分工管理自己

分内的工作，且不会改动没有权限去改动的资料。其他如密码有效天数、账号有效期限的设定等，可以让账号管理的安全性更高。而进入账号首页则可以让拥有不同的管理账号等级的人看到不同的管理网页样式，拥有不同操作界面的管理页面，管理起来更为方便。系统管理员可管理其他管理员账户，设定工作人员的不同操作权限，修改管理密码等。

二、站点及商品资料管理

站点及商品资料管理功能应使电子商务站点管理者能够控制整个站点的各个商店与商店内的商品，使之更加方便地新增、删除、修改各项资料，还可针对各商店不同的需求和商品属性提供不同的商品管理功能。除此之外，还应具有等价商品的管理功能，把站点内等价商品摆在特别明显的位置，以便于顾客选购。

1. 商品类别管理

商品类别管理包括添加、删除、修改商品分类，可按实际需求设置多级商品分类。

2. 分类商品管理

在不同的类别下管理商品，包括商品上传、修改和删除等功能。商品资料包括商品名称、品牌、产地(生产商)、市场价、VIP 会员价、商品详细介绍等。商品图片展示分为缩略图和正式图。

3. 订单资料管理

订单资料管理功能应包含所有对于站点订单的相关管理功能，可以统计出目前站点中各项商品的销售情况，并按销售数量与销售金额等排名，使得结果一目了然。也可以查询站点中各订单目前的处理状态如何，以及有多少新订单进来，并且能打印订货单，设定订单出货，完成线上清款与顾客退货等相关信用卡交易。

(1) 待处理订单。由于网络购物的特殊性，并非所有确认的订单最后都能成交，因此系统中增加了“待处理订单”的管理。可以通过各种联系方式与会员联系，当确认购买商品时，确认购买的订单将会进入“处理中订单”的列表中。

(2) 处理中订单。这是用户已经确认购买的订单。“处理中订单”包括订单配送确认和收款确认的步骤。这类订单由管理员确认，确认时系统自动发送邮件给客户。

(3) 历史订单。完成了配送和收款的订单是已经完成的订单，可以将其存档，以供日后查对之用。

(4) 订单统计。按时间统计销售额等资料。

4. 会员资料管理

电子商务站点对于顾客通常是采用会员制度，系统可以让顾客登录并注册为会员，以保留现有顾客的基本资料。除了可以借此了解顾客并建立联系外，同时系统将记录下顾客的相关资料，一有需要便可以直接从资料库中调出，不用顾客重复输入。管理系统也应提供相关的功能让站点管理者能够简单地管理会员资料，随时以此为依据掌握消费者动态，作为销售参考。

会员资料管理还包括修改、删除会员资料，确认或取消 VIP 会员等。

5. 网站管理

网站管理包括以下内容。

(1) 评论管理：管理顾客点评。

(2) 公告管理：发布、删除网络商店公告。

(3) 弹出窗口管理：控制是否在首页弹出广告窗口、修改窗口内容等。

(4) 广告位管理：管理网站固定广告位和浮动广告，控制是否使用浮动广告。

(5) 友情链接：增加、删除友情链接。

(6) 访问统计：查询访问统计。

(7) 其他管理：修改关于我们、联系方式、付款方法、版权信息等资料。

6. 配送支付管理

在客户生成订单时需要指定配送和支付方式，该功能专门增加或删除这些配送和支付方式。

第六节　数据分析统计系统

在网络商店的管理过程中，应充分利用当代网络信息技术，以达到高质量、高效率的商务运作。一般运用的技术主要有数据仓库技术、数据挖掘技术和商业智能与在线分析技术三种。

一、数据仓库技术

传统的数据仓库技术是以单一的数据资源，即数据库为中心，进行事务处理、批处理、决策分析等各种数据处理工作。它主要划分为两大类：操作型处理和分析型处理(或信息型处理)。操作型处理也叫事务处理，是指对数据库联机的日常操作，通常是对一个或一组记录的查询和修改，主要是为企业的特定应用服务的，注重响应时间，以及数据的安全性和完整性。分析型处理则用于管理人员的决策分析，经常要访问大量的历史数据。而传统数据库系统优于企业的日常事务处理工作，难以实现对数据分析处理的要求，已经无法满足数据处理多样化的要求。操作型处理和分析型处理的分离已成为必然。

数据仓库就是面向主题的、集成的、不可更新的(稳定性)、随时间不断变化(不同时间)的数据集合，用以支持经营管理中的决策制定过程、数据仓库中的数据面向主题，与传统数据库面向应用相对应。主题是一个在较高层次上将数据归类的标准，每一个主题对应一个宏观的分析领域；数据仓库的集成特性是指在数据进入数据仓库之前，必须经过数据加工和集成，这是建立数据仓库的关键步骤，首先要统一原始数据中的矛盾之处，还要将原始数据结构做一个从面向应用到面向主题的转变；数据仓库的稳定性是指数据仓库反映的是历史数据的内容，而不是日常事务处理产生的数据，数据经加工和集成进入数据仓库后是极少或根本不会修改的；数据仓库是不同时间的数据集合，它要求数据仓库中的数据保存时限能满足进行决策分析的需要，而且数据仓库中的数据都要标明该数据的产生时间。

数据仓库最根本的特点是物理地存放数据，而且这些数据并不是最新的、专有的，而

是来源于其他数据库的。数据仓库的建立并不是要取代数据库，它要建立在一个全面且完善的信息应用基础上，用于支持高层决策分析，而事务处理数据库在企业的信息环境中承担的是日常操作性的任务。数据仓库是数据库技术的一种新的应用，而且到目前为止，数据仓库还是用关系数据库管理系统来管理其中的数据。

二、数据挖掘技术

在数据仓库中进行数据挖掘是客户关系管理系统接口的核心，是客户关系管理中实现数据分析的技术基础。从商业数据的角度出发，数据挖掘是一种新的商业信息处理技术，其主要特点是对商业数据库中的大量业务数据进行抽取、转换、分析和其他模型化处理，从中提取辅助商业决策的关键性数据。

简而言之，数据挖掘其实是一类深层次的数据分析方法。现在，由于各行业的业务自动化的实现，商业领域产生了大量的业务数据，这些数据不再是为了分析的目的而收集，而是由于概率性的商业运作而产生。分析这些数据是为商业决策提供真正有价值的信息，进而获得利润。但所有企业面临的一个共同问题是：企业数据量非常大，而其中真正有价值的信息却很少。因此，通过对大量的数据进行深层分析，可获得有利于商业运作、提高竞争力的信息，就像从矿石中淘金一样，数据挖掘也因此而得名。

因此，数据挖掘可以描述为：按企业既定业务目标，对大量的企业数据进行探索和分析，揭示隐藏的、未知的或验证已知的规律性，并进一步将其模型化成先进有效的方法。

三、商业智能与在线分析技术

联机分析处理(On-Line Analytical Processing，OLAP)的概念最早是由关系数据库之父E.F.Codd 于 1993 年提出的。Codd 认为，联机事务处理(OLTP)已不能满足终端用户对数据库查询分析的要求，SQL 对大数据库的简单查询也不能满足用户分析的需求。用户的决策分析需要对关系数据库进行大量计算才能得到结果，而查询的结果并不能满足决策者提出的需求。因此，Codd 提出了多维数据库和多维分析的概念，即 OLAP。

OLAP 委员会对联机分析处理的定义为：使分析人员、管理人员或执行人员能够从多种角度对从原始数据中转化出来的，能够真正为用户所理解的，并真实反映企业维持性的信息进行快速、一致、交互的存取，从而获得对数据的更深入了解的一类软件技术。OLAP的目标是满足决策支持或多维环境特定的查询和报表需求，它的技术核心是“维”这个概念，因此 OLAP 也可以说是多维数据分析工具的集合。

商业智能通常被理解为将企业中现有的数据转化为知识，帮助企业作出明智的业务经营决策的工具。这里所谈的数据包括来自企业内部业务系统的订单、库存、交易账目、以及客户和供应商等方面的数据，以及来自企业所处行业和竞争对手的数据和来自企业所处的其他外部环境中的各种数据。而商业智能能够辅助的业务经营决策，既可以是操作层的，也可以是战术层和战略层的。为了将数据转化为知识，需要利用数据仓库、联机分析处理(OLAP)工具和数据挖掘等技术。因此，从技术层面上讲，商业智能不是什么新技术，它只是数据仓库、OLAP 和数据挖掘等技术的综合运用。

本 章 小 结

本章主要讲述了网络商店的建设，它是一项复杂的系统工程，涉及的主要内容有：建站前的准备，包括网络商店的规划、网络商店的定位、确定网络商店的基本内容、网络商店的系统配置及网络商店建设费用预算等步骤；后台数据处理与配置，包括后台数据库管理系统等；会员服务，包括会员服务设计、商品列表设计及购物车设计等；购物与订单处理，包括网上商店购物流程及网络订单处理；系统管理，涉及系统账号管理、站点及商品资料管理；数据分析统计系统，包括数据仓库技术、数据挖掘技术、商业智能与在线分析技术。当网络商店完成时，要进行宣传并加以推广。

思 考 题

1. 电子商务网站在网站建立前应该做哪些准备工作？
2. 网站建设对数据库有何要求？常用的数据库有哪些？
3. 如何管理电子商务系统？

第七章　移动电子商务

【学习要求及目标】

1. 了解移动电子商务的基础：设施、软件和服务。
2. 了解主要的移动通信网络。
3. 了解常见的移动商务模式。
4. 了解基于位置的服务。

【核心概念】

无线网络　移动商务　移动商务模式

【引导案例】

携程网的移动商务战略

据 2013 年 9 月 7 日《中国经营报》报道，在面临 2012 年利润下滑的情形下，携程旅行网(以下简称携程)开始酝酿移动商务战略。携程董事会主席兼首席执行官梁建章把无线战略称为携程的“二次创业”。2013 年 4 月，携程无线客户端 4.4 版发布。新客户端除了酒店、机票，还加入了境内外度假线路查询、景点门票预订、目的地攻略、火车票业务，就连原来独立程度最高的驴评网也被并入其中，这样的“一站式旅游服务”的应用软件显然走的是资源整合的综合路线。

移动应用软件(App)模式是携程“再造”计划中最大的秘密武器。从酒店客房预订到景点搜索，从社区攻略到门票预订，移动应用软件可以满足绝大多数用户的需求。数据显示，携程旅行应用累计超过 5 千万次下载，日交易额已经突破 5000 万元，无线渠道酒店预订量超过 20%，机票预订量接近 15%，在业界居于领先地位。

案例导学

开发基于智能手机的应用程序(application)已经成为众多企业进军移动电子商务领域的首要选择。随着智能手机和移动互联网的普及，消费者越来越依赖移动应用处理各类个人业务。被苹果公司发扬光大的应用商店(application store)已经成为重要的移动电子商务模式。本章将会详细讨论应用商店模式。

高性能移动终端的普及促进了移动泛在化，也因此带来了新的商务契机和创新业态。从最初的短信、语音服务到如今的微信、购物、滴滴打车等新商务模式的出现，都向我们宣告移动电子商务的时代已经到来。

第一节　移动电子商务的技术基础

一、无线通信网络

无线通信网络是开展移动电子商务的基础。凡是采用无线传输媒体的计算机网络都可称为无线通信网络。无线通信网络可根据数据传输的距离分为以下几种不同类型。

(一)无线广域网

无线广域网(WWAN)是指能覆盖较大面积范围的移动通信网络，通过使用电信运营商负责维护的天线基站或卫星系统，无线广域网连接可以覆盖若干城市或者国家(地区)。无线广域网技术从20世纪70年代起到2014年，经历了蜂窝模拟系统到2G、3G、4G、5G技术的演化。

1. 第一代移动通信技术

1971年，美国的贝尔实验室在技术报告中第一次全面论证了蜂窝移动系统的可行性，随后各国都开始对蜂窝移动通信系统进行了更多深入细致的研究。其中，以美国制订的AMPS模拟移动通信系统和英国制订的TACS模拟移动通信系统影响最广，这些被普遍地称为第一代移动通信系统(1G)。

2. 第二代移动通信技术

20世纪80年代中后期，GSM(数字移动通信系统)出现。该系统由欧洲率先提出，并且很快就被多国商用，紧随欧洲之后，美国、日本也相继推出自己的数字系统。由于数字系统克服了第一代通信系统的某些缺陷，因此，相对于模拟移动通信系统具有很明显的优越性，导致了它的发展极为迅速，数字移动系统又被称为第二代移动系统(2G)，它的移动终端主要是初期的智能终端和非智能终端，其主要的增值业务为无线应用协议(Wireless Application Protocol，WAP)的应用、短信和彩信。

无线应用协议技术是第二代移动商务系统的基础和核心技术，它可以实现用户通过手机浏览网页而获取信息，从该功能上也可以看出它部分地解决了一代技术存在的问题。后来，为满足人们对不同信息形式的需求，2G系统也由最初单纯的语音通信增加到提供语音、图像及文字等综合信息的传输，并能通过无线技术接入因特网。但由于该技术在网页访问的交互能力比较差，因此，移动电子商务系统的灵活性和方便性受到极大的限制，使得第二代技术难以满足用户的诸多要求。

3. 第三代移动通信技术

第三代移动通信技术(3G)是指支持高速数据传输的蜂窝移动通信技术，3G服务代表特征是能够提供高速数据业务，因为该技术能够同时传送声音(通话)及数据信息(电子邮件、即时通信等)。

无线电管理大会于1992年的年会决定开发第三代移动通信系统，在IMT-2000的框架

机构中，主要技术标准包括中国的 TD-SCDMA 系统、美国的 CDMA2000 系统和欧洲的 WCDMA 系统，我国首次提出的 TD-SCDMA 系统成为一种国际通信标准，是中国移动通信发展史上里程碑式的重要事件。

2009 年 1 月 7 日，我国工业和信息化部宣布，以 TD-SCDMA 技术制式为基础，授予中国移动通信集团公司第三代移动通信(3G)业务经营许可；以 CDMA2000 技术为基础，授予中国电信集团公司 3G 业务经营许可；将增加基于 WCDMA 技术制式的 3G 业务经营许可，授予中国联合网络通信集团公司，这标志着我国三大电信运营商已经拥有发展第三代移动通信的资格与能力。

4. 第四代移动通信技术

第四代移动通信技术(4G)可以提供 150 Mbit/s 的高质量影像服务，首次实现三维图像的高质量传输并具有超过 2 Mbit/s 的非对称数据传输能力，包括宽带(Broad-Band)接入和无线分布网络。4G 在提供无线服务时可以在任何地方实现宽带接入互联网，为用户提供信息通信以外的定位定时、数据采集等综合功能，并通过宽带接入 IP 系统。

长期演进技术(Long Term Evolution，LTE)是第四代移动通信的主流技术。依据双工方式的不同，LTE 技术可分为 TD-LTE(分时长期演进)模式和 FDD-LTE(频分双工长期演进)模式。两者的核心网系统完全兼容，区别仅表现在网侧设备接入方面。

2019 年 6 月 6 日，我国工业和信息化部向中国移动、中国电信、中国联通正式发放了第五代移动通信业务牌照，中国移动、中国电信、中国联通三家电信运营商均获得 TD-LTE 牌照，此举标志着中国电信产业正式进入了 5G 时代。

5. 第五代移动通信技术

第五代移动通信技术(5G)是具有高速率、低时延和大连接特点的新一代宽带移动通信技术。国际电信联盟(ITU)定义了 5G 的三大类应用场景，即增强移动宽带(eMBB)、超高可靠低时延通信(URLLC)和海量机器类通信(mMTC)。

(二)无线城域网

无线城域网(WMAN)使用户可以在城区的多个场所之间创建无线连接，而不必花费高昂的费用铺设光缆、铜质电缆和租用线路。此外，当有线网络的主要租赁线路不能使用时，无线城域网还可以作备用网络使用。

WiMAX(world interoperability for microwave access)，即全球微波接入互操作性，是一项基于 IEEE 802.16 标准的宽带无线接入城域网技术(broad-band wireless access metropolitan area network)。运营商部署一个信号塔，就能得到 50 km 的覆盖区域。覆盖区域内任何地方的用户都可以立即启用互联网连接。

(三)无线局域网

无线局域网(WLAN)可以使用户在本地创建无线连接(例如，在公司或校园的大楼里，或在某个公共场所，如机场)。无线局域网可用于临时办公室或其他无法大范围布线的场所，使用户可以在不同时间、在办公楼的不同地方工作。无线局域网以两种不同方式运行。在基础结构无线局域网中，无线站(具有无线电网卡或外置调制解调器的设备)连接到无线接入点，后者在无线站与现有网络中枢之间起桥梁作用。在点对点(临时)无线局域网中，有限区域(例如会议室)内的几个用户可以在不需要访问网络资源时建立临时网络，而无须使用接入点。

1997 年，美国电气电子工程师协会(IEEE)批准了用于无线局域网的 802.11 标准，这个协议被称为 Wi-Fi(Wireless Fidelity)。

从 1997 年的 802.11 标准出发，美国电气电子工程师协会连续推出了 IEEE 802.11b 标准、802.11g/a 标准、802.11n 标准。Wi-Fi 的无线传输速率从最初的 2 Mbit/s 逐步提升至 150 Mbit/s、300 Mbit/s、450 Mbit/s、600 Mbit/s 甚至是 1.3 Gbit/s 或更快。

(四)无线个人局域网

无线个人网局域网(WPAN)技术可以使用户在小空间范围内(例如一个房间)为其设备构建通信网络。最典型的无线个人网络技术是蓝牙(bluetooth)。1998 年 5 月，爱立信、诺基亚、东芝、IBM 和英特尔公司等五家著名厂商，在联合开展短程无线通信技术的标准化活动时提出了蓝牙技术，其宗旨是提供一种短距离、低成本的无线传输应用技术。这五家厂商还成立了蓝牙特别兴趣组，以使蓝牙技术能够成为未来的无线通信标准。

2012 年蓝牙技术联盟推出了蓝牙 4.0 标准。相比 3.0 标准，蓝牙技术进一步降低了功耗，并且也提高了传输效率。详细内容可浏览蓝牙技术联盟的官方网站 https://www.bluetooth.org/zh-cn。

二、移动终端

移动终端或者叫移动通信终端是指可以在移动中使用的计算机设备，广义地讲包括手机、笔记本、平板电脑，甚至包括车载电脑。芯片技术的发展使得移动终端已经拥有了强大的处理能力，从简单的通话工具变为一个综合信息处理平台。

(一)移动终端操作系统

这里主要介绍以下几种移动终端操作系统，并对它们进行比较。

1. Windows Phone

Windows Phone 是微软发布的一款手机操作系统，希望能够借此与苹果和谷歌的移动操作系统进行对抗。Windows Phone 8 采用与桌面操作系统 Windows 8 相同的内核，开发者仅需作很少改动就能让应用在两个平台上同时运行。

2. 安卓

安卓(Android)一词的本义指“机器人”，同时也是谷歌公司于 2007 年 11 月 5 日宣布的基于 Linux 平台的开源手机操作系统的名称，该平台由操作系统、中间件、用户界面和应用软件组成。

安卓的系统架构和其他操作系统一样，采用了分层的架构。从架构图看，安卓结构分为四个层，从高层到低层分别是应用程序层、应用程序框架层、系统运行库层和 Linux 内核层。安卓系统的五大优势是开放性强、挣脱运营商的束缚、丰富的硬件选择(数据同步、软

件兼容)、不受任何限制的开发商、无缝结合的谷歌应用。

3. iOS

iOS 是由苹果公司开发的移动操作系统。苹果公司最早于 2007 年 1 月 9 日公布这个系统，最初是设计给 iPhone 使用的，后来陆续套用到 iPod touch、iPad 以及 Apple TV 等产品上。原本这个系统名为 iPhone OS，因为 iPad、iPhone、iPod touch 都使用 iPhone OS，所以 2010 年苹果宣布改名为 iOS。

(二)移动终端应用商店

移动终端应用商店是基于智能移动终端的应用软件依附的商店统称，它可以向智能移动终端的用户直接提供下载第三方开发商的应用软件服务，这是由苹果公司首先开创的一个让移动网络与手机平台相融合的新型经营模式，它从根本上改变了以往开发平台的封闭性以及发售渠道的唯一性。

这种新兴的产业形态打破了移动应用服务以传统电信运营商为中心的封闭模式，形成了以终端设备商、操作系统厂商、第三方服务企业等多元主体为核心的开放服务模式。一时间，各种应用商店如雨后春笋般涌现。

移动应用商店作为移动应用服务的主要载体，是实现终端用户、开发者、终端厂商资源聚合和服务精准匹配的中心环节，已经成为构建整个移动互联网产业生态体系的关键要素。苹果 App Store、谷歌 Google Play 和微软 Marketplace 三大应用商店居于市场领先地位，实现了海量化的应用服务集聚，并创造了长尾化的应用经济范式。

我国应用商店的发展正在向国际化趋势靠拢，并形成了多种产业形态。除了早期脱胎于技术论坛的第三方应用商店之外，各大终端厂商、电信运营商也都推出了自己的应用商店，再加上传统互联网巨头的进入，应用商店这一市场的竞争日趋激烈。

随着传统互联网巨头在移动互联网产业垂直化布局的不断深入，智能手机和手机固件产品等领域不断成为继应用商店之后的应用服务入口争夺的新阵地。互联网企业通过介入互联网手机制造和手机固件产品开发等产业链上游环节来预装自身核心业务，并向应用商店等基础服务反向拓展延伸，试图重构以自身服务为核心的移动互联网应用服务平台。现阶段，百度、腾讯、阿里巴巴等互联网巨头，纷纷凭借在传统互联网应用服务中资金、技术和用户等诸多方面的优势与广大手机制造商广泛开展跨界合作，实现服务与制造的深度耦合，其他第三方移动应用商店将面临巨大的市场冲击，未来发展格局仍存在变数。

第二节　移动电子商务概述

无线技术的发展带动了移动电子商务的发展，传统的电子商务也开始由桌面互联网拓展到移动网络。

一、移动电子商务的概念

所谓移动电子商务，是指利用手机、平板电脑等移动通信设备与因特网有机结合，然后进行电子商务活动。移动电子商务包括移动支付、移动股市、移动银行与移动办公等，移动电子商务能提供个人信息服务(PIM)、银行业务、交易、购物、基于位置的服务(location based service)、娱乐等服务。

与传统电子商务相比，移动电子商务具有更广阔的发展空间，因为它能利用最新的移动通信技术派生出更有价值的商业模型。移动电子商务的概念衍生自传统电子商务，但不能简单地将其看作是传统电子商务的扩展。移动电子商务与传统电子商务的区别在于其服务对象的移动性、服务要求的即时性、服务终端的隐私性和服务方式的方便性。

二、移动电子商务的优势

移动电子商务具有以下优势。

1. 具有随时随地的特点

移动电子商务的最大特点是“随时随地”和“个性化”。传统电子商务已经使人们感受到了网络所带来的便利和快乐，但它的局限在于必须有线接入，而移动电子商务则可以弥补传统电子商务的这种缺憾，可以让人们随时随地结账、订票或者购物，感受独特的商务体验。

2. 用户规模大

中国互联网络信息中心发布的《第49次中国互联网络发展状况调查统计报告》显示，截至2021年12月，中国网民规模达10.32亿，其中手机网民规模达到10.29亿，手机上网的网民比例为99.7%，手机作为第一大上网终端设备的地位更加巩固。

3. 能较好确认用户身份

对传统的电子商务而言，用户的消费信用问题一直是影响其发展的一大问题，而移动电子商务在这方面显然拥有一定的优势。这是因为手机号码具有唯一性，手机SIM卡片上存储的用户信息可以确定一个用户的身份，而随着手机实名制的推行，这种身份确认将越来越容易。对于移动商务而言，这就有了信用认证的基础。

4. 定制化服务

由于移动电话具有比桌面电脑更高的可连通性与可定位性，因此，移动商务的生产者可以更好地发挥主动性，为不同顾客提供定制化的服务。例如，开展依赖于包含大量活跃客户和潜在客户信息的数据库的个性化短信息服务活动，以及利用无线服务提供商提供的人口统计信息和基于移动用户当前位置的信息，商家可以通过具有个性化的短信息服务活动进行更有针对性的广告宣传，从而满足客户的需求。

5. 移动电子商务易于推广使用

移动通信所具有的灵活、便捷的特点，决定了移动电子商务更适合大众化的个人消费领域，比如自动支付系统(包括自动售货机、停车场计时器等)，半自动支付系统(包括商店的收银柜机、出租车计费器等)，日常费用缴纳系统(包括水、电、煤气等费用的缴纳等)，移动互联网接入支付系统(包括利用应用软件购物等)。

三、移动电子商务的发展概况

1. 美国移动商务的发展现状

据 Digital Commerce 360 数据、2020 年美国线上消费总额 8611.2 亿美元，同比增长 44.0%；美国商务部数据、美国电商在过去十年平均每年增长 15%。美国移动电话市场的格局是：Verizion 无线、Cingular 和 AT&T 无线三家公司前面领跑，Springt PCS、T-Mobile USA 和 Nextel 通信三家公司紧随其后。

2. 欧洲移动商务的发展现状

在欧洲聚集着诸多世界顶尖的移动网络设备制造商、移动通信设备制造商、移动终端设备制造商、IC 卡制造商以及移动运营商，这为欧洲国家开展移动电子商务业务提供了技术前提；欧洲人均收入水平高，移动终端用户数量大；虽然欧洲同样拥有众多移动运营商，但不同于美国的是，欧洲绝大多数移动通信的制式为 GSM，为移动电子商务业务的开展提供了统一的标准；这些因素都使得欧洲成为世界上移动增值业务和移动电子商务开展较成熟的地区。

3. 中国移动电子商务的发展现状

“互联网+”上升到国家战略高度，使得移动互联网与传统行业的结合变得更为紧密。尤其是在泛生活服务领域，出行、旅游、教育、招聘、医疗等传统行业都在借助移动互联网的平台优势进行着商业模式的转型升级，未来将有更多的传统行业，包括国家高度关注的供给侧结构性改革中的相关行业也可以借助互联网和移动互联网实现产业的转型升级。

移动互联网发展推动消费模式共享化、智能设备和场景多元化。首先，移动互联网发展为共享经济提供了平台支持，网约车、共享单车和在线短租等共享模式的出现，进一步减少了交易成本，提高资源利用效率；其次，智能可穿戴设备、智能家居、智能工业等行业的快速发展，推动智能硬件通过移动互联网互联互通，“万物互联”时代到来；最后，移动互联网用户工作场景、消费场景向多元化发展，线上线下不断融合，推动不同使用场景细化，同时推动服务范围向更深更广的方向扩散。从 2013 年移动电商交易额 2679 亿元到 2019 年为 67580 亿元、2020 年为 79830 亿元。

第三节 移动电子商务的典型应用

一、移动金融

移动金融的形态很多，下面介绍与我们生活密切相关的移动支付、移动银行和移动股市服务。

1. 移动支付

移动支付，也称为手机支付，就是允许用户使用其移动终端(通常是手机)对所消费的商品或服务进行账务支付的一种服务方式。整个移动支付价值链包括移动运营商、支付服务商

(比如银行、银联等)、应用提供商(公交、校园、公共事业等)、设备提供商(终端厂商、卡供应商、芯片提供商等)、系统集成商、商家和终端用户。移动支付技术实现方案主要包括条形码、近距离无线通信技术(NFC)、微信支付、手机刷卡器等。

市场数据显示，2016 年，中国移动支付规模是美国的近 50 倍。在我国，移动支付已经覆盖了大街小巷的各类商户。微信支付和支付宝成为移动支付中具有垄断性优势的两大霸主。

2. 移动银行

移动银行服务是无线通信技术与银行业务结合的产物。简单地说就是以手机等移动终端作为银行业务平台中的客户端来完成某些银行业务。它将无线通信技术的优势应用到金融业务中，为客户提供在线的、实时的服务。其主要技术模式是以银行服务器作为虚拟的金融服务柜台，客户利用移动支付终端通过移动通信网络与银行建立连接，在银行提供的交互界面上进行操作，完成各种金融交易。

国内移动银行的主要形式还是手机银行业务，手机银行是将银行业务中有关客户端使用平台的某些业务移到了手机上。国内各大商业银行大都推出手机银行服务，其基本实现了银行的各类基础业务。以中国工商银行为例，其手机银行服务已经能够覆盖大部分手机用户，客户可以获得 7×24 小时全天候的服务：查询账户、转账/汇款资金瞬间到账、捐款、缴纳话费、网上消费实时支付等。

3. 移动股市服务

移动股市服务使用户通过手机可以随时随地查询价格和股市行情，还可以运用相关软件进行股票交易。移动股市提供中文菜单界面，用户只需滚动选择，就能完成多项操作。比如行情查询业务可以进行个股查询，包括上证、深证、恒生、道琼斯指数、日经指数、伦敦指数及其他股票信息；到价提示服务可以对用户心中某股票的价位，分别作价位设置、查询及清除操作；股票交易业务可以使用户方便快捷地在手机上对深沪两地交易所的股票进行委托买入、委托卖出、委托撤单、资金查询、股份查询、委托查询、成交查询等各项操作。

二、移动购物

移动终端为消费者提供了一种更便捷的购物体验(见图 7-1)，利用电子商务企业开发的客户端应用进行购物是比较常见的形式。例如在 2014 年“双十一”购物节中阿里移动端成交额达到 243 亿元，无线端销售额占到总成交额的 42.6%。

扫描二维码购物及刷脸购物是移动购物领域的新尝试。友宝 UBox 是一个典型的案例。友宝自 2011 年成立，以云端平台管理和线下智慧运营等模式，积极推动零售智能化。友宝旗下拥有智能零售产品包括友宝智能货柜，友宝智能售货机、友咖以及友唱 KTV 等(图 7-2)。

移动网购的高速发展主要得益于以下原因：一方面，传统电商巨头着重培养用户移动端使用习惯，加强用户体验，加大移动端促销力度；另一方面，我国的网络覆盖系统日趋完善，更多手机、平板电脑的用户开始利用碎片时间，移动网购成为用户填补碎片时间的一大选择。

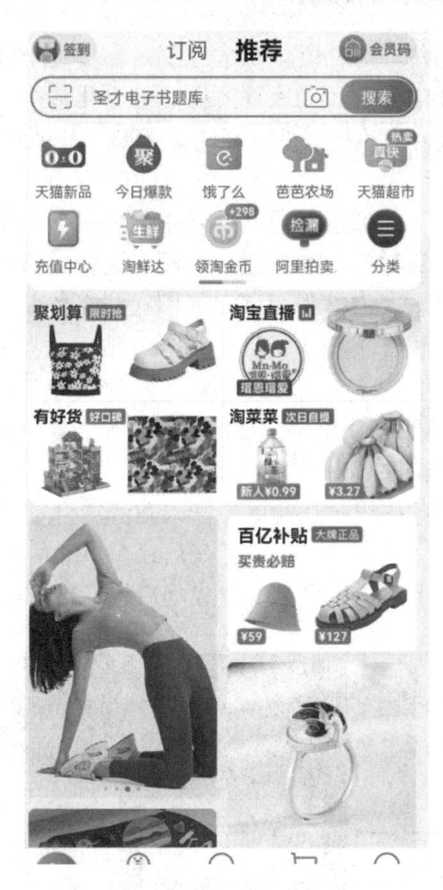

图 7-1　淘宝购物移动客户端

图 7-2　友宝的二维码超市

三、O2O 电子商务

O2O 电子商务是线上(Online)、线下(Offline)相互结合的商业模式。线下商家通过免费开网店将商家信息、商品信息等展现给消费者，消费者通过线上筛选商品，线下体验服务，

成交之后可以在线上进行支付。这样既能极大地满足消费者个性化的需求，也节省了消费者因在线支付而没有去消费的费用。商家通过网店信息传播得更快、更远、更广的特点，可以瞬间聚集强大的消费能力。该模式的主要特点是商家和消费者通过 O2O 电子商务满足了双方的需要。

O2O 提供丰富、全面、及时的商家团购、折扣、免费等信息，能够快捷筛选并体验商品或服务。对消费者来说，通过线上筛选服务，线下比较、体验后有选择地进行消费，不仅满足了消费者个性化的需求，也节省了消费者因在线支付而没有去消费的费用。还避免了定制类实体商品与消费者预订不符，一旦质量低于预期，甚至极为低劣，消费者将处于被动境地的麻烦。

O2O 电子商务广泛应用于在线旅游、房地产、订票、移动互联网、餐饮、汽车租赁、电子优惠券、奢侈品、打车软件等诸多领域。

例如，大众点评的“餐厅在线预订业务”接入微信支付(见图 7-3)，预订加支付的体验已在上海约 100 家商户展开试点。用户通过大众点评客户端预订，然后到试点商家消费后，可使用微信支付买单。预订用户通过微信支付成功后可以将优惠信息分享到微信朋友圈。

图 7-3　大众点评“餐厅在线预订业务”截图

大众点评的“餐厅在线预订业务”打通了“预订+支付”的消费闭环，用户的消费数据会沉淀在大众点评一端，商家可通过点评的商户后台查看、管理。同时，点评的“餐厅在线预订业务”支持微信支付成功后分享到朋友圈，则是利用微信强大的熟人关系链进行二次传播，完成社会化营销。

四、OTT 通信

OTT 是 Over The Top 的缩写，是通信行业非常流行的一个词语，这个词汇来源于篮球等体育运动，是“过顶传球”之意，指的是球类运动员在他们头之上来回传球使其到达目的地。OTT 通信可以理解为互联网公司越过电信运营商，发展基于开放互联网的各种通信业务。

较早开展此类业务的有美国的 Skype 公司。Skype 通过网络电话服务，让用户免费与其他用户进行语音对话，也可以拨打国内国际电话。在国内，微信是目前最成功的 OTT 通信

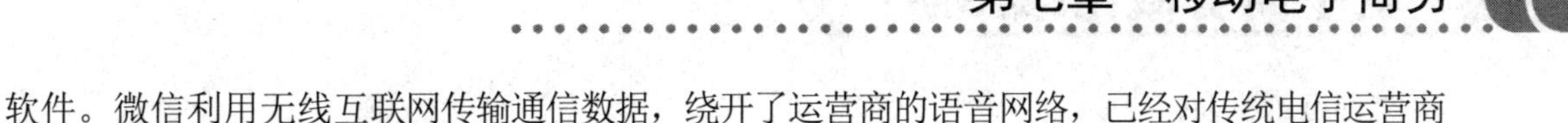

软件。微信利用无线互联网传输通信数据，绕开了运营商的语音网络，已经对传统电信运营商的核心业务产生了重大影响。

五、移动娱乐

移动娱乐业务种类繁多，包括移动游戏、移动视频、移动音乐等。移动娱乐有机会成为移动产业最大的收入来源。

1. 移动游戏

移动游戏产品具有内容简单有趣、操作便捷、适合碎片化时间的特点，因此迅速被各类人群所接受。其中包括工作忙碌、时间有限的上班族，以放松休闲为目的的女性白领，以益智或传统棋牌娱乐为目的的中老年和儿童群体等。

尼尔森《2014 年中国手机游戏用户洞察》的研究显示，47%的手游用户每天都会玩游戏，88%的手游用户在玩游戏的当天会登录两次及以上，而 94%的手游用户每次玩游戏的时间会在 10 分钟以上。手游正逐渐成为一种固定化的生活习惯。

2. 移动视频

相比于桌面端视频服务市场的饱和状态，移动视频市场则处于快速发展阶段，各大视频服务商都将发展重心转移到了手机视频市场。特别是随着中国 4G 网络商用启动，手机用户观看视频的门槛将大大降低，手机视频也将迎来新的发展机遇。在手机视频市场已完成初期用户积累和培育的情况下，未来手机视频市场随着 4G 网络发展可能呈现阶段性的爆发增长。

3. 移动音乐

音乐是移动互联网用户刚性需求之一。根据中国文化和旅游部发布的《2013 中国网络音乐市场年度报告》显示，截至 2020 年年底，中国手机音乐用户规模达 6.57 亿。

“社交化”是移动音乐市场发展的新趋势。例如“网易云音乐”，以歌单、DJ 节目、社交、地理位置为核心要素，主打发现和分享，将社交元素融入移动音乐。QQ 音乐也推出“音乐圈”，提出通过社交的方式来过滤海量信息。多米音乐推出的“音乐社交圈”，还加入了秒杀功能和电商入口。除了社交元素，众多移动音乐应用也在其他方式加强差异化竞争，如酷我音乐 2014 年安卓版换肤功能允许用户将任意图片设定为皮肤背景。

六、基于位置的服务

利用能够提供定位服务的全球定位系统，可以确定移动设备的位置，这是移动商务的一种价值增值特性。规范地说，基于定位的移动商务是指运用全球定位系统或类似的技术(如基于广播站或移动电话系统的三角测量)，根据用户的位置来交付产品或服务。基于定位的服务对于消费者和企业都具有吸引力，从消费者和企业的角度来看，定位提供了安全性(应急无线电通信业务可以精确地定位移动设备机主的确切位置)、便利性(某个用户无须查看姓名地址录、付费电话或者查地图就可以知道附近有什么)和生产率(通过确定附近感兴趣的地点从而优化时间的利用)。从供应商的角度来看，基于定位的移动商务为更精确地满足客户需求创造了机会。

基于定位的移动商务所提供的服务主要集中于以下五个领域。

(1) 定位，确定某人或者某物体(比如汽车或轮船)的确切位置。

(2) 导航，指明从一个位置到另一个位置的路线。

(3) 跟踪，监测某人或者某物体(比如包裹或车辆)。

(4) 绘图，绘制特定区域的地图。

(5) 定时，在特定的地点确定精确的时间。

本 章 小 结

移动通信技术和设备的发展，促使移动电子商务成为未来商务发展的重要趋势之一。本章介绍了移动通信技术的发展历史，阐述了移动电子商务的内涵，并从移动金融服务、移动购物、O2O 电子商务模式、OTT 通信、移动娱乐和基于位置的服务等几个方面对移动电子商务进行了深入描述。

思 考 题

1. 简述移动电子商务的定义及优势。
2. 我国移动电子商务主要的应用领域有哪些？试举一个应用实例。
3. 简述影响我国移动电子商务发展的主要因素。
4. 支撑移动电子商务发展的主要技术有哪些？
5. 简述 4G 网络商用化之后对移动电子商务发展的影响。
6. 移动电子商务的优势有哪些？
7. 简述移动电子商务的应用。
8. 简述 O2O 电子商务模式的应用范围。
9. 移动终端的特征有哪些？
10. 移动电子商务商业模型的参与者有哪些？
11. 基于定位的移动商务所提供的服务主要集中于哪些领域？

第三篇　支撑环境篇

第八章　直播电商理论与实践

【学习要求及目标】

1. 了解直播电商的发展历程和发展现状。
2. 掌握常见的直播电商平台。
3. 了解直播电商产业链及直播电商运作模式。
4. 了解常见的直播电商风险类型和风险防范措施。

直播营销面面观.mp4

【核心概念】

直播电商　MCN 机构　直播电商产业链　直播平台　主播　KOL 私域流量 公域流量

【引导案例】

“顶流主播+地标品牌+供应链升级”的助农模式

江门市位于广东省中南部，属亚热带季风气候，这里物产丰富，资源优渥，当地特色海鸭原生态养殖基地坐落于此。基地生产的海鸭蛋经过烤制，口感爽滑，咸香适中，味道极佳。但这款被当地人看好且极具地域特色的农产品，销路一直不畅，农户收入也未能提升。

2019 年 9 月，直播电商企业辛选集团创始人辛有志和团队来到这里，在详细了解产品特性和当地人文环境后开启直播活动，为“江门海鸭蛋”开展直播推广。

辛有志的首次直播效果不错，开播仅数分钟内销售额突破 300 万元，登上当日天猫行业榜第一名。其后辛选团队对“江门海鸭蛋”进行营销升级，设计更符合市场需求的包装、构建全新网络传播语言体系，打通产品销量各个环节。

2020 年 10 月 26 日，还是这款来自江门的海鸭蛋，其再次在辛有志直播间爆单，当天销售 47.2 万单，共计 944 万枚海鸭蛋，在线成交额达 974 万元。

因供应链完善，“江门海鸭蛋”能够产地直达，所以其在辛选直播间累计售出了 5000 多万枚，创造销售额超过 6000 万元。为了实现良性的生产模式，辛选集团助力与海鸭蛋工厂合作的广东开平当地海鸭养殖户从 500 多家增加到 2000 多家，带动了 2 056 户农户创业增收。

直播助农，不仅为品牌带来爆发式业绩增长，也切实帮助了海鸭蛋上下游产业链的员工和养殖农户。

“公益带货不同于常规的款物捐赠。公众大多看到直播带货给当地带去销售额上涨的直接好处，但直播带货是集合体，能增强上下游各环节活力。”辛选集团首席营销官(CMO)王莹表示，因农户不善营销，导致优质农产品销路不畅，辛选集团通过直播带货经验，帮助农户改进包装符合消费需求，用互联网拓宽销路。直播优质农产品被用户选购后圈粉无数，即便不再出现在直播间里，知名度也得到大幅提升，这比单场直播销售业绩更有价值。另外，直播带货还可以帮助农户增收致富、扩大就业。

江门海鸭蛋从“滞销蛋”到农民手中的“致富蛋”，表面看是几场直播，但背后的企业不仅结合了当地产业发展战略，还在研究数字化产业链上下足了功夫。

目前，通过为贵州、黑龙江、山东、辽宁、河南等省助农，辛选集团成功探索出“顶流主播+地标品牌+供应链升级”的助农模式，打破了直播助农短时间销售数据暴增的昙花一现，创新打造了农产品上行的直播产业新机制。

(资料来源：新浪财经头条，http://t.cj.sina.com.cn/articles/view/1881124713/701faf69019011o0c)

案例导学

近几年间，直播电商如雨后春笋般出现，成为新经济转型的巨大风口。平台收益可观，但同时，如何让社会效益彰显，在收益与公益间寻求平衡，引得直播创变者思考。用直播为公益赋能，助力人才培养、构建行业标准，正在成为直播行业履行社会责任的风向标。

正如2003年非典疫情催生了平台电商产业，2020年新冠疫情则引爆了直播电商产业。直播电商在短时间内达到了较高的社会渗透率，从而形成了“从普通用户到传统明星，人人皆为主播；从牛奶到房地产，万物皆可销售”的火爆场面。

截至2021年12月，我国网络直播用户规模达7.03亿，较2020年12月增长8652万，占网民整体的68.2%，如图8-1所示。其中，电商直播用户规模为4.64亿，较2020年12月增长7579万，占网民整体的44.9%。电商直播和体育直播是2021年网络直播行业发展最为突出的两类业态。

单位：万人

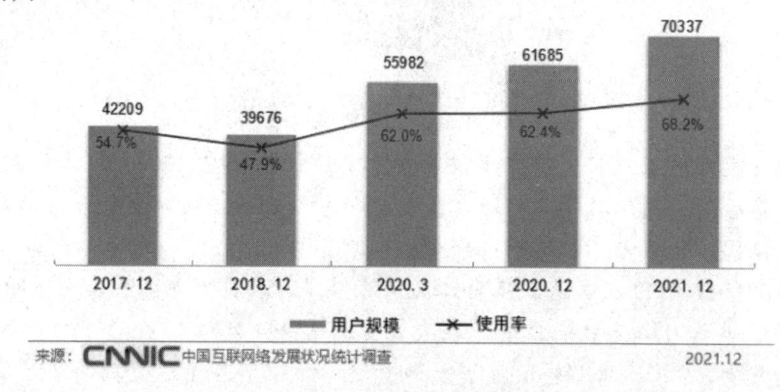

图8-1　2017.12—2021.12网络直播用户规模及使用率

资料来源：https://www.sohu.com/a/531512785_121123762　2021年十亿人民网络生活的总结报告

第一节　直播电商概述

一、直播电商的概念

中国消费者协会认为，“直播电商”是一个广义的概念，直播者通过网络的直播平台或直播软件来推销相关产品，使受众了解产品各项性能，从而购买商品的交易行为，可以统称为直播电商。还有学者认为，直播电商是电商企业平台推出的以直播形式销售商品，以高互动性、娱乐性、真实性和可视性为特点，以提高消费者购物体验为目的的营销模式。

直播电商既包括直播者为原有的电商企业利用直播推销产品，也包括娱乐型社交直播平台上直播者通过直播方式向其他平台的电商企业引流，还包括直播者在平台上有自建或者合作商户，直播者通过直播将受众吸引到其他非平台商户后进行交易。

二、直播电商的优势

传统电商以“人找货”的方式进行搜索式购物，用户在网上通过关键词搜索完成选品及下单，主要依赖图片配文字的形式获取商品信息。传统电商为直播电商奠定了发展基础，二者相辅相成，缺一不可。与传统电商相比，直播电商更受人欢迎，优势也更为突出，主要体现在以下几个方面。

(1) 商品信息传递更直观全面。与传统电商网站静态图片和有限的信息描述相比，更有利于消费者作出购买决策。

(2) 互动体验感更强。直播间实时交互，能够让用户感知到高质量服务，用户诉求可以较快得到回应。如直播云逛街，可以更轻松地满足消费者的购物社交体验；源头看批发，可以在更充沛的货源中满足消费者的挑选欲；工厂看制造，可以让消费者溯源了解产品生产过程。

(3) 流量分发更为智能高效。传统电商通过搜索引擎模式，以中心化平台进行流量分发。直播电商以 KOL(关键意见领袖)为入口进行流量分发，通过用户关注导入，直播电商流量分发更为智能、高效，去中心化的流量分发机制不会让平台生态失衡，对进入该领域的新创作者也有很大的吸引力。

小贴士

关键意见领袖(Key Opinion Leader，简称 KOL)是营销学上的概念，通常被定义为：拥有更多、更准确的产品信息，且为相关群体所接受或信任，并对该群体的购买行为有较大影响力的人。KOL 的典型特征有以下几个。

① 持久介入特征：KOL 对某类产品较之群体中的其他人有着更为长期和深入的介入，因此对产品更了解，有更广的信息来源、更多的知识和更丰富的经验。

② 人际沟通特征：KOL 较常人更合群和健谈，他们具有极强的社交能力和人际沟通技巧，且积极参加各类活动，善于交朋结友，喜欢高谈阔论，是群体的舆论中心和信息发布中心，对他人有强大的感染力。

③ 性格特征：KOL观念开放，接受新事物快，关心时尚、流行趋势的变化，愿意优先使用新产品，是营销学上新产品的早期使用者。

(资料来源：百度百科，http://baike.baidu.com/)

(4) 属性功能增加。传统电商平台是营销平台，顾客产生的购买行为大都出于理性决策，购买产品主要用来满足自己的应用性需要。而直播电商是一个“内容营销和泛娱乐化”平台，直播电商除了对产品本身及使用进行介绍以外，会更多地以被包装的娱乐元素和精心的内容营销形式呈现产品，包含即时销售、品牌宣传等元素。直播电商不仅可以满足消费者的购物需要，还可以提升生活质量、满足社交需要。

(5) 商品价格更为优惠。传统电商平台商品价格通常比较稳定，优惠频数较少，消费者需要经常关注平台才能及时获取优惠信息。而直播电商通过去中间化以及与品牌商或者制造商议价，使商品价格往往相对优惠，为消费者解决了比价问题。

三、直播电商的发展历程

中国的直播电商发展并非一蹴而就，主要分为萌芽阶段、快速发展阶段、规范发展阶段。

(一)萌芽阶段(2009—2015年)

导购网站美丽说和蘑菇街作为以内容为驱动的导购社区，分别于2009年和2011年上线，用户可在社区内推荐、分享、评论商品，同时可将自己发布的或感兴趣的图文内容转发到微博、QQ、豆瓣等流量更大的社交平台。内容的参考价值让社区吸引消费者浏览，加上导购分佣金激励网红、时尚博主、模特等入驻，导购社区逐渐形成PGC(专业人士内容输出)驱动的社区生态，即优质内容创造者、加工者，在社区内分享自己对商品的见解与体验，用户被内容吸引购买后，其获得佣金回报，该内容生产者就是带货网红的前身。2015年开始出现一大批直播App，资本不断涌入市场，直播电商在资本和技术支持下得到进一步发展。

(二)快速发展阶段(2016—2020年)

1. 直播电商元年(2016年)

2016年3月，蘑菇街上线视频直播功能，扶持旗下直播艺人的孵化和经纪业务。直播平台通过打通“直播+内容”，提升用户黏性，获取流量变现。2016年5月，淘宝直播正式成立。同年9月，京东正式推出直播业务。电商行业开始直播大潮，因此2016年被认为是直播电商元年。此后，电商和社交两类平台积极探索推动直播电商发展。

2. 直播生态建立(2017—2018年)

主播群体数量剧增，直播MCN机构涌现。一大批网红开始尝试电商直播；MCN机构可获得平台的专属资源和政策倾斜，并通过持续运营，不断提升旗下账号矩阵规模和活跃度，扩大自有品牌影响力，提升商业价值；行业逐渐分化并走向精细化运营，直播电商开始逐步整合主播与供应链资源；自2018年开始，直播电商进入快速发展阶段。以淘宝直播为例，据《2019年淘宝直播生态发展趋势报告》显示，2018年淘宝直播平台带货总价值超1000亿元，同比增长近400%，创造了千亿级的市场。抖音、快手等短视频社交平台也于

2018 年分别进入直播电商领域。2018 年 6 月，抖音购物车第一批 100 个内测账号入驻，随后范围不断扩大。可见，这一阶段直播带货金额快速放量，主播、MCN 机构均迎来发展机遇，众多平台推出直播电商业务。2019 年，传统电商企业全面进军直播电商。直播电商成为电商行业新的风口，不仅有达人直播，而且几乎所有做电商的企业都投入到直播行业。

3. 全民直播时代(2020 年)

新型冠状病毒肺炎疫情期间，传统线下销售模式受到严重冲击，直播成为重要的带货方式，拼多多 App 开启干部直播带货模式，聚划算 App 与明星打造“综艺+卖货”的沉浸式明星直播形式，抖音从短视频业务拓展至直播带货业务，直播电商步入全民时代(见表 8-1)。但伴随流量、供应链等因素影响，电商在直播媒介下的商业模式终会分化，因为直播电商的本质仍是电商，只是通过直播形式帮助消费者降低选择成本，并在购物过程中与消费者双向互动达到更好购物消费体验。

表 8-1　“十三五”时期直播电商发展重大事件

	电商平台	社交平台
2016 年	淘宝直播：3 月初试运营	蘑菇街：开启直播电商
2017 年	苏宁：7 月，苏宁 App 方式上线直播功能	快手：开展直播+带货模式
2018 年	京东：8 月，京东时尚在“京星计划”推动直播带货	抖音：12 月，抖音购物车功能方式开放申请
2019 年	拼多多：11 月，拼多多初次试水直播带货	腾讯：12 月，腾讯看点直播宣布推出“引力波”计划
2020 年	拼多多：2 月，开办“市县长直播间”，开启干部直播带货模式； 淘宝直播：4 月 1 日，在全球首次直播卖“火箭”成功，开启万物皆可直播时代	聚划算：5 月 17 日，聚划算与明星刘涛展开深度联动，打造“综艺+卖货”的沉浸式直播形式

(三)规范发展阶段(2021 年以来)

网络直播以其内容和形式的直观性、即时性和互动性，在促进经济社会发展、丰富人民群众精神文化生活等方面发挥了重要作用。与此同时，网络直播行业也存在主体责任缺失、内容生态不良、主播良莠不齐、充值打赏失范、商业营销混乱、青少年权益遭受侵害等问题。为促进网络直播行业健康有序发展和消费者权利的切实保护，国家出台了相关监管法规。2021 年 4 月 23 日，国家互联网信息办公室等七部门联合发布《网络直播营销管理办法(试行)》(以下简称《办法》)，对直播带货行业术语和定义、“带货”产品的商品质量、直播场景软硬件要求、网络主播的行为规范、MCN 机构的服务规范、行业企业的经营管理、内容发布平台合规性、产业孵化器和培训机构的准入条件、行业诚信体系建设、监管部门的监督管理等都做出规范要求；针对社会舆论广泛关切的消费者权益保护问题，《办法》明确了相关监管措施：直播营销平台应当及时处理公众对于违法违规信息内容、营销行为的投诉举报。消费者通过直播间内链接、二维码等方式跳转到其他平台购买商品或者接受服务，发生争议时，相关直播营销平台应当积极协助消费者维护合法权益，提供必要的证据等支持。《网络交易监督管理办法》自2021年5月1日起实施，对网络交易的科学有效监管提供制度性保障，明确打击如刷单、流量造假、虚假营销、商业诋毁等不正当竞争行为，加大对直播购物的法律约束和诚信约束，特别是明晰平台和主播的责任。直播电商监管新规又“严”又“细”，无论是直播平台还是主播，都应合法合规进行直播电商活动，不得触碰法律红线、侵犯消费者合法权益。否则，必然受到相应的处罚。可以预见，这些网络交易监管法规将给直播电商行业带来正面的引导，促进行业规范化发展。

四、直播电商的发展现状

直播电商的发展现状呈现以下几种趋势。

1. 行业高速发展，带动周边产业壮大

电商行业在历经商品驱动阶段、营销驱动阶段之后，行业流量成本大幅提高，使其流量增长遭遇瓶颈，需要通过内容驱动，增加用户黏性，吸引更多线上流量，直播是电商平台中有效的引流组件，更是流量变现的有效方式之一。直播电商在内容化、粉丝化和场景化等方面的优势，恰好满足了行业需求，加速各类电商平台涌入直播行业，有效推动我国直播电商行业进入高速发展期。目前，直播电商已经成为电商行业的标配，企业注入大量资源进行布局，整体行业发展进入常态化。2021年9月10日，艾瑞咨询发布的《2021年中国直播电商行业研究报告》数据显示，2020年我国直播电商市场规模超1.2万亿元，年增长率为197.0%，预计2023年直播电商规模将超过4.9万亿元。当前，我国直播电商行业主要平台有淘宝、抖音、快手、京东、唯品会、蘑菇街、小红书、拼多多、苏宁易购等。直播电商不再局限于少数头部主播，可以说直播电商无处不在，以淘宝直播为例，2020年近1亿件商品在淘宝直播间上架，供用户挑选。直播电商品类已从传统的服装、美妆护肤、食品、生活用品、珠宝、家电、家装等，扩展到课程、旅行产品、医美、家政、美食代金券等虚拟商品和生活服务。直播电商行业形成以品牌商、生产商、经销商、代理商为上游，以MCN机构、代播机构、平台主播、渠道平台为中游，以消费者和其他电商辅助和服务功能为下游的产业链闭合，进入产业化、规模化发展时期，有效带动了周边产业的发展。

2. 商业模式逐步成型，向多元化演变

目前，直播电商模式包括达人播、企业自播(店播)以及直播代运营机构代播三种模式。随着企业多元化品牌价值需求，推动电商直播模式向多元化快速演变。企查查数据显示，截至2020年底，我国新增直播电商相关企业注册数6939家，累计注册有8862家，2019—2020年增长360.8%。据艾瑞咨询统计，直播电商行业内以达人播为主的直播服务机构6528家，以企业自播为主的直播服务机构573家，占整体企业数的80.1%。在直播电商早期阶段，以高流量、高转化率著称的达人播被企业广泛采用，诸多企业与达人按照单场合作，此种模式能够短时间内为品牌带来巨大流量，瞬时提升商品销量。直播电商作为企业常态化营销手段，其竞争日趋白热化，但从服务机构和从业人员市场现状来看，尚无法满足企业需求，从而使企业对自播越来越重视。2020年，企业开展直播电商以自播模式成交额，占整体直播电商的32.1%，预计2023年占比将近50.0%。以淘宝直播为例，2020年淘宝直播诞生了近1000个销售过亿元直播间，其中企业直播间数量占比超过55%，略高于达人直播间。

而直播代运营机构代播模式，主要是企业与代播机构长期合作，合作形式取决于合作双方，也使其市场竞争非常激烈。直播形式以店铺账号为直播间名，由机构派出主播、运营、助理等工作人员，为店铺进行全年常态化直播。

3. 国家政策大力扶持，各地方政府积极推进

国家和地方政府积极扶持直播电商行业发展，针对商家、用户、主播、平台经营者的相关行业规范也在逐步推出，直播电商逐渐向着正规化、规范化有序发展。2020 年起行业行政监管趋严，国务院、国家部委及各地方政府关于直播电商主要政策见本章第四节表 8-2。

第二节 直播电商平台

一、传统电商平台

传统电商平台是指具备直播功能的第三方电商平台，如淘宝网、京东商城、拼多多等。该类平台把直播作为引流/提高转化率的工具。商品种类丰富/供应链相对完善，用户以购物消费为主，商品在电商平台直接实现成交，转化率较高。直播类型多是商家自播为主。

1. 淘宝直播/点淘

所属公司：阿里巴巴集团控股有限公司。

淘宝直播是阿里巴巴于 2016 年推出的消费类直播平台，国内领先的直播电商消费专业平台，为直播带货达人提供货品选择，为商家提供新电商消费模式，提供集多行业、多平台、智能化、安全性为一体的直播解决方案。2021 年手机版 App 升级为点淘，点淘采取短视频加直播的双核模式，让内容成为连接用户与服务的关键。

淘宝直播产品、市场覆盖广，强电商弱娱乐是淘宝直播的原生特点。中期引进秀场玩法，上线了打赏和主播 PK 功能。淘宝直播的专业性、导购属性和用户购物欲望更强。

2. 京东直播

所属公司：北京京东叁佰陆拾度电子商务有限公司。

京东直播是京东推出的消费类直播平台，定位于“专业+电商”，致力于建立完善健康的机构达人生态，开放全域流量，打破直播流量困局，大小主播平等对待，为直播行业树立了新风尚。

京东向直播间定向投入亿级资源扶持，针对不同发展阶段的商家分层定制营销方案，并针对商家和 MCN 机构启动包括佣金翻倍、场次补贴等一系列利好政策，重磅推出商家赋能“2+2”计划。多层次、大力度的资源扶持下，京东直播助力商家迅速成长，打造标杆商家，以头部带动腰尾部，构建多方共赢、蓬勃健康的京东直播内容生态。

3. 多多直播

所属公司：上海寻梦信息技术有限公司。

上海寻梦信息技术有限公司成立于 2014 年。2015 年 4 月，创办新电商平台拼多多，拼多多现为公司旗下主要产品。拼多多以开创的社交拼团为核心模式，主打百亿补贴、农货上行、产地好货等，专注于服务中国广大的普通消费者。拼多多脱胎于农产品电商拼好货。人民网此前发布报告显示，拼多多已经成为中国较大的农产品上行平台。2018 年 7 月，拼多多在美国纳斯达克证券交易所正式挂牌上市。

新电商模式所释放的潜力，也为拉动中国内需、推动广大区域消费升级作出了巨大贡献。目前，拼多多平台的商品已覆盖快消、3C、家电、生鲜、家居家装等多个品类，并以持续增长的速度，满足消费者日益多元化的需求。

拼多多将创新的电商模式与扶贫紧密结合，为推动农产品大规模上行提供了有效途径。平台的“拼购”模式能够迅速裂变并聚集消费需求，实现大规模、多对多匹配，将农产品直接从田间送到消费者手中，令中国农业生产与需求离散化的劣势转变为优势。

多多直播是拼多多开放给有带货能力或潜力的合作方的营销工具，以提升合作方用户黏性和流量转化效率。用户登录拼多多 App，在“个人中心”中点击头像，再点击“我的资料”，即可找到多多直播。

二、娱乐内容平台

娱乐内容平台是用户提供娱乐内容的平台，如抖音、快手等。该类平台具有流量优势，借助直播探索流量变现。平台以白牌或品牌商品为主，用户以获得娱乐享受为主。用户点击商品链接后，页面跳转至第三方电商平台，用户在第三方电商平台上完成商品交易，转化率较低。直播类型以“达人”直播为主。

1. 抖音

所属公司：北京字节跳动科技有限公司。

抖音电商是国内知名的短视频内容分享平台旗下购物渠道，专注于为达人、机构服务商、商家提供多元化电商服务。抖音电商专注于成为用户发现并获得优价好物的选择平台。众多抖音创作者通过短视频/直播等形式，给用户提供更个性化、更生动、更高效的消费体验。同时，抖音电商积极引入优质合作伙伴，为商家变现提供多元的选择。

抖音为达人提供方便高效的带货工具，连接海量用户和优质货品；平台运营支持+专属产品功能帮助机构服务商管理达人和商家；为商家提供电商服务平台，帮助商家一站式高效处理售前售后问题。

明显的娱乐属性、高流量和高活跃优势、用户主攻一二线、短视频内容为主流是抖音具有的原生特点。目前抖音全面放开直播权限，秀场主播占相当大的比例。罗永浩的加盟，带火了抖音直播，博得不少大品牌方关注，抖音有加速推动直播业务形态打磨和沉淀的趋向。同时，抖音也上线了“视频通话”功能，开拓了社交功能。

2. 快手

所属公司：北京快手科技有限公司。

快手是快手短视频旗下品牌，是国内颇具影响力的社交电商平台，专注于满足消费者需求和消费体验以及为商家用户提供多元化电商专业服务。快手将短视频、直播与电商结合，推出以 KOL 为中心的带货模式，以直观的方式刺激观众的消费欲望。KOL 带货因为快手红人较有影响力，能够自带流量，而且真人短视频、直播更容易帮助用户做决策，因此

降低了获客成本。

快手电商希望与在电商与直播领域有丰富经验和出色成绩的服务商合作，共同培育优质电商达人，共建内容+电商生态。同时，快手小店为广大快手电商主播与用户提供了电商交易工具。

快手平台粉丝黏性大，与抖音重算法轻粉丝的逻辑相反，快手重粉丝轻算法，以下沉市场为主，弱运营管控，基于社交和用户兴趣进行内容推荐，主推关注页推荐内容，同时加深主播和粉丝之间的关系。

三、导购社区平台

导购社区平台是以商品导购为主要内容的平台，如蘑菇街、小红书等。该类平台以白牌或垂直类商品为主，用户以购物和获得娱乐内容为主，商品以在导购社区平台内实现成交为主，转化率较高。其直播类型以导购“达人”直播为主。

1. 蘑菇街

所属公司：美丽联合集团有限公司。

蘑菇街是专注于女性时尚消费的电子商务网站，公司通过形式多样的时尚内容，种类丰富的时尚商品，让人们在分享和发现流行趋势的同时，尽情享受优质的购物体验。2011年，蘑菇街正式上线，2016 年 1 月与美丽说战略融合，公司旗下包括蘑菇街、美丽说等产品与服务。

蘑菇街拥有海量红人主播，平均每天为用户呈现超过数千小时的直播。主播在直播间内为观众实时分享个性化的潮流搭配、服装试穿、护肤教学等时尚内容，让变美的效果更加真实可见。用户在和主播实时互动的同时，能够在直播间直接下单，轻松完成购物。优质的直播内容不仅大幅增加了用户的停留时长，更能为用户带来沉浸式的时尚体验。同时，有效便捷的互动和交易方式也为商家带来了更好的成交转化。

蘑菇街的视频制作团队自制十多档时尚相关的短视频节目，涵盖穿搭、美妆、泛生活方式类内容，为年轻女性用户提供潮流时尚和优质生活方式指南。通过外发优质的时尚内容，全网数千万观众可以在各媒体平台看到蘑菇街的短视频内容。短视频全网日播发量超过 2000 万，在各排行榜位居前列。

2. 小红书

所属公司：行吟信息科技(上海)有限公司。

小红书成立于 2013 年，是颇具人气的年轻生活方式分享平台，专注于让用户通过短视频/图文等形式标记生活点滴的创新型互联网公司。

小红书以“Inspire Lives 分享和发现世界的精彩”为使命，用户可以通过短视频、图文等形式记录生活点滴，分享生活方式，并基于兴趣形成互动。小红书社区目前内容覆盖时尚、个护、彩妆、美食、旅行、娱乐、读书、健身、母婴等各个生活方式领域，每天产生超过 70 亿次的笔记曝光，其中超过 95%为 UGC 内容。小红书企业号部门围绕“企业号”这一核心产品，整合公司从社区营销一直到交易闭环的资源，更好地连接消费者和品牌，帮助品牌在小红书完成一站式闭环营销，提供全链条服务。

四、社交平台

社交平台是互联网上基于用户关系的内容生产与交换平台，是人们用来沟通感情，分享意见、见解、经验和观点的工具，如微信、微博等。该类平台私域流量占据优势，将直播作为丰富平台内容的工具。商品以白牌商品或垂直类商品为主，用户以休闲娱乐、社交沟通为主。微信直播，可在微信平台直接完成交易；微博直播，通常是用户点击商品链接后，页面跳转至第三方电商平台，用户在第三方电商平台上完成商品交易，因此转化率较低。直播类型以商家自播为主。

小贴士

公域流量和私域流量

公域流量，也叫平台流量，它不属于单一个体，而是被集体所共有的流量，是商家通过平台进行销售所获取的流量。

公域流量直播，一般形式就是依托第三方平台的直播。企业或品牌自己没有建立相关的用户链接，没有自己的私域流量池，需要借助第三方的流量资源完成直播。

对于商家而言，依托平台获取流量需要付费，流量成本较高。另外，平台不会完全共享核心数据，商家无法掌控交易的所有数据。

私域流量是相对于公域流量来说的概念，是指不用付费，可以在任意时间、任意频次，直接触达用户的渠道，比如自媒体、用户群、微信号等，是一个社交电商领域的概念。

私域流量的流量转化效率高，通过更便捷、更低成本的触达和运营，可以使一定量的流量获得更高的收入。

私域流量直播，一般形式就是企业或品牌已经建立相关的用户链接，用 App、小程序、微信群等方式建立了用户链接，形成了基于链接基础上的私域流量池，在这样的基础上，企业就可以基于自己的私域流量池进行直播。

(资料来源：余以胜，林喜德，邓顺国主编. 直播电商：理论、案例与实训(微课版). 人民邮电出版社，2021.3)

1. 微信直播

微信直播是基于云数据流媒体的传输、编辑、分发平台，创建直播频道后将直播地址嵌入到对应的微信公众号，即可发起微信直播。接入直播系统后，任何人可以通过微信好友转发、朋友圈分享等方式观看直播视频。微信直播打造了全新的用户体验，利用微信裂变，成倍地放大了活动的影响力。

在直播风口下，直播与微信的结合是连接用户、提升影响力和传播度的全新媒介形式，可广泛应用于企业年会、体育赛事、演唱会、婚礼现场、产品发布、营销推广、峰会论坛、项目推介、渠道招商业务例会、互动培训、远程教育、用户大会、视频会议、众筹路演等各种场景。

微信直播可以省去下载 App 的麻烦，可以直接在微信端观看；没有地域限制，可以实现全球同步直播；链接一键轻松分享，可迅速零成本裂变式推广传播；直播嵌入到微信公众号中，可轻松搭建专属的企业直播间；表现形式丰富，互动性、实时性强。

2. 微博直播

微博直播，简称“微直播”。“微直播”可以实时实现现场与全国微博用户之间的互动，同时又可以链接到相关的博客、论坛、网站，甚至可以与传统电视台形成多媒体交互，是一种较为方便的多终端交互模式。以经常召开的各种会议为例，只需一台可以上网的笔记本电脑，或者具备网络信号传输功能的移动终端，即可实现“微直播”。会议现场的投影仪可以链接微博，直接将画面投影到大会的背板上，就可以实现“演讲者+与会者+全国微博粉丝”的三方即时互动。“微直播”成败关键是操作直播的微博质量。

第三节 直播电商运作

一、直播电商产业链运作

直播电商产业链运作流程如图 8-2 所示。

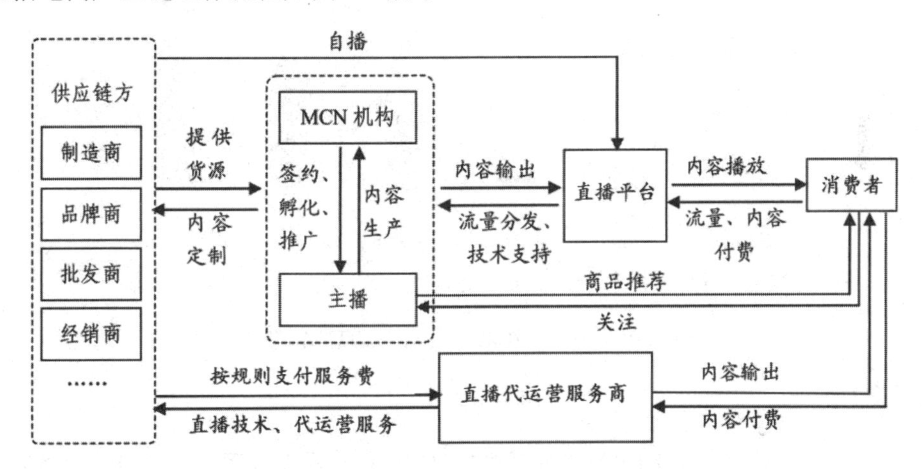

图 8-2 直播电商产业链运作流程图

(一)供应链方

供应链方位于直播电商产业链的上游。供应链方可以直接借助直播平台进行自播，或通过与 MCN 机构、主播的合作借助直播平台进行直播销售产品，或与直播代运营服务商进行合作，经营与消费者的关系。

(二)MCN 机构

MCN 的全称是 Multi-Channel Network，是一个内容创作者的公司型管家，也称网红经纪人、网红中介机构。通过签约、孵化、包装、培养达人，使其成为具备一定流量和影响力的“网红达人”，再进行商业变现。

MCN 机构的主要角色有以下几种。

(1) 主播经纪人。MCN 机构根据签约主播的特性，对主播进行有针对性的培养，帮助其提高直播技能；MCN 机构根据商家的需求，对主播进行创作指导，帮助其输出符合商家要求的直播内容；MCN 机构根据主播创作的内容在不同的直播平台上进行投放，同时根据主播的能力、特性，为其提供参与商业活动的机会，帮助主播提高知名度和粉丝数量。

(2) 内容生产。为主播选题、组织内容生产、拍摄、剪辑等阶段提供专业、高效的支持，为直播电商平台提供丰富的优质内容以构建更完善的内容生态。

(3) 活动运营。MCN 机构为直播选择合适的选品并议价，对直播前、中、后各项资源进行对接。

(4) 供应链支持。MCN 机构为品牌商匹配符合其需求的主播并提供渠道资源支持与整合。

艾媒咨询分析师发现，2020 年，中国 MCN 机构数量已经超过两万家，如图 8-3 所示，90%以上的头部红人都被 MCN 公司收入囊中，或者自己成立了 MCN。MCN 行业的发展使得在线直播行业进一步规模化、规范化，有力推动了在线直播行业朝更高的台阶迈进。

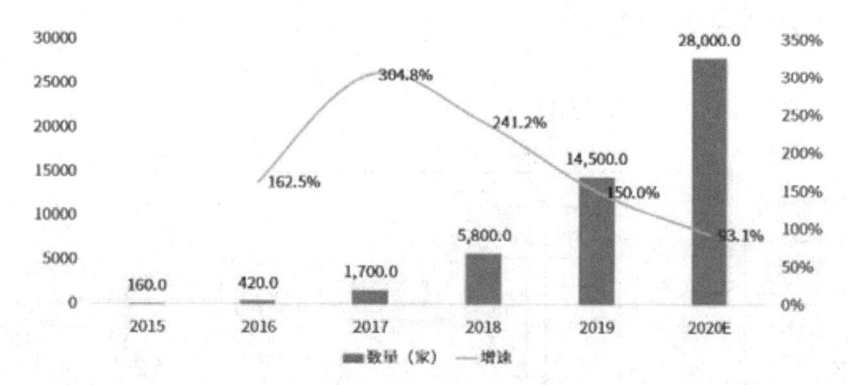

数据来源：艾媒数据中心(data.iimedia.cn)

图 8-3　2015—2020 年中国 MCN 机构数量

(三)主播

在供给端，主播可以通过 MCN 机构对接供应链方或直接对接供应链方，为供应链方输出直播内容，帮助其吸引流量，销售商品，获得服务费和平台的销售分成；在需求端，主播在直播过程中输出内容，向用户分享商品并销售商品。

主播按照等级和身份两种标准可进行不同的分类。

1. 主播等级分类

主播根据直播场次、直播时长、平台活动完成率、粉丝留存率等可以分为三个级别：头部主播、腰部主播、新进主播，如图 8-4 所示。

2. 主播身份分类

(1) 专业电商主播

指早期由电商平台培育的专业的电商主播。该类主播专业度高，直播商品转化率较高。但直播的商品种类繁杂，有些主播的售后服务难以保障。

(2) 网络达人

在抖音、快手等短视频平台上活跃的“达人”，他们先积累粉丝，待粉丝达到一定规模

后进入直播电商领域。该类主播镜头感较强，但通常对直播中的商品不太了解，缺乏专业的直播技能。

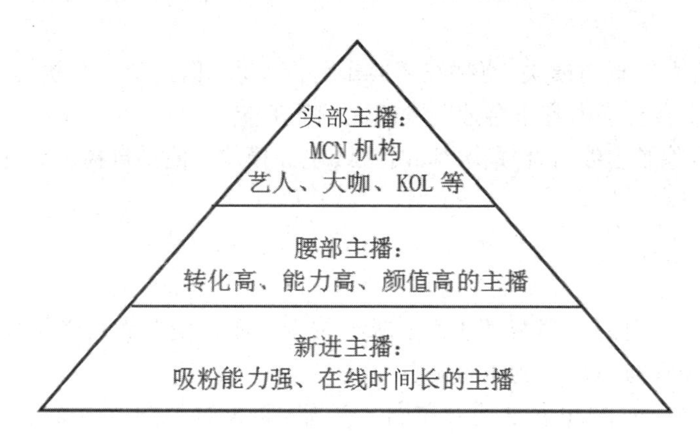

图 8-4　主播等级分类

(3) 商家员工

指商家的电商客服人员或线下导购。该类主播依托品牌知名度，品牌有一定的忠诚用户，直播场次多，熟悉商品。但员工直播专业度不高，商品转化率不稳定。

(4) 名人

他们大部分将直播带货作为副业，通常会涉足淘宝直播、抖音直播、快手直播等多个直播平台。该类主播自带流量，具有一定的影响力，直播带货的同时还可以为商品进行推广，提高商品的知名度。但由于通常对商品缺乏详细的了解，缺乏专业的直播技能，商品的转化率不稳定。

(5) 企业家

他们在商业领域具有一定的知名度，是商业领域中某个行业比较成功的人士，通常是某企业/品牌的创始人、管理者，具有一定的知名度，自带流量，容易让人信服，对商品比较了解。但由于缺乏镜头感和专业的直播技能，直播时往往需要配置副播。

(6) 专家

指某个领域或行业的专业人士，如服装设计师、化妆师等。该类主播掌握某个领域或行业的专业知识，在直播中销售与其专业领域相关的商品更具说服力和影响力。但由于缺乏镜头感和专业的直播技能，直播时往往需要配置副播。

(7) 主持人

指专业的主持人，如新闻主持人，掌握专业的主持技巧。该类主播镜头感强，掌握专业的播音技巧。但通常对商品缺乏详细的了解，缺乏专业的直播技能。

(四)直播平台

直播平台是直播电商产业链的核心，对接其他参与主体，如供应链方入驻平台，MCN机构和主播通过平台进行直播内容的生产和输出，主播通过平台向消费者推荐商品，消费者通过平台观看直播、关注主播进行消费。直播平台主要负责搭建直播渠道，并制定相关规则，维护直播秩序。

直播平台的组成有三种方式。

(1) 电商平台上线直播模块，直播、交易都在电商平台内实现，这种方式以淘宝直播为代表。

(2) 内容平台上线直播模块，直播在内容平台内实现，但是交易会跳转到电商平台实现，这种情况下电商平台会向内容平台抽取较高比例的佣金。

(3) 内容平台除了上线直播模块，同时上线电商模块，使得直播和交易都在内容平台内实现，比如快手电商、抖音小店。

(五)消费者

在直播电商产业链中，消费者作为需求方位于下游。消费者会受主播影响在平台进行消费，主播可以经营与消费者之间的关系。

中国消费者协会于2020年3月发布的《直播电商购物消费者满意度在线调查报告》分析显示，消费者的直播电商购物行为有如下特征。

(1) 超半数消费者购物频率在每月1次及以上。从常用人群的购物频率来看，每月1次及以上占比一半以上，为55.2%；每1～3个月消费1次的占比35.6%。从数据反映出的趋势来看，消费者在三个月内有过1次及以上的购物频率占比高达90.8%，这说明消费者持续观看直播后尝试购物的可能性是逐渐增加的。

(2) 从直播购物品类偏好来看，消费者在直播电商购买的品类大多为服装、日用品、美食、美妆，其中选择服装的消费者最多，占比63.6%，如图8-5所示。

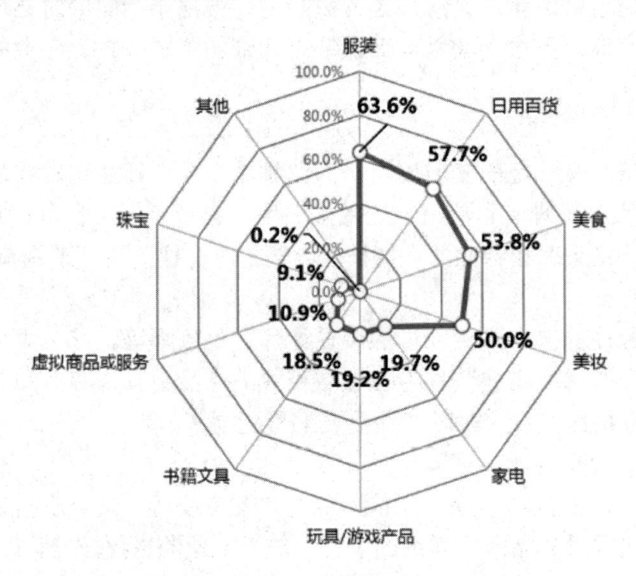

图8-5　直播电商购物群体品类偏好

(六)直播代运营服务商

直播代运营服务商是指能为商家提供完整的直播代运营服务的组织，包括电商直播代运营服务商和企业直播代运营服务商。

电商直播代运营服务商流量来源主要有淘宝网、京东商城、抖音、快手等公域流量平

台，服务内容有运营需求分析、直播内容策划、主播讲解、主播孵化、直播间搭建、直播数据分析、多渠道整合营销等。该类服务商流量来源丰富，侧重于提供直播营销策划服务。

企业直播代运营服务商流量来源主要有企业/品牌官方网站、微信等私域流量平台。服务内容有直播系统搭建、专业导购讲解、直播存储回放、直播效果分析、售后服务、用户管理等。该类服务商具有较高的数据掌控能力，侧重于提供直播硬件支持和数据服务。

二、直播电商运作模式

有学者提出了直播电商运作的“环状模型”，如图 8-6 所示，把直播电商的运作模式分为五个环节，包括直播策划、直播预热、现场引爆、售后服务和社群运营。直播策划是直播电商的首要环节，直播策划是指包括用户定位、主播定位、产品组合策略和直播节奏策划在内的直播全流程策划，一份成熟的策划案是直播成功的前提。直播预热是指在直播活动开始前对直播内容进行宣传和推广，以达到告知固存流量，激活新流量的目的。现场引爆环节是指通过各种营销技巧对直播现场进行气氛渲染以推动直播节奏的发展，激发受众的购买欲望。售后服务是指在直播结束后向消费者提供承诺服务或服务失败后的危机处理。社群运营是指在非直播期间通过建立线上社群增强与粉丝的互动性达到增加品牌黏性和产品复购的目的。品牌势能的积累并非一蹴而就的结果，社群运营可以很好地保障品牌在非广告投放期也能维系客户，培养品牌偏好。

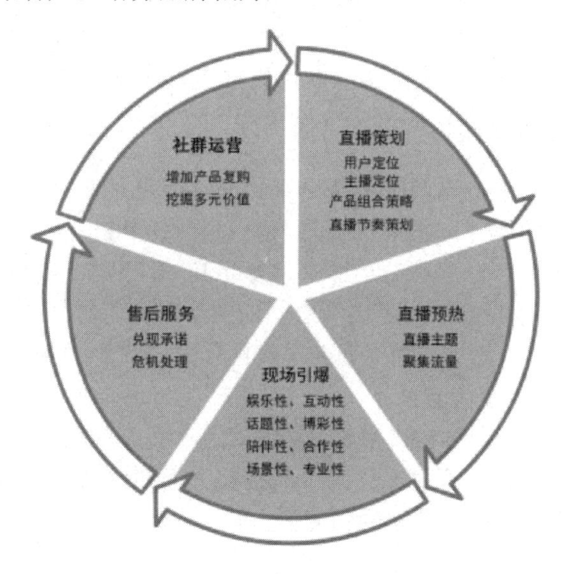

图 8-6　直播电商的运作模式

三、直播电商运作特性

直播电商的运作具有如下特性。

1. 利用消费者的求廉心理

在消费者的消费心理中，求廉心理占据比较重要的地位，当然，基于这一心理进行消费的人群往往是收入不高或者目前手头较紧的消费群体，他们对于价格比较敏感，希望以

较低的价格得到心仪的商品或者服务，物美价廉是他们首要关注的地方，而直播电商售卖的大多数产品金额不会太高，以数十元、数百元的产品居多，这实际上也是由直播电商的受众群的收入水平决定的。大主播们提供的商品折扣是其他主播难以匹敌的，他们拥有较大的议价权，在供货方那里能够拿到更大的优惠幅度，因此多数的消费者就愿意来到他们的直播间。基于消费者的求廉心理与主播团队提供的优惠幅度差异，目前直播电商行业的“马太效应”已经形成。

2. 人性化的媒介

小巧、便携的智能手机的应用，使得直播平台与网购平台无论是对于主播还是消费者而言，使用难度都是比较低的。例如直播中视频对话的方式消解了广大文化程度较低的用户对于文字表达的困惑，语音的互动使得信息的传达得以实时传播，避免了信息的滞后给商品信息的传播、买卖双方的互动造成的负面影响。基于此，买卖双方的沟通效率自然就会提高，从而有利于交易的达成。同时，在移动智能端中直播平台与购物平台的路径也被打通，例如在电商平台中可以开直播，在直播平台中开设直播卖货的房间或者添加第三方购物链接。如淘宝 App 中有它自己的直播页面，消费者可以方便地点入观看直播；在抖音平台中可以开启直播带货，也可以在商品橱柜中添加淘宝、京东等平台的购物链接。由此，消费者的购买路径得以缩短，能够快捷地跳转于不同平台之间。此外基于大数据技术，平台能够对消费者的年龄、性别、喜好、浏览痕迹、购物记录等数据进行分析，同时也对主播的类型、主营产品范围等数据进行分析归类，最后在消费者与主播之间搭起一座桥梁，把主播的页面推到有需求的消费者面前，缩短了买卖双方寻找对方的时间，实现了精准推送的效果。

3. 关系的维护及消费气氛的营造

主播对于消费者关系的维护以及对直播中氛围的营造也是使得广大的消费者愿意加入到直播电商这场购物狂欢的原因。主播对于与消费者关系的维护与消费气氛的营造，主要通过称谓、口号、动作表情、修辞性的话语来进行。其一，从特定的称谓来看，“宝宝们”“姐妹们”“老板们”等称谓拉近了与消费者之间的关系距离。其二，非理性、情绪化的口号会调动消费者的冲动情绪，在一定程度上会导致盲目式消费的产生，例如“买它”“Oh my god!”等口号，就有可能在消费者犹豫不决的时候促使其下单。其三，丰富夸张的语调。表情与动作构建在场的消费氛围，如在直播过程中张大了嘴巴发出目瞪口呆的表情来“夸奖”商品的效果或者通过抑扬顿挫的语调来强调产品在某方面的优势。正是这些声音符号与动作符号使得直播间成为主播营造消费氛围的场所。

第四节　直播电商规范发展

一、直播电商风险的概念

风险是一种损失的发生具有不确定性的状态。直播电商的风险是指在直播环境下，某种损失发生的可能性。

近几年直播电商爆发式发展的同时，行业内也存在一些乱象，如涉嫌虚假宣传、流量

和销量造假、组织摊派购买等，也引发了社会舆论大范围的热议，这对直播电商的规范发展提出了新的要求。

二、直播电商风险的主要类型

1. 内容风险

直播打造“好内容”的同时也带来了一些不合法现象，同质化直播内容的出现，致使直播平台产生内容运营风险。在内容为王的时代，低俗等内容或许在短时间内可以引来用户的关注，但是从长远发展的角度来看，存在着巨大的法律风险，也不利于直播电商长期发展。

2. 商品风险

直播电商的商品风险主要有以下两种。

(1) 商品价格风险。主播们经常会强调商品原价与折扣价之间的幅度。在直播中，原价一般指商品上市当日的原厂售价，即出场标价。但这个价格很有可能会标得虚高，从而使折扣力度显得很大。在直播电商实践中，不少主播存在“虚构原价”等问题。

(2) 商品质量风险。商品质量风险包括外在质量和内在质量，外在质量指商品的造型、工艺、色彩等，内在质量指商品的性能、使用的安全性等。

直播的实时互动、明星主播的“亲鉴好用”并不能保证商品的质量，涉嫌销售假冒商品是直播电商中最为常见的一个“翻车”原因。

3. 隐私风险

网络直播已进入全民直播时代，逐渐渗入到人们真实的生活之中，如广受欢迎的“真人秀”之类的直播形式，就深入到人吃饭、走路等生活的细节。直播题材的不断扩大，也引发一系列问题，如在未经他人同意的情况下，私自将别人置于直播镜头之下，由此引发网络直播的隐私风险。

4. 版权风险

网络直播节目是否为具有著作权的作品，目前我国尚未有统一的定义与立法，网络直播产业缺乏投资保护；同时，网络直播涉及很多个领域，不同领域的版权保护形式各不相同，划分版权也十分困难，因此在很多未知的情况下，很容易引发网络直播的版权风险。

5. 商业模式风险

直播电商作为一种新的销售方式，直接与生产者和消费者连接，在减少商品的流通环节和交易成本的同时，也会产生一定的商业风险。例如，品牌方需要考虑网红主播的孵化、培养和管理。零经验、无团队的新人主播很难带来较高的流量，而主播的知名度和影响力一旦提高，那么势必会和平台机构博弈，如何在模式层面与法律层面维系与主播的关系是直播带货长远发展需要考虑的问题。

6. 责任风险

直播的火热，催生了一大批“网红”主播，刺激着越来越多的人进入直播市场，渴望

一夜成名。但是在网络直播带来巨大商机的同时，直播平台、网络主播等还应注意担负相应的社会责任，否则很容易引发网络直播的责任风险。

三、直播电商风险的防范措施

直播电商风险的防范措施主要针对以下几个层面。

1. 国家层面

在国家层面，提高立法层级，完善立法，应当在法律层面对网络直播提出原则性要求；规范企业和个人的直播行为；提高直播准入门槛；对网络直播平台进行分级管理，加强信用评价，落实直播平台和主播的社会责任等。

《中华人民共和国广告法》《中华人民共和国消费者权益保护法》《中华人民共和国电子商务法》《直播电子商务平台管理与服务规范》等法律法规、行业规范的发布，对消费者维权和直播商品质量作出了相关规定，但当电商直播平台主播带货出现问题时，监管机构仍然很难明确责任主体，无疑增加了消费者维权的困难程度。电商直播中出现的各种问题，其中最需要解决的就是产品的质量问题，因此，建立完善质量追溯体系尤其重要。生产商家为生产出的每件产品贴上专属的二维码，消费者收到产品后，只需扫码，就可以看到该产品的所有信息，从原材料采购到生产加工，再到销售、运输的具体情况。消费者不仅可以轻易地辨别产品的真实性，当产品出现问题时，也可以及时地找到责任人。

2. 商家层面

保证产品质量，完善售后服务体系，商家要聚焦货品售后的质量追踪、退换货、产品满意度评价，制定流程优化与制度优化的产品质量控制措施，甄别消费者可能产生的售后问题，制定完善的售后服务；关注直播的销售情况，避免因库存不足而出现违约交货的情况；销售的商品或者提供的服务应当符合保障人身、财产安全的要求和环境保护要求，不得销售或者提供法律、行政法规禁止交易的商品或者服务；全面、真实、准确、及时地披露商品信息或者服务信息，保障消费者的知情权和选择权，不得以虚构交易、编造用户评价等方式进行虚假或者引人误解的商业宣传，欺骗、误导消费者。

3. 直播平台层面

打击品牌方与主播的虚假广告，加强对带货主播的监管，完善广告审核规则，对一些违法广告或推广信息要及时制止；严控品牌方资质审查，提高平台入驻门槛，加强对商家或主播的培训与素质管理，培养专业主播，同时引入信用评价体系，进行监控管理；提高技术水平和支付工具安全性，电商平台与人工智能技术深度融合，借助高技术水平实现高转化率。可以利用语音技术实现主播在讲解产品的过程中，产品的购物链接同步出现，增强用户体验，增加消费转化率。强化交易安全管理，严厉打击各类诱导交易、虚假交易、规避安全监管的私下交易行为；构建商家和消费者的意见沟通渠道，完善纠纷解决办法与机制，及时回应并妥善处理消费者的相关诉求。

4. 直播电商主播层面

网络主播要自觉承担社会责任，树立正确的人生观、世界观和价值观，提高法律素质

和媒介素养，并自觉规范自我行为，倡导社会主义核心价值观，共同维护健康、和谐的网络文化环境，以减少法律风险。

直播行业已转向从“流量”到“留量”的时代，围绕着“留量”和“商业变现效率”的竞争也已经开始。网红主播即使再有号召力，消费者最终关心的还是商品质量，只有真正高性价比的产品才能提高变现效率。直播者及其团队必须具备足够产品鉴别能力，在选品时严把产品品质的关卡，了解产品的生产方式和供应链，亲身测评并向粉丝真实反馈。

5. 消费者层面

(1) 减少冲动性购买。直播电商通过“最低折扣”，加上主播富有诱惑力的语言，消费者极易产生购买冲动。对此，消费者在观看直播前，有必要拟定明确的消费目标，正确认识主播与商品之间的关系，加强对商品价格、质量等全方位审核，做到理性消费。

(2) 采取积极的维权方式。消费者在收到商品，尤其是贵重商品后，应该及时查验商品并用恰当的方式保留拆封包装，若发现商品有质量问题，可及时与商家进行协商，同时申请平台介入处理。未协商一致的，可以结合自身具体情况，选择适当的法律法规作为维权依据。

具体维权方式有：①以直播带货的产品存在缺陷或者瑕疵为由，依据《中华人民共和国民法典》《中华人民共和国产品质量法》《中华人民共和国食品安全法》中的有关规定，主张侵权损害赔偿或者违约赔偿。②以卖家存在欺诈行为为由，依据《中华人民共和国消费者权益保护法》中的有关规定，寻求惩罚性赔偿。③以发布虚假广告为由，依据《中华人民共和国广告法》中的有关规定，向厂家或者商家、主播及平台索赔。

四、直播电商的规范

在直播电商快速发展前期，内容野蛮生长、流量造假、带货质量问题等行业乱象凸显，监管不严、行业规范尚不成熟导致违规违法现象普遍。2020 年起行业行政监管趋严，国务院、国家部委及各地方政府关于直播电商主要政策如表 8-2 所示。

表 8-2　2020 年起国务院、国家部委及各地方政府关于直播电商主要政策

时　间	政　策	机　构	政策要点
2020 年 2 月	《关于防疫期间紧急启动“数字生活新服务”一期工程的意见》	浙江省电子商务领导小组办公室	加快新业态人才培训，重点在直播电商、社交电商、跨境电商和数字化营销等领域加强线上培训，助推新业态新模式发展
2020 年 3 月	《广州市直播电商发展行动方案(2020—2022 年)》	广州市商务局	2020 年 3 月 24 日，广州发布《广州市直播电商发展行动方案(2020—2022 年)》，率先提出打造“直播电商之都”，并提出“个十百千万”计划，包括培育 100 家有影响力的 MCN 机构、培训 10000 名带货达人等

续表

时　间	政　策	机　构	政策要点
2020年4月	《品质川货直播电商网络流量新高地行动计划(2020—2022年)》	四川省商务厅	2020年4月7日，四川省商务厅日前印发《品质川货直播电商网络流量新高地行动计划(2020—2022年)》。按照《计划》，四川将在2022年实现直播带货销售额100亿元，带动产值1000亿元。这是全国首个省级直播行业发展计划
2020年4月	《上海市促进在线新经济发展行动方案(2020—2022年)》	上海市政府	上海市政府正式印发《上海市促进在线新经济发展行动方案(2020—2022年)》，方案明确，到2022年年末，将上海打造成具有国际影响力、国内领先的在线新经济发展高地。方案鼓励开展直播电商、社交电商、社群电商、“小程序”电商等智能营销新业态等
2020年5月	《政府工作报告》	国务院	电商网购、在线服务等新业态在抗疫中发挥了重要作用，要继续出台支持政策，全面推进“互联网+”，打造数字经济新优势
2020年5月	《重庆市加快发展直播带货行动计划》	重庆市商务委员会	2020年5月10日，重庆市商务委员会发布了《重庆市加快发展直播带货行动计划》，提出要积极发展直播电商，大力实施电商直播带货“2111”工程：到2022年，全市打造20个以上产地直播基地，至少发展100家具有影响力的直播电商服务机构，孵化1000个网红品牌，培育10000名直播带货达人，力争实现直播电商年交易额突破百亿元
2020年5月	《大力发展电商经济，打造直播经济总部基地的实施方案》	济南市委、市政府	2020年5月23日，济南市委、市政府下发《大力发展电商经济，打造直播经济总部基地的实施方案》文件，旨在抢抓电商直播发展机遇，全力打造直播经济总部基地，推动经济高质量发展
2020年5月	《菏泽市直播电商发展行动方案(2020—2022年)》	菏泽市委、市政府	2020年5月18日，菏泽发布《菏泽市直播电商发展行动方案(2020—2022年)》，构建10个直播电商产业集聚区、扶持50家具有示范带动作用MCN公司、孵化100个网红品牌、培育一批网红带货达人，将菏泽市打造成为长江以北知名的直播电商发展高地

续表

时　间	政　策	机　构	政策要点
2020年5月	《青岛市直播电商发展行动方案(2020—2022年)》	青岛市商务局	2020年5月26日，青岛发布《青岛市直播电商发展行动方案(2020—2022年)》，推进实施直播电商工程——“五个一”工程，即构建一批直播电商产业集聚区、扶持一批具有示范带动作用的头部直播机构、培育10家有影响力的MCN机构、孵化100个网红品牌、培训1000名带货达人，将青岛打造成中国北方直播电商领先城市
2020年6月	《北京市促进新消费引领品质新生活行动方案》	北京市商务局	北京发布《北京市促进新消费引领品质新生活行动方案》，旨在培育壮大“互联网+”消费新模式：搭建对接平台，推动实体商业与电商、新媒体等合作，推广社交营销、直播卖货等新模式
2020年6月	《义乌市加快直播电商发展行动方案》	义乌市政府办公室	义乌发布《义乌市加快直播电商发展行动方案》，推进“十百千万”工程，即3年内建成10个直播电商产业带、培育100家具有示范带动作用的直播机构、打造1000个网红品牌、培养10000名带货达人，成为全国知名的网红产品营销中心、网红达人“双创”中心、网红直播供应链主体集聚中心，力争2022年直播电商交易额突破100亿元
2020年7月	《关于支持新业态新模式健康发展激活消费市场带动扩大就业的意见》	国家发改委	支持微商电商、网络直播等多样化的自主就业、分时就业；鼓励发展基于知识传播、经验分享的创新平台；引导“宅经济”合理发展，促进线上直播等服务新方式规范健康发展
2020年7月	《石家庄市新媒体电商直播示范城市网红人才成长计划(2020—2021年)》	石家庄市人民政府办公室	石家庄市政府办公室印发的《石家庄市新媒体电商直播示范城市网红人才成长计划(2020—2021年)》提出，启动实施人才“2110”工程(200名高级直播人才、10000名直播专业人才、10万就业)，两年内安排1000万元用于专业与高级人才培训
2020年7月	《关于加快杭州市直播电商经济发展的若干意见》	杭州市商务局	2020年9月3日，杭州市商务局发布《关于加快杭州市直播电商经济发展的若干意见》，在杭州落地且为国内全网销售Top100的主播，按年销额(含一定比例杭产品)可获相应奖励，5亿元以上或将获超200万元奖励。此外，获认定的直播电商人才在杭州落户、购房、补贴等方面都将享受相应待遇

续表

时间	政策	机构	政策要点
2020年8月	《厦门市直播电商发展行动方案(2020—2022)》	厦门市商务局	厦门新出台了《厦门市直播电商发展行动方案(2020—2022)》，从平台、主体、资金、人才和技术等方面着手，大力培育直播电商新经济
2020年11月	《关于加强网络秀场直播和电商直播管理的通知》	国家广播电视总局	鼓励通过组织主题电商活动助力经济发展、民生改善、脱贫攻坚、产业升级和供需对接。各地方政府按照国家总体要求，纷纷出台了相应的发展方案和保障制度
2021年4月	网络直播营销管理办法(试行)	网信办，公安部，商务部，文化和旅游部，国家税务总局，国家市场监督管理总局，广电总局	加强网络直播营销管理，维护国家安全和公共利益，保护公民、法人和其他组织的合法权益，促进网络直播营销健康有序发展，根据《中华人民共和国网络安全法》《中华人民共和国电子商务法》《中华人民共和国广告法》《中华人民共和国反不正当竞争法》《网络信息内容生态治理规定》等法律、行政法规和国家有关规定，制定本办法
2021年7月	《互联网营销师国家职业技能标准(征求意见稿)》	人力资源和社会保障部	为贯彻落实《国务院关于推行终身职业技能培训制度的意见》(国发 [2018] 11号)提出的要求，我部组织开发了互联网营销师等21个《国家职业技能标准(征求意见稿)》，现向社会公开征求意见
2021年8月	《商务部关于加强“十四五”时期商务领域标准化建设的指导意见》	商务部	加强商务领域数字技术应用标准体系建设，促进直播电商、社交电商等规范发展。完善电子商务公共服务标准体系，加强服务载体、物流支付、监测分析、人才培养等标准建设，提升公共服务平台、示范基地、产业园区的服务承载能力
2022年3月	《政府工作报告》	国家发展和改革委员会	要加强县域商业体系建设，发展农村电商和快递物流配送。中央“一号文件”首次将“农副产品直播带货”写入，这让直播电商成为新经济增长的引擎

本章小结

本章首先对直播电商的概念进行介绍；将直播电商与传统电商进行比较分析；对直播电商的发展历程进行概括，包括萌芽阶段、快速发展阶段、规范发展阶段；分析了直播电商的发展现状。其次介绍了直播电商平台，包括传统电商平台(淘宝网、京东商城和拼多多)、娱乐内容平台(抖音和快手)、导购社区平台(蘑菇街和小红书)和社交平台(微信和微博)。接着介绍了直播电商产业链运作、直播电商运作模式、直播电商运作特性。最后介绍了直播电商风险的概念；直播电商风险的主要类型，包括内容风险、产品风险、隐私风险、版权风险、商业模式风险、供应链风险和责任风险；从国家层面、商家层面、直播平台、主播和消费者五个层面提出了风险防范的措施；介绍了 2020 年以来国务院、国家部委及各地方政府关于直播电商的主要政策。

思　考　题

1. 选择你熟悉的直播电商平台，观看一场直播，并说一说观看直播的感受，如果在直播间中购买了商品，说一说自己的购物体验。

2. 直播电商的发展历程是什么？

3. 直播电商的产业链由哪些部分构成？

4. 直播电商风险主要有哪些类型？

第九章　电子支付与网络银行

【学习要求及目标】

1. 理解有关电子支付的概念。
2. 了解有关电子货币的概念及分类。
3. 理解网上支付特别是第三方支付的概念。
4. 理解网上银行的概念与运作模式。

【核心概念】

电子支付　网上支付　第三方支付　网络银行　电子货币　支付安全

【引导案例】

汇付天下——金融级电子支付专家

汇付天下有限公司(简称汇付天下，http://www.chinapnr.com/)成立于2006年7月，总投资额超过20亿元，2016年支付交易额超过2万亿元，是国内领先的新金融综合服务集团。公司专注于为传统行业、新金融机构、小微企业及个人投资者提供金融系统、支付结算、运营风控、数据管理、财富管理、金融科技等综合金融服务，公司网站主页面如图9-1所示。

图9-1　汇付天下网站首页

汇付天下继2011年获得人民银行颁发的支付牌照(在2016年8月首批续展)之后，已拥有中国证监会等机构颁发的基金支付牌照、基金销售牌照、跨境支付牌照、互联网小额贷款、融资租赁等牌照。2016年10月，汇付天下与成都市政府合作成立的成都金融资产交易所正式挂牌。

汇付天下定位于金融级电子支付专家，与国内商业银行及国际银行卡组织均建立了合作关系，聚焦金融支付和产业链支付两大方向，核心竞争力是为行业客户快速准确定制支付解决方案，创新研发电子支付服务产品，推动各行业电子商务的发展。目前，汇付天下已服务于基金行业、航空票务、商业流通、数字娱乐等万余家行业客户，如华夏基金管理公司、中国国际航空、中国南方航空、中国东方航空、网易、中国平安保险集团、联想集团、苏宁易购、携程、12580等。

在金融支付领域，汇付天下是首家获得中国证监会批准开展网上基金销售支付服务的企业，其运用创新产品“天天盈”实现了“投资者持任意银行卡，随时随地购买任意基金公司的直销产品”的目标，提升了中国基金业的电子商务水平，加速了网上理财时代的到来。目前，“天天盈”已支持包括工农中建招在内的主要商业银行，服务于国内各基金管理公司。

在产业链支付领域，汇付天下创新研发的“钱管家”系统致力于提升传统分销行业的电子商务水平，已得到了诸多行业的广泛应用。例如，汇付天下服务于18家航空公司及5000多家票务代理商，已成为航空票务业最大的电子支付公司，全国每6张机票中就有1张是通过汇付天下系统完成支付的。

汇付天下自成立以来保持了快速发展，专注于做金融级电子支付专家，深耕行业，年支付结算量已超千亿元，是中国电子支付行业中的领先公司。

汇付天下的产品主要集中在网上支付、电话支付、POS支付、移动支付、快捷支付、托管账户、天天盈等七个方面。汇付天下的经营优势主要表现在如下4个方面。

(1) 聚焦产业链支付：运用创新的电子支付技术和工具，根据产业链营销特点和资金流向，为产业链不同层级的主体定制支付结算解决方案，支付传统产业链行业快速迈入电子商务时代。

(2) 金融级风险管理体系：汇付天下的中高层均来自金融业(央行、商业银行、银联、证券、基金公司)，通过了国家金融监管机构最严格的资质审查、系统评估和资金安全性评审。

(3) 完善的服务体系：售前服务——本地支持：上海、北京、深圳、成都拥有服务团队提供本地支持；定制方案——产品、技术团队深入研究客户需求，提供定制化方案；专员服务——为重要客户提供专员服务，快速响应，解决问题；运营服务——灾难备份，系统保障，全年无宕机；独有的“单边账”处理技术，业内最高交易成功率；7×24小时全天候客户服务。

(4) 丰富的市场营销：品牌联合推广、行业会议、用户联合营销、金贝壳俱乐部等全方位营销手段。

汇付天下的发展赢得了国内外权威机构、各级政府的充分认可。公司先后荣获2007—2010年连续四年的中国“最佳电子支付平台”奖、毕马威2016“中国领先金融科技50强”、2015达沃斯论坛“全球成长型公司”、德勤“高科技、高成长企业亚太地区50强”、入选工信部2020年新型信息消费示范项目。

作为国内领先的综合金融服务机构，汇付天下凭借“创新、效率、科技”的核心优势，致力于为合作伙伴提供更高效的产品与服务。目前已覆盖95%的基金公司、国内100%的商业银行，服务1900家新金融机构、200万家小微商户、2000万个人投资者，与合作伙伴共同打造新金融生态。

(资料来源：https://www.huifu.com 汇付天下公司网站及百度百科网页资料，文字有修改)

案例导学

电子支付行业的激烈竞争使得市场进一步细化。业内人士指出，这个新成立的汇付天下与支付宝、贝宝和财富通等支付公司在业务定位上有着较为显著的差别。支付宝、贝宝和财付通等支付公司提供的支付服务是基于特定行业应用(C2C)而实施的虚拟账户支付业务；汇付天下提供的支付服务主要体现在网上支付接入业务、跨行汇款业务和个人理财业务。汇付天下成熟的支付接入业务和跨行汇款业务完全可以向上述公司提供虚拟账户的充值和提现服务。汇付天下的个人理财业务是互联网支付的一项基于金融理财产品的重要支付应用。汇付天下与支付宝、贝宝和财付通的业务差别充分体现了互联网支付市场的不同细分。

第一节　电子商务中的电子支付

一、电子支付在电子商务中的地位

电子商务将参与商务活动的各方——商家、顾客、银行或金融机构、信息卡公司或证券公司和政府等利用计算机网络统一在电子商务的统一体中，全面实现网上在线交易过程电子化。2021 年第三季度，全国银行共办理非现金支付业务 31197.28 亿笔，金额 1109.19 万亿元，同比分别增长 19.66%和 6.32%。其中，网上支付业务 268.32 亿笔，金额 587.21 万亿元，同比分别增长 10.67%和 6.45%；移动支付业务 390.77 亿笔，金额 126.81 万亿元，同比分别增长 13.28%和 8.62%。电子商务过程中不可避免地要发生支付、结算和税务等财务往来业务，这就势必要求企业、银行、个人两两之间能够通过网络进行直接转账、对账、代收费等业务往来，而支付结算业务绝大多数是由金融专用网络完成的。因此，离开了银行，便无法完成网上交易的支付，从而也谈不上真正的电子商务。电子商务的应用普及必须有金融电子化作保证，即通过良好的网上支付与结算手段提供高质高效的电子化金融服务。信息技术和网络为金融电子化创造了条件，电子银行、电子钱包、电子付款以及智能信用卡等已开始应用。但是，要真正发挥金融电子化对电子商务的保障作用，还需要建立完善的网络电子支付系统，提供验证、银行转账对账、电子证券、账务管理、交易处理、代缴代付、报表服务等全方位的金融服务和金融管理信息系统。因此，电子支付是电子商务发展中资金流的重要组成部分，它的发展直接决定了电子商务的成败。

二、电子支付的概念

电子支付(Electronic Payment，E-Payment)指的是电子交易的当事人，包括消费者、厂商和金融机构，以金融电子化网络为基础，以商用电子化机具和各类交易卡为媒介，以计算机技术和通信技术为手段，货币以数字化方式存储于银行的计算机系统中，使用安全电子支付手段通过计算机网络系统进行的货币支付或资金流转。

三、电子支付与传统支付方式的区别

电子支付与传统支付方式的区别如下。

(1) 电子支付是采用先进的技术通过数字流转来完成信息传输的，其各种支付方式都是采用数字化的方式进行款项支付的；而传统的支付方式则是通过现金的流转、票据的转让及银行的汇兑等物理实体的流转来完成款项支付的。

(2) 电子支付的工作环境是基于一个开放的系统平台(即互联网)之中；而传统支付则是在较为封闭的系统中运作。

(3) 电子支付使用的是最先进的通信手段，如Internet、Extranet；而传统支付使用的则是传统的通信媒介。电子支付对软、硬件设施的要求很高，一般要求有联网的微机、相关的软件及其他一些配套设施；而传统支付则没有这么高的要求。

(4) 电子支付具有方便、快捷、高效、经济的优势，用户只要拥有一台上网的 PC，便可足不出户，在很短的时间内完成整个支付过程，支付费用仅相当于传统支付的几十分之一，甚至几百分之一。

四、电子支付的发展阶段

银行采用信息技术进行电子支付的形式有以下五种，它们分别代表着电子支付发展的不同阶段。

(1) 银行利用计算机处理银行之间的业务，如办理结算等。

(2) 银行计算机与其他机构计算机之间资金的结算，如代发工资等业务。

(3) 利用网络终端向客户提供各项银行服务，如客户在自动柜员机(ATM)上进行取、存款操作等。

(4) 利用银行销售终端(POS)向客户提供自动的扣款服务，这是现阶段电子支付的主要方式。

(5) 基于因特网的电子支付，电子支付可随时随地通过因特网进行直接转账结算，形成电子商务环境。这是正在发展的形式，也将是21世纪的主要电子支付工具。其主要形式有信用卡、数字现金、电子支票等。

小贴士

POS

销售终端——POS(Point of Sale)是一种多功能终端，把它安装在信用卡的特约商户和受理网点中与计算机连成网络，就能实现电子资金自动转账。它具有支持消费、预授权、余额查询和转账等功能，使用起来安全、快捷、可靠。POS 主要有以下两种类型：①消费 POS，具有消费、预授权、查询支付名单等功能，主要用于特约商户受理银行卡消费；②转账 POS，具有财务转账和卡卡转账等功能，主要用于单位财务部门。

(资料来源：http://baike.baidu.com/view/112440.htm)

五、电子支付系统的基本构成

电子支付与结算过程涉及客户、商家、银行或其他金融机构、商务认证管理部门，因此支撑电子支付的体系可以说是融购物流程、支付与结算工具、安全技术、认证体系、信用体系，以及金融体系为一体的综合系统。其中客户与商家分别代表在网上开展商务交易的双方，即买方与卖方；客户的开户银行，称为支出行或付款行；商家的开户行称为接收行或执行行；认证中心 CA 是商务活动的第三方认证机构，且向商务活动各方发放、验证各种认证安全工具。

基于互联网公共网络平台的电子商务电子支付体系的基本构成主要涉及客户、商家、客户开户行、商家开户行、支付网关、金融专用网、CA 认证中心 7 大要素，具体内容如下。

1. 客户

客户一般是指在互联网上与某企业或商家有商务交易关系并且存在未清偿的债权、债务关系的单位和个人。客户用自己拥有的电子支付工具(如信用卡、电子钱包、电子支票等)发起支付，它是电子支付体系运作的原因和起点。

2. 商家

商家可以根据客户发起的支付指令向中介的金融机构请求获取货币的给付，即请求结算。商家一般设置一台专门的服务器来处理这一过程，包括身份认证及不同电子支付工具的处理。

3. 客户开户行

客户开户行是指客户在其中拥有资金账户的银行。客户所拥有的电子支付工具主要是由开户行提供的。客户开户行在提供电子支付工具的同时，还提供一种银行信用，即保证支付工具是真实的，并可以兑付。在利用银行卡进行电子支付的体系中，客户开户行又被称为发卡行。

4. 商家开户行

商家开户行是商家在其中开设资金账户的银行，其账户是整个支付与结算过程中资金流向的地方。商家将收到的客户支付指令提交其开户行后，就由开户行进行支付授权的请求，以及商家开户行与客户开户行之间的清算工作。商家开户行是依据商家提供的合法账单(客户的支付指令)来工作的，因此又被称为收单行或接收行。

5. 支付网关

支付网关(Payment Gateway)是互联网公用网络平台和银行内部的金融专用网络平台之间的安全接口，电子支付的电子信息必须通过支付网关进行处理后才能进入银行内部的支付结算系统，从而完成安全支付的授权。支付网关的建设关系着整个电子支付结算的安全和银行自身的安全，甚至关系着电子商务支付结算的安全及金融系统的风险。这就要求支付网关必须由商家和第三方银行或委托的信用卡发行机构来建设相应的支付结算系统。

6. 金融专用网

金融专用网是银行内部及各个银行之间进行通信的专用网络，不对外开放，因此具有很高的安全性。在我国国家金融通信网上，运行着中国国家现代化支付系统、中国人民银行电子联行系统、工商银行电子汇兑系统、银行卡授权系统等。我国传统商务中的电子支付与结算应用如信用卡 POS 支付结算、ATM 资金存取、电话银行系统，均在金融专用网上运行。

7. CA 认证中心

CA 认证中心是网上商务的准入者和市场的规范者，它与传统商务中工商局的角色相类似，是一个第三方的权威机构。它主要负责为互联网上参与网上电子商务活动的各方发放并维护数字证书，以确认各方的真实身份，同时也发放公共密钥和提供数字签名服务支持等，以保证电子商务支付与结算的安全有序进行。

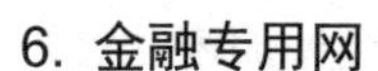

CA

CA 即证书授权中心(Certificate Authority)，或称证书授权机构，作为电子商务交易中受信任的第三方，承担公钥体系中公钥的合法性检验的责任。CA 为每个使用公开密钥的用户发放一个数字证书，它的作用是证明证书中列出的用户合法拥有证书中列出的公开密钥。CA 机构的数字签名使得攻击者不能伪造和篡改证书。在 SET 交易中，CA 不仅对持卡人、商户发放证书，还要对获款的银行、网关发放证书。它负责产生、分配并管理所有参与网上交易的个体所需的数字证书，因此是安全电子交易的核心环节。CA 体系为用户的公钥签发证书，以实现公钥的分发并证明其合法性。该证书证明了该用户拥有证书中列出的公开密钥。证书是一个经证书授权中心数字签名的包含公开密钥拥有者信息以及公开密钥的文件，其格式遵循 X.509 标准。

六、电子支付系统的基本流程与要求

(一)电子支付的一般流程

电子支付借鉴了很多传统支付方式的应用机制和过程，基于互联网平台的电子支付结算流程与传统的支付结算过程是类似的。如果熟悉传统的支付结算方式，如现金、支票、银行 POS 等方式的支付结算过程，将有助于对电子支付结算流程的理解。例如，用户通过互联网进行电子支付的过程与目前商店中的销售点系统的过程非常相似，其主要不同在于电子支付的客户通过 PC，以互联网、服务器作为操作和通信的工具，而 POS 支付结算使用专用刷卡机、专用终端、专线通信。

基于互联网平台的电子支付的一般流程具体如下。

(1) 客户连接互联网，进行商品的浏览、选择与订购，填写网络订单，选择应用的电子支付工具，并且得到银行的授权使用，如信用卡、电子钱包、电子现金、电子支票或网络银行账号等。

(2) 客户机对相关订单信息进行加密处理，在网上提交订单。

(3) 商家服务器对客户的订购信息进行检查、确认，并把相关的、经过加密的客户支付信息等转发给支付网关，直至银行专用网络的银行后台业务服务器进行确认，以期从银行等电子货币发行机构验证得到支付资金的授权。

(4) 银行验证确认后通过建立起来的经由支付网关的加密信道，给商家服务器回送确认及支付信息，为进一步确保安全性，还会给客户回送支付授权请求。

(5) 银行得到客户传来的进一步授权结算信息后，把资金从客户账号拨至开展电子商务的商家银行账户上，借助金融专用网络进行结算，并分别给商家和客户发送支付结算成功的信息。

(6) 商家服务器收到银行发来的结算成功信息后，给客户发送网络付款成功信息和发货通知。至此，一次典型的电子支付结算流程结束。商家和客户可以分别借助网络查询自己的资金余额信息，以便进一步核对。

电子支付流程还有一个特点，即实现的是资金的立即支付，它适用于数目众多的较小金额的电子商务业务。而对较大金额的资金支付结算，如大企业与大企业之间的电子商务，实现互联网上的立即支付并不现实。在这种情况下，一般采用独立于商务交易环节之外的金融 EDI 或银行专业 EFT 系统作为支付结算方式。

(二)电子支付系统的要求

由于电子支付的特有性质，一个完善的网上电子支付系统必须满足安全、可靠、便捷等要求。这些要求主要表现在以下几个方面。

1. 合法性

确保网上电子支付系统的使用者拥有合法的身份，以及用户所使用支付工具的真实性。

2. 安全性

确保网上交易的双方在网上传递的有关信息的安全，即在进行网上电子支付时，其信息不被他人所截获。

3. 完整性

在网上购物并进行网上电子支付的记录要保持其完整性，即交易和支付所产生的凭证和票据不能被随意更改。

4. 隐私性

要保护网上电子支付系统使用者的个人隐私，确保用户的信用卡号码、身份信息、用户所购买商品的名称及数量等信息不被他人所窃取。

第二节　电 子 货 币

一、电子货币概述

电子货币是随着电子交易的发展而产生的，是比各种金属货币、纸币以及各种票据更

方便快捷的一种支付工具。人们花了数百年的时间来接受纸币这一支付手段，而随着基于纸张的经济向数字式经济的转变，货币也由纸张类型演变为数字类型。在未来的数字化社会和经济浪潮中，电子货币将成为主宰。电子货币的种类包括电子现金、银行卡和电子支票等。

(一)电子货币的概念

电子货币也称数字货币，是以电子信息网络为基础，以商用电子化机具和各类交易卡为媒介，以电子计算机技术和通信技术为手段，以电子数据(二进制数据)形式存储在银行的计算机系统中，并通过计算机网络系统以电子信息传递形式实现流通和支付功能的货币。电子货币是采用电子技术和通信手段的信用货币。广义的电子货币，是指由某一经济组织(如商业银行、电话公司等)发行的，在一定范围内，具有存款、取款、消费、支付、转账、汇兑、授信等多种功能或单一功能的流动的辅助资金结算账户，它的主账户是发行的经济组织。狭义的电子货币，是指由商业银行发行的，在一定范围内，以电子技术、电子计算机技术和通信技术为手段，具有存款、取款、消费、支付、转账、汇兑、授信(或无授信)等多种功能的流动的辅助资金结算账户。

(二)电子货币的发展阶段

电子货币发展主要经历了四个阶段，分别是探索期(1983—2007年)、实践期(2008—2017年)、发展期(2018—2019年)和规范期(2019年至今)，具体内容如下。

(1) 探索期，1983年由David Chaum首次提出匿名电子货币，此后随着各研究人员的探索，电子货币的安全性等逐步提升，电子货币雏形逐渐形成。

(2) 实践期，以2008年中本聪发明比特币(BTC)为标志，各类加密货币快速发展。2015年以太坊发布，智能合约概念逐步得到普及，比特币价格快速走高。

(3) 发展期，稳定币迎来快速发展，2018年稳定币USDT交易量激增，2019年Facebook发布Libra白皮书，Libra实现快速发展。

(4) 规范期，随着Libra对各国主权货币产生挑战，各国央行加大对电子货币的研究和跟进，并逐步试点央行电子货币，与此同时Libra也逐步式微。

(三)电子货币的特点

电子货币的出现彻底改变了银行传统的手工记账、手工算账、邮寄凭证等操作方式。同时，电子货币的广泛使用也给普通消费者在购物、饮食、旅游和娱乐等方面的付款带来了更多便利，是货币史上的一次重大变革。

电子货币作为现代科技和现代金融业务相结合的产物，具有如下几个突出的特点。

1. 虚拟化

电子货币是一种虚拟货币，它是在银行电子化技术高度发达的基础上产生的一种无形货币，它采用数字脉冲代替金属、纸张等载体进行传输和显示资金，通过芯片进行处理和存储，因而没有传统货币的物理形态、大小、重量和印记，持有者得不到持有的实际感觉。

2. 在线性

电子货币是一种在线货币，它通常在专用网络上传输，通过POS、ATM进行处理。也就是说，电子货币是在现有的银行、支票和纸币之外，通过网络在线大量流通的资金。电子货币的保管需要有存储设备，交换需要有通信手段，保持其安全需要加密和解密用的计算机。

3. 数字化

电子货币是一种数字货币，说到底就是数字化的货币，它实际上是由一组含有用户的身份、密码、金额、使用范围等内容的数字构成的特殊信息。人们使用电子货币进行交易时，实际上交换的是相关信息，这些信息传输到开设这种业务的银行后，银行就可以为双方交易结算，从而使消费者和企业能够通过比现实银行系统更省钱、更方便和更快捷的方式相互收付资金。

小贴士

数字人民币

数字人民币(e-CNY)是由中国人民银行发行的法定数字货币。数字人民币主要定位于现金类支付凭证即M0，2020年我国修改《中华人民共和国中国人民银行法》，扩充了人民币的数字形式，使得数字人民币与实物人民币并存，满足公众对数字形态现金的需求。数字人民币主要含义包括：①数字人民币是央行发行的法定货币，数字人民币具备货币的价值尺度、交易媒介、价值贮藏等基本功能，与实物人民币一样是法定货币。②数字人民币是法定货币的数字形式，数字人民币发行、流通管理机制与实物人民币一致，但以数字形式实现价值转移。③数字人民币是央行对公众的负债，以国家信用为支撑，具有法偿性。

相比微信支付和支付宝等第三方互联网支付，数字人民币有明显不同。数字人民币定位于现金类支付凭证即M0，而微信支付、支付宝使用商业银行存款货币结算，属于M1和M2级别的数字化，不具有M0级别法律效力。通俗地讲，数字人民币是“钱”，而微信、支付宝属于“钱包”。此外，数字人民币还支持双离线交易，在弱网条件下有较好的使用体验，使用场景更广。

数字人民币高转账速度、低手续费、高安全性的特点可以有效解决跨境支付交易周期长、高费用率的难题。此外，由于数字人民币无需绑定银行卡，用户通过手机即能注册相关钱包，这将有效地提升外国人在中国境内的人民币支付，比如在冬奥会场景中，国际友人无需注册银行卡即可便利地使用数字人民币。

截至2021年12月31日，数字人民币试点场景已超过809万个，累计开立个人钱包2.61亿个，交易金额876亿元。相比于2021年6月底，试点场景数增长5倍，累计开立个人钱包数增长11.5倍，累计交易金额增长154%，数字人民币在半年时间里得到了快速的发展。

中国数字人民币发展处于各国前列。目前全世界有89个国家都在关注央行数字货币，中国央行数字货币的研究与应用在主要经济体中处于领先地位。目前，全球有9个国家现已全面推出数字货币，但现已经推出央行数字货币的国家大多为非洲国家或加勒比海域岛国，世界主体经济体中依然没有国家正式推出央行数字货币。与主要经济体相比，中国在央行数字货币的研究与应用方面较为领先，中国于2021年7月推出数字人民币白皮书，而美联储于2022年初才发表美元数字货币白皮书。目前，全球共14个国家的央行数字货币处于试点阶段，其中中国是目前试点人数最多，试点区域最大的国家，同时也是世界主要经济体中第一个推出央行数字货币试点的国家，有望成为世界第一个正式推出央行数字货币的主要经济体。

(资料来源：https://zhuanlan.zhihu.com/P/483607769 平安证券，《数字人民币专题报告：数字人民币构建全新支付体系》)

二、电子货币的分类

根据不同的分类方法，电子货币可以分为多种类型，具体如下。

(一)根据被接受程度划分

根据被接受程度，电子货币可以分为单一用途电子货币和多用途电子货币两种。单一用途电子货币往往由特定的发行者发行，只能用于购买特定的一种产品或服务，或仅被单一商家所接受，其典型代表就是各类电话卡。多用途电子货币的典型代表是Mondex智能卡系统，这种智能卡可根据其发行者与其他商家签订协议范围的扩大，而被多家商户所接受。它可购买的产品与服务也不仅限于一种，有时它还可以储存、使用多种货币。

(二)根据网上和网下的支付形式划分

根据网上和网下的支付形式，电子货币可以分为智能卡形式的支付卡(如Mondex)和数字方式的货币文件(如E-Cash和Cyber-Coin)。前者主要用于线下的支付，后者主要用于线上的支付。

Mondex即是E-Mondex(电子现金)，它的主要用途在于取代日常小额消费的钞票及硬币。Mondex卡除了拥有现金的特性以外，同时还具有一个比现金更优良的特点，即它能安全地通过电子通道(如电话、因特网等)来作为人对人、人对商家、人对银行的远距离转值。由于我国的电子商务起步较晚，网上金融服务开展较少，电子货币系统的建设进展缓慢。Mondex是目前最接近于现金的电子货币。

E-Cash是由Digicash开发的在线交易用的数字货币，是一种以数据形式流通的货币。它把现金数值转换成为一系列的加密序列数，通过这些序列数来表示现实中各种金额的币值。用户在开展电子现金业务的银行开设账户并在账户内存钱后，就可以使用电子现金在商店购物。

(三)根据信息载体划分

根据信息载体，电子货币可以分为智能卡、电子现金、电子钱包和电子支票。目前正在使用和处于试验阶段的电子货币主要有以下4种。

1. 智能卡

智能卡(Smart Card)于20世纪70年代中期在法国问世，它是一种内部嵌入了集成电路、

银行卡大小的电子卡，大致分接触式、非接触式两种。它们又分别有存储式、带 CPU 式两种。智能存储器型卡中有硬件的逻辑保护，以密码加密形式来保护其存储内容不被非法更改；较先进的存储卡里面有读写的安全模块作算法的加密认证等。这些卡都有一个共同的属性：能够储存数据，并允许由一个独立的阅读设备对其进行检索。智能卡提供了一种简便的方法，可用来存储和解释私人密钥和证书，并且非常容易携带。另外，智能卡还可以配合 SET 或 SSL 使用。

2. 电子现金

电子现金(Digital Cash 或 E-Cash)是一种以数据形式流通的货币。电子现金的优势在于完全脱离实物载体，使得用户在支付过程中更加方便。目前正在使用(包括处于试验阶段)的电子现金主要有 Mondex、数字人民币等。

数字人民币，字母缩写按照国际使用惯例暂定为 e-CNY，是由中国人民银行发行的数字形式的法定货币，由指定运营机构参与运营并向公众兑换，以广义账户体系为基础，支持银行账户松耦合功能，与纸钞、硬币等价，具有价值特征和法偿性，支持可控匿名。

3. 电子钱包

VISAcash 和 Mondex 是目前世界上的两大电子钱包(E-Purseor，E-Wallet)服务系统，其他电子钱包服务系统还有 MasterCardcash、EuroPay 的 Clip 和比利时的 Proton 等。使用电子钱包购物，通常需要在电子钱包服务系统中进行。

4. 电子支票

电子支票(E-Check 或 E-Cheque)是借鉴纸张支票转移支付的优点，利用数字化网络将钱款从一个账户转移到另一个账户的电子付款方式。电子支票涉及三个实体，即购买方、销售方以及金融机构。当购买方与销售方进行完一次交易处理后，销售方要求付款，此时，购买方从金融机构那里获得一个唯一的付款证明(相当于一张支票)，这个电子形式的付款证明表示购买方账户已经支付给金融机构相应的资金，购买方在购买时把这个付款证明交给销售方，销售方再转交给金融机构。整个事务处理过程就像传统的支票查证过程一样，当它作为电子方式进行时，付款证明是一个由金融机构出示证明的电子流，更重要的是，付款证明的传递和传输，以及账户的负债和信用几乎是同时发生的。如果购买方和销售方没有使用同一家金融机构，通常将由国家银行或国际金融组织协同控制。

三、电子货币的职能

电子货币的职能主要表现在以下几个方面。

(1) 从本质上讲，电子货币仍是商品交换的一般等价物，是真实货币的代表或符号，它以全新的形式完成货币的各项职能。

(2) 从价值尺度来看，电子货币以一定的货币单位及其倍数通过电子脉冲显示商品的价格及其价格总额。同时，这种显示也广泛地扩展到非商品价值领域，一笔商品价款、一项债权债务、一笔货币结存等各项资料，均可简明无误地通过计算机及其他存读器具显示出来。

(3) 从流通手段来看，通过对电子货币媒体的使用，以及在计算机网络上发生货币信息的传输，实现商品和货币的对流，为持卡人在特约商号的购物服务。这种货币信息的不断传输，引起转账划拨活动，正体现了电子货币的流通手段职能。通过电子货币系统作为中介，还可以促使现金与非现金存款相互转化：提取现金，使存款向现金转化；存入现金，使现金向存款转化。但从主流方面来看，电子货币更多的是吸纳和回笼了流通中的现金量，从而加大了非现金流通的比重。

(4) 从支付手段职能来看，电子货币不仅能以电子信号的形式将客户存款记录在银行系统的记录介质上，而且可按照客户指令在不同账户间实现转账划拨。这种利用电子脉冲信号完成的转账结算，不仅方便快捷，而且安全可靠。在存款账户的基础上，当存款不足时，客户可凭卡获得一定额度的善意透支，实际上是获得了一笔消费贷款，从而体现出电子货币的支付手段职能。另外，非商品性支付更是电子货币的主要项目。由于电子货币是信息存储、处理、传输、显示的有效工具，持有人可以通过计算机进行账户查询、其他金融信息查询等咨询活动，以便及时作出自己的理财安排。

(5) 从储藏手段职能来看，电子货币的储藏和积累不仅表现在持有人账户的保证金、备用金上，也反映在各种结算收款上。当客户的电子货币账户同普通存款(主要是活期存款)能够实现自动转账时，这种储藏手段的范围将进一步扩大。

(6) 从世界货币职能来看，具有外汇支付功能的电子货币，尤其是在跨国计算机联网上的电子货币可以便捷地通过汇率换算模式在计算机上实现不同货币的兑换，在国际网络上进行跨国收付和结算，正所谓“一币在手，走遍全球”。

四、电子货币的运行条件

电子货币的运行需要具备以下条件。

1. 计算机及计算机网络的运用

计算机及现代通信技术构成的计算机网络，是电子货币广泛发展的先决条件。它将标准化的货币流通信息加以处理、存储和传输，使电子货币能在不同的范围内运行无阻。这种联网有不同的层次，可以是同一银行的分支机构间的联网，也可以是不同银行间的联网；有同城的联网，还有在世界范围内的联网。

2. 数据记录技术和处理技术的完善

磁记录技术的出现，使电子货币走出银行，使计算机的单纯转账功能向着全方位货币功能转化，发展了电子货币的存、取、付的作用，并深入社会流通领域。新一代非磁记录型的智能卡(IC Card)装有集成电路芯片，本身就是一个带处理器和记忆功能的微型电脑，具有记忆和处理数据资料的能力，它不但可有效发挥电子货币的功能，而且可以在一些没有计算机联网的地区使用。

3. 对电子货币系统的有效管理

电子货币是一项系统工程，它不仅需要金融机构对电子机具进行科学的安装、组合、操作和维护，而且需要对有关电子货币业务进行行政管理和依法管理，对所涉部门及人员进行妥善的协调，以提供科学、高效的管理与服务。

从1994年开始，欧洲十国中央银行集团、欧洲中央银行、美国中央银行纷纷发表了电子货币的发展报告。欧洲中央银行于1998年8月发表的报告《Report on Electronic Money》讨论了建立电子货币系统的最低要求：严格管理；明确可靠的法律准备；技术安全保障；防范犯罪活动；货币统计汇报；可回购；储备要求。

五、电子货币的应用

电子货币与电子商务之间有着十分密切的关系。电子货币的应用和发展使网络上现货、现金交易成为可能，而电子现金和电子支票作为主要的电子货币形式，在电子商务支付过程中占据着非常重要的地位。

20世纪70年代以来，支票和现金支付方式逐渐将主导地位让给银行卡，在这一转换过程中，支付过程的现金流动转变成票据流动。伴随着银行应用计算机网络技术的不断深入，银行已经能够利用计算机应用系统将上述现金流动、票据流动进一步转变成计算机中的数据流动。资金在银行计算机网络系统中以人类肉眼看不见的方式进行转账和划拨，是银行业推出的一种现代化支付方式。这种以电子数据形式存储在计算机中并能通过计算机网络使用的资金，正在被人们越来越广泛地应用于电子商务中。

在电子商务中，银行是连接生产企业、商业企业和消费者的纽带，起着至关重要的作用，银行是否能有效地实现电子支付已成为决定电子商务成败的关键。以一个简单的网上交易流程为例，买方向卖方发出购物请求→卖方将买方的支付指令通过支付网关送往卖方的收单行→收单行通过银行卡网络从发卡行获得授权许可，并将授权信息通过支付网关送回卖方→卖方取得授权后，向买方发出购物完成的信息。如果支付获取与支付授权不能同时完成，卖方还要通过支付网关向收单行发送支付获取请求，把该笔交易的资金由买方账户转到卖方的账户中。银行与银行之间通过支付系统完成最后的行间结算。从上述交易流程中不难发现，网上交易可以分为交易环节和支付结算环节两大部分，其中支付结算环节是由包括支付网关、发单行和发卡行在内的金融专业网络完成的。因此，离开了银行，便无法完成网上交易的支付，更谈不上实现真正的电子商务。

电子货币的产生和应用对传统的价值经济学和货币银行学提出了新的挑战。未来的发展，将会由于电子货币的应用，使得中央银行不能再通过调节货币的发行量这一手段来调节市场经济，新的价值经济学、货币银行学将会产生，通货膨胀、通货紧缩也将会有新的诠释，以适应未来网络经济的发展。电子货币将会形成一门全新的学科，冲击经济金融界的传统理论、理念。

第三节　网 上 支 付

一、网上支付的产生与发展

20世纪90年代全球范围内因特网的普及和应用，以及电子商务的深入发展，标志着信息网络经济时代的到来，一些电子支付方式逐渐采用费用更低、应用更为方便的公用计算

机网络，特别是因特网作为运行平台，网上支付方式应运而生。网上支付是在电子支付的基础上发展起来的，它是电子支付的一个最新发展阶段，或者说，网上支付是基于因特网并适应电子商务发展的电子支付，带有很强的因特网烙印，所以很多学者干脆称其为“Internet Payment”。网上支付是基于因特网的电子商务的核心支撑流程。网上支付比现下流行的信用卡、ATM 存取款、POS 支付结算等这些基于专线网络的电子支付方式更新、更先进、更方便，将是 21 世纪网络时代里支撑电子商务发展的主要支付与结算手段。

对于网上支付，银行的参与是必须的，网上支付体系必须借助银行的支付工具、支付系统以及金融专用网才能最终得以实现。以 B2C 为例，参与方通常包括消费者(持卡人)、商户和银行。交易流程一般包括如下几个步骤：消费者向商户发送购物请求，商户把消费者的支付指令通过支付网关送往商户开户行(收单行)；收单行通过专用网络从消费者开户行或发卡行取得支付授权后，把授权信息送回商户；商户取得授权后，向消费者发送购物回应信息。如果支付获取与支付授权并非同时完成，商户还要通过支付网关向收单行发送支付获取请求，以将该笔交易的金额转账到商户账户中；而银行之间则通过自身的支付清算网络来完成最后的行间清算。由此可以看出，支付结算环节是由包括支付网关、收单行、发行卡以及金融专用网络在内的参与者共同完成的，离开了银行，便无法完成网上支付。因此，电子商务中的网上支付体系是融购物流程、支付工具、安全技术、认证体系、信用体系以及现在的金融体系为一体的综合大系统。

根据 CNNIC 发布的第 49 次《中国互联网络发展状况统计报告》，截至 2021 年 12 月，我国网络支付用户规模达 9.04 亿，较 2020 年 12 月增长 4929 万，占网民整体的 87.6%。近五年来(2017 年 12 月—2021 年 12 月)，我国网民使用网上支付的比例从 68.8%提升至 87.6%。

根据央行公布的数据，我国移动支付业务量保持增长态势，2020 年银行共处理电子支付业务 2352.25 亿笔，金额 2711.81 万亿元。其中，网上支付业务 879.31 亿笔，金额 2174.54 万亿元，同比分别增长 12.46%和 1.86%；移动支付业务 1232.20 亿笔，金额 432.16 万亿元，同比分别增长 21.48%和 24.50%。

二、网上支付的内涵

(一)网上支付的概念

网上支付(Net Payment 或因特网 Payment)是指以金融电子化网络为基础，以商用电子化工具和各类交易卡为媒介，通过计算机网络系统特别是因特网来实现资金的流通和支付。

(二)网上支付的基本功能

虽然网上支付体系的基本构成在不同的环境中不尽相同，但安全、有效、方便、快捷是所有网上支付方式或工具追求的共同目标。对于一个实用的网上支付系统而言(可能专门针对一种网上支付方式，也可能兼容几种网上支付方式)，应该具有下述基本功能。

(1) 认证功能。网上支付能使用数字签名和数字证书等手段实现对电子商务各方的认证，以防止支付欺诈。近年来伪卡盗刷的商户合谋案件增多，并且攻击手机移动终端，欺诈手段呈高科技化趋势。例如，某些收单机构的商户入网审核不严，欺诈分子利用这一漏洞，虚假申请商户或者与商户合谋实施欺诈并快速转移账款。有的欺诈分子修改持卡人的预留手机号，有的欺诈分子假借积分兑换、额度调整、退货退款等诱骗理由，从持卡人处骗取交易验证码，进而完成盗刷交易。

(2) 对数据加密功能。网上支付能使用安全的加密技术对相关支付信息进行加密。可以采用单密钥体制或双密钥体制来进行信息的加解密，并可采用数字信封、数字签名等技术来加强数据传输的保密性与完整性，以防止未被授权的第三者获取消息的真正含义。例如，防止网上信用卡密码被黑客破译窃取。

(3) 保证数据完整性功能。能使用数字摘要(即数字指纹)算法来确认支付电子信息的真实性，防止伪造假冒等欺骗行为。为保护数据不被未授权者建立、嵌入、删除、篡改、重放而完整无缺地到达接收者一方，可以采用数据杂凑技术(Hash 技术)，通过对原文进行杂凑运算生成数字摘要，一并传送给接收者，这样接收者就可以通过收到的数字摘要来判断所接收的电子消息是否完整。若发现接收的消息不完整，接收者可要求发送端重发以保证其完整性。

(4) 认定功能。当网上交易双方出现纠纷时，特别是出现有关支付结算的纠纷时，系统能保证对相关行为或业务的不可否认性。这用于保护通信用户对付来自其他合法用户的威胁，如发送用户否认他所发的消息、接收者否认他已接收的消息等。

(5) 使用简便，过程透明。整个网上支付结算过程对网上贸易各方特别是对客户来讲，应该是方便易用的，手续与过程不能太烦琐，大多数支付过程对客户与商家来讲应是透明的。

(6) 迅捷功能。能保证网上支付结算的速度，即应让商家与客户感到便捷，这样才能表现出电子商务的效率，发挥出网上支付结算的优点。

(三)网上支付的特征

电子商务是以互联网为平台，通过商业信息、业务流程、物流系统和支付结算体系的整合而构成的新的商业运作模式，是商情沟通、资金支付和商品配送三个环节的有机统一。其中，安全高效的网上支付打破了传统的资金流交换模式，使货币由有形流动变为无形信用信息在网上流动，对保证电子商务目的的最终实现起着不可忽视的作用。以因特网为主要平台的网上支付结算方式表现出更多的优点和特征，具体表现在以下几个方面。

(1) 网上支付结算主要是在开放的公共网络系统中，通过看不见但先进准确的数字流来完成相关支付信息传输，即采用数字化的方式完成款项支付结算。而传统支付结算方式则是通过纸质现金的流转、纸质票据的转让和银行的汇兑等物理实体的流转来完成款项支付的，需要在较为封闭的系统中运行，大多需要面对面处理。

(2) 网上支付具有方便、快捷、高效、经济的优势。用户只要拥有一台可以上网的 PC，便可足不出户，在很短的时间内完成整个支付与结算过程。其支付费用的时间仅相当于传统支付的几十分之一，甚至几百分之一。而传统的支付方式，由于票据传递迟缓和手工处理的手段落后，造成大量的在途资金，无法做到银行间当天结算，交易双方的资金周转速度过慢。网上支付系统可以直接将钱汇到收费者的银行账号上，比通过邮寄或第三方转账大大缩短了付款时间，提高了资金的周转率和周转速度，既方便了客户，又提高了商家的资金运作效率，同时也方便了银行的处理。

(3) 网上支付具有轻便性和低成本性。与电子货币相比，一些传统的货币如纸质货币和硬币越发显示出其奢侈性。在美国，每年搬运有形货币的费用高达 60 亿美元；英国则需要

2亿英镑；中国由于体量大，费用也非常大；世界银行体系之间的货币结算和搬运费用占到其全部管理费用的5%。而采用网上支付方式，由于电子信息系统的建立和维护开销都相对较小，因此无论是小公司还是大企业都可从中受益。

(4) 网上支付与结算具有较高的安全性和一致性。支付的安全性可保护买卖双方不会被非法支付和抵赖，一致性可保护买卖双方不会被冒名顶替。网上支付系统和现实的交易情况基本一致，而付费协议提供了与纸质票据相对应的电子票据的交易方法，网上支付协议充分借用尖端加密与认证技术，设计细致、安全、可靠，所以，网上支付比传统的支付结算更加安全可靠。另外，使用网上支付对于保障人身安全也大有益处，使用电子货币不用随身携带大量现金，这本身就意味着提高了安全性，也减少了麻烦。现在越来越多的人持卡出门游玩、消费，正说明了大家已开始认识到电子货币较为安全方便，观念正被一点一点地改变。

(5) 网上支付虽然提高了开展电子商务的企业的资金管理水平，但也增大了管理的复杂性。采用网上支付方式以后，企业能够十分方便地利用收集到的客户信息建立相关决策支持系统，比如，作账单分析、估测市场趋势、预算新举措费用等，为企业进行科学决策及降低经营风险等提供了有力支持。同时，网上支付系统的高效率可以使企业很快地进行资金处理和结算，有效地防止了拖欠的发生，这对于提高资金管理和利用水平有很大的帮助。

(6) 银行提供网上支付结算的支持使客户的满意度与忠诚度均上升，这为银行与开展电子商务的商家实现良好的客户关系管理提供了支持。例如，美国花旗银行自开展网络银行与网上支付业务以来，通过对客户的抽样调查，发现客户的满意度提高了，反映在具体的数据上是客户账户的资金余额增加了，相对应的客户流失率降低了。

当然，就目前的技术水平而言，网上支付作为新兴方式，还存在一定的安全性以及支付环境的具备、管理规范的制定等问题，但这些问题在传统支付结算中也同样存在。伴随着电子商务的蓬勃发展，电子货币和网上支付的发展已经呈现出加速的趋势。

(四)网上支付系统的基本构成

网上支付系统主要由客户、商家、客户开户行、商家开户行、支付网关、银行网络、认证机构等构成，如图9-2所示。

1. 客户

客户是指与某商家有交易关系并存在未清偿的债权债务关系的一方(一般是债务)。客户用自己已拥有的支付工具(如信用卡、电子钱包等)来支付，是支付体系运作的原因和起点。

2. 商家

商家是拥有债权的商品交易的另一方，他可以根据客户发起的支付指令向金融体系请求获取货币给付。商家一般准备了高性能的服务器来处理这一过程，包括认证以及不同支付工具的处理。

3. 客户开户行

客户开户行是指客户在其中拥有资金账户的银行。客户所拥有的支付工具就是由开户行提供的。客户开户行在提供支付工具的同时，也提供了一种银行信用，即保证支付工具的兑付。在信用卡支付体系中，客户开户行又被称为发卡行。

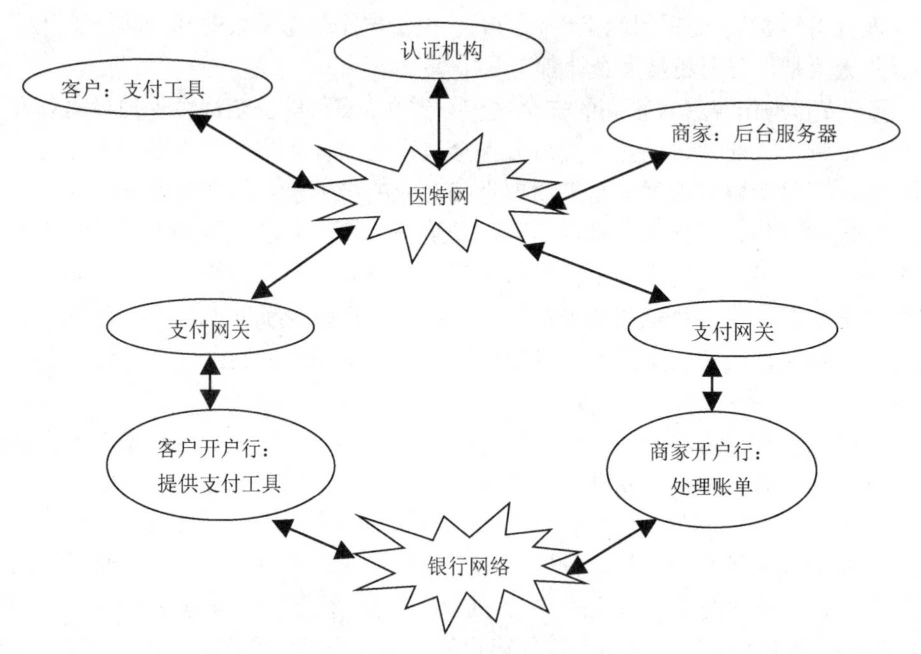

图 9-2 网上支付系统的基本构成

4. 商家开户行

商家开户行是商家在其中拥有资金账户的银行，其账户是整个支付过程中资金流向的地方，商家将客户的支付指令提交给其开户行后，就由开户行进行支付授权的请求以及行间的清算等工作。商家开户行是依据商家提供的合法账单(客户的支付指令)来工作的，因此又被称为收单行。

5. 支付网关

支付网关是公用网和金融专用网之间的接口，支付信息必须通过支付网关才能进入银行支付系统，进而完成支付的授权和获取。电子商务交易中同时传输了两种信息，即交易信息与支付信息，必须保证这两种信息在传输过程中不能被无关的第三者阅读，包括商家不能看到其中的支付信息(如信用卡号、授权密码等)、银行不能看到其中的交易信息(如商品种类、商品总价等)。这就要求支付网关一方面必须由商家以外的银行或其委托的信用卡组织来建设；另一方面网关不能分析交易信息，对支付信息也只是起保护传输的作用，即这些保密数据对网关而言是透明的。

6. 银行网络

银行网络及金融专用网，是银行内部及行间进行通信的网络，具有较高的安全性，包括中国国家现代化支付系统(CNAPS)、人行电子联行系统、商行电子汇兑系统、银行卡授权系统等。

7. 认证机构

认证机构的职能是为参与的各方(包括客户、商家与支付网关)发放数字证书，以确认各

方的身份，保证网上支付的安全性。认证机构必须确认参与者的资信状况，如通过在银行的账户状况、与银行交往的历史信用记录等来判断，因此也离不开银行的参与。

除以上参与各方外，网上支付系统的构成还包括支付中使用的支付工具以及遵循的支付协议，是参与各方与支付工具、支付协议的结合。其中，目前经常被提及的网上支付工具有银行卡、电子现金、电子支票等。电子现金常被称为全新的网上支付工具，能离线操作，但其实际上是对传统现金交易的模拟。电子支票也是对传统纸质支票支付的全部处理过程的电子化，目前在专用网上的应用已较为成熟。

在网上交易过程中，消费者发出的支付指令，在由商户发送到支付网关之前，是在公用网上传送的，这一点与持卡 POS 消费有着本质的区别，因为从 POS 到银行之间使用的是专线。而因特网交易就必须考虑公用网上支付信息的流动规则及其安全保护，这就是支付协议的责任所在。目前，已经出现了一些比较成熟的支付协议(如 SET)。一般一种协议针对某种支付工具，对交易中的购物流程、支付步骤、支付信息的加密、认证等方面作出规定，以保证在复杂的公用网中的交易双方能快速、有效、安全地实现支付与结算。

三、第三方支付

目前，第三方支付作为主要的网络交易手段和信用中介，起到了在网上商家和银行之间建立起连接、实现第三方监管和技术保障的作用。采用第三方支付，可以安全地实现从消费者、金融机构到商家的在线货币支付、现金流转、资金清算、查询统计等流程，为商家开展 B2B、B2C 交易等电子商务服务和其他增值服务提供完善的支持。

(一)第三方支付的定义

第三方支付是具备一定实力和信誉保障的独立机构，采用与各大银行签约的方式，提供与银行支付结算系统接口的交易支持平台的网络支付模式。在第三方支付模式中，买方选购商品后，使用第三方平台提供的账户进行货款支付，并由第三方通知卖家货款到账，要求发货；买方收到货物，并检验商品进行确认后，就可以通知第三方付款给卖家，第三方再将款项转至卖家账户上。

(二)第三方支付的特点

通常，第三方支付具有如下特点。

(1) 第三方支付平台提供一系列的应用接口程序，将多种银行卡支付方式整合到同一个界面上，负责交易结算中与银行的对接，使网上购物更加快捷、便利。使用第三方支付，消费者和商家不需要在不同的银行开设不同的账户，就可以帮助消费者降低网上购物的成本，同时帮助商家降低运营成本；同时，还可以帮助银行节省网关开发费用，并为银行带来一定的潜在利润。

(2) 较之 SSL、SET 等支付协议，利用第三方支付平台进行支付操作更加简单，也更易于接受。SSL 是现在应用比较广泛的安全协议，在 SSL 中只需要验证商家的身份。SET 协议是目前发展的基于信用卡支付系统的比较成熟的技术，但在 SET 中，各方的身份都需要通过 CA 进行认证，程序复杂，手续繁多，速度慢且实现成本高。有了第三方支付平台，商家和客户之间的交涉由第三方来完成，这将使网上交易变得更加简单。

(三)第三方支付交易的一般流程

由于第三方支付平台结算支付模式架构在虚拟支付层，本身不涉及银行卡内资金的实际划拨，信息传递流程在自身的系统内运行，所以电子支付服务商可以有比较自由的系统研发空间。第三方支付平台结算是典型的应用支付层架构。提供第三方结算电子支付服务的商家往往都会在自己的产品中加入一些具有自身特色的内容，但是总体来看，其支付流程都是付款人提出付款授权后，平台将付款人账户中的相应金额转移到收款人账户，并要求其发货。有的支付平台会有“担保”业务，如支付宝。担保业务是将付款人将要支付的金额暂时存放于支付平台的账户中，等到付款人确认已经收到货物(或者服务)，或在某段时间内没有提出拒绝付款的要求，支付平台才将款项转到收款人账户中。

第三方平台结算支付模式的资金划拨是在平台内部进行的，此时划拨的是虚拟的资金。真正的实体资金还需要通过实际支付层来完成。有担保功能的第三方结算支付的流程如下。

(1) 付款人将实体资金转移到支付平台的支付账户中。

(2) 付款人购买商品(或服务)。

(3) 付款人发出支付授权，第三方平台将付款人账户中相应的资金转移到自己的账户中保管。

(4) 第三方平台告诉收款人已经收到货款，可以发货。

(5) 收款人完成发货许诺(或完成服务)。

(6) 付款人确认可以付款。

(7) 第三方平台将临时保管的资金划拨到收款人账户。

(8) 收款人可以将账户中的款项通过第三方平台和实际支付层的支付平台兑换成实体货币，也可以用于购买商品。

小贴士

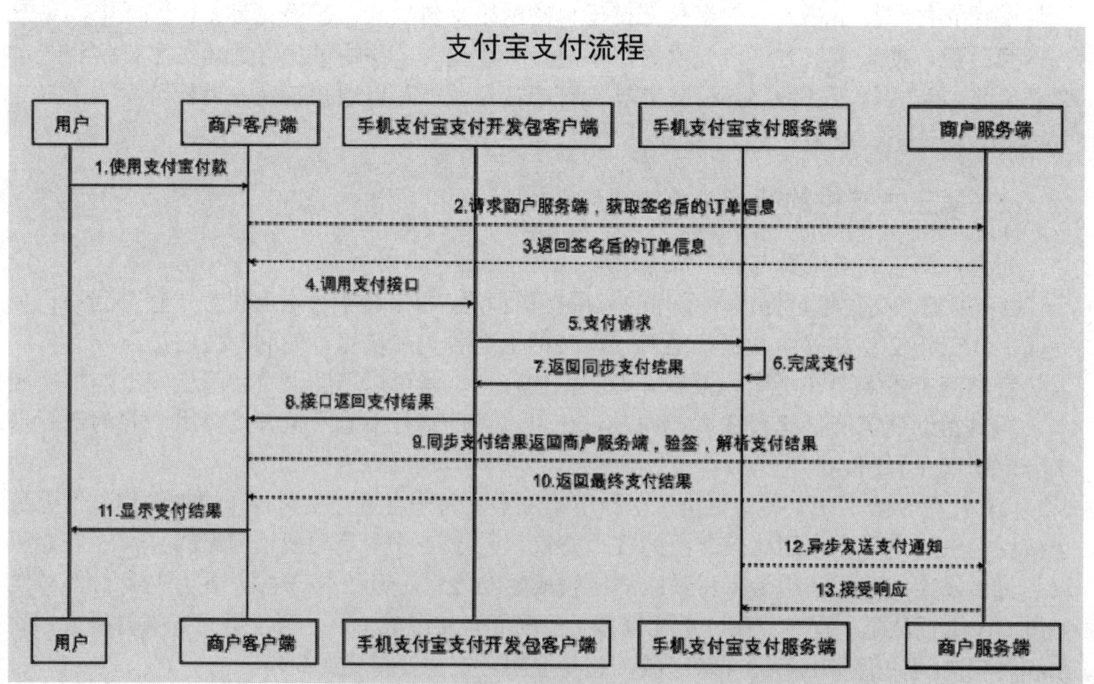

(四)第三方支付的分类

从产业链角度来看，我国第三方支付至少分为以下几类。

(1) 产业链源头的银行：各银行网银提供的在线支付服务。

(2) 产业链源头银行的横向联盟：有央行背景、连接各银行的公司提供的在线支付服务，包括央行可能成立的支付平台、商业银行投资或者联盟成立的支付平台。

(3) 产业链中的大型企业：包括各电信运营商、公共服务商、互联网运营商、电子商务平台，这些企业往往在过去业务发展中积累了大量的互联网企业用户与个人用户，所提供的支付服务首先为自身运营而服务，然后以自己的用户为核心，拓展到相关领域。

(4) 产业链中大型企业的横向联盟：指上述大型企业之间联合成立的支付平台。

(5) 产业链中大型企业与银行联盟：指大型企业与银行纵向联合成立的支付平台。

(6) 独立第三方支付平台：指既无银行投资，也不是为了给自身经营提供支付服务，而是给互联网中大量企业与个人提供支付服务的平台。

互联网上业务的发展取决于两个方面：一是用户，二是服务。不同类型支付服务商的竞争优势是有差别的。按照上述分类，独立第三方支付处于产业链中间，随着前五类支付服务的发展，独立第三方支付的市场必然走向横向细分与纵向联合。

(五)第三方支付的优缺点

1. 第三方支付模式的优点

第三方支付模式的优点如下。

(1) 比较安全。信用卡信息或账户信息仅需要告知支付中介，而无须告诉每一个收款人，从而大大减少了信用卡信息和账户信息泄密的风险。

(2) 支付成本较低。支付中介集中了大量的电子小额交易，形成规模效应，因而支付成本较低。

(3) 使用方便。对支付者而言，他所面对的是友好的界面，不必考虑背后复杂的技术操作过程。

(4) 支付担保业务可以在很大程度上保障付款人的利益。

2. 第三方支付模式的缺点

第三方支付模式的缺点如下。

(1) 第三方支付是一种虚拟支付层的支付模式，需要其他的“实际支付方式”完成实际支付层的操作。

(2) 付款人的银行卡信息将暴露给第三方支付平台，如果这个第三方支付平台的信用度或者保密手段欠佳，将会给付款人带来相关风险。

(3) 第三方结算支付中介缺乏法律地位规定，一旦它终结破产，消费者所购买的“电子货币”可能就成了破产债权，从而无法得到保障。

(4) 由于有大量资金寄存在支付平台账户内，而第三方平台又不是金融机构，所以资金寄存有一定的风险。

第四节 网络银行

1995年10月美国安全第一网络银行的开业，标志着网络银行的正式诞生。开业后的短短几个月，该网站即有上千万次的浏览量，这一数据极大地震撼了金融界。此后世界各大银行纷纷在网上建立自己的站点，网络银行逐渐风靡世界。在中国，1997年招商银行率先推出了自己的网络银行“一网通”，随后中国银行和中国建设银行也正式推出了网络银行业务。

网络银行是现在流行的金融商务形式，是银行电子化与信息化建设的高级阶段，它使银行能借助因特网提供多种金融服务。随着因特网在金融业应用的深入，网络银行正越来越广泛地影响着人们的生活与工作，网络银行时代已经来临。

一、网络银行的概念

网络银行(Internet Bank或Network Bank)又称为在线银行(Web Bank)，是指一种依托信息技术和因特网的发展，主要基于因特网平台开展和提供各种金融服务的新型银行机构与服务形式。也可以说，网络银行是指银行利用公用信息网(主要是指因特网)将客户的计算机终端连接到银行网站，实现将银行的金融服务直接送到客户办公室中、家中和手中的金融服务系统。

网络银行可以向客户提供开户、销户、对账、行内转账、跨行转账、信贷、网上证券、投资理财、账务查询、网络支付、代发工资、集团公司资金管理、银行信息通知、金融信息查询等传统金融服务项目。可以说，网络银行既是一种新型银行机构，也是一个崭新的网上金融服务系统。它借助因特网遍布全球及其不间断运行、信息传递快捷及多媒体化的优势，突破了实物媒介等传统银行的空间与时间局限性，拉近了客户与银行的距离，为用户提供全方位、全天候、便捷、实时的金融服务。

随着整个社会跨入信息网络社会，网络银行将不断地在成本、效率、服务质量等方面表现出越来越大的优势。例如，仅拿成本来说，据美国一家咨询公司BOOZ＆Hamilton所作的调查，在美国，一桩通过因特网完成的银行业务成本仅为1美分，而通过ATM或出纳员完成交易的成本分别为27美分与1.07美元。可见，网络银行的成本优势是十分明显的。网络银行代表着银行业全新的业务模式和未来的发展方向，其本身也是电子商务的一个开展领域。

有些地方把网络银行叫作电子银行(E-Bank)，但实际上这种说法不完全准确，因为这是将基于因特网平台的银行业务与传统的基于通信专线的电子银行服务如ATM、CD、Homebank等完全混为一谈。应该说，网络银行是电子银行发展的高级阶段，是因特网时代的电子银行。

二、网络银行的特点

利用计算机和通信技术实现资金划拨的电子银行业务已经有几十年的历史了，传统的

电子银行业务主要包括资金清算以及用 POS 网络、ATM 网络提供服务的银行卡业务。网络银行是随着因特网的普及和电子商务的发展逐步成熟起来的新一代电子银行，它依托于传统银行业务，并为其带来了根本性的变革，同时也拓展了传统的电子银行业务功能。与传统银行和传统电子银行相比，网络银行在运行机制和服务功能方面都具有不同的特点。

1. 全球化、无分支机构

传统银行是通过开设分支机构来发展金融业务和开拓国际市场的，客户往往只限于固定的地域；而网络银行是利用因特网来开展银行业务，因此可以将金融业务和市场延伸到全球每个角落。打破了传统业务地域范围局限的网络银行，不仅可吸纳本地区和本国的客户，也可直接吸纳国外客户，为其提供服务。

2. 开放性与虚拟化

传统电子银行所提供的业务服务都是在银行的封闭系统中运作的；而网络银行的 Web 服务器代替了传统银行的建筑物，网址取代了其地址，其分行是终端机和因特网这个虚拟化的电子空间，因此有人称其为“虚拟银行”。但网络银行又是实实在在的银行，它利用网络技术把自己与客户连接起来，在有关安全设施的保护下，可随时通过不同的计算机终端为客户办理所需的一切金融业务。

3. 智能化

网络银行主要借助智能资本，靠少数脑力劳动者的劳动(如 SFNB 只有 15 名员工)提供比传统银行更多、更快、更好、更方便的业务，如提供多元且交互的信息，客户除可转账、查询账户余额外，还可享受网上支付、贷款申请、国内外金融信息查询、投资理财咨询等服务，其功能和优势远远超出电话银行和传统的自助银行。网络银行是一种能在任何时间(Anytime)、任何地方(Anywhere)，以任何方式(Anyhow)为客户提供超越时空、智能化服务的银行，因此可称为“三 A 银行”。

4. 创新化

在个性化消费需求日趋凸显及技术日新月异的信息时代，网络银行提供的金融产品和拥有技术的生命周期越来越短，淘汰率越来越高。在这种情况下，只有不断采用新技术，推出新产品，实现持续创新，才不至于被淘汰。以 SFNB 为例，它对基本支票账户不收取手续费，没有最低余额限制，这在美国银行界开创了先河，而且客户每个月可免费使用 20 次电子付款服务，免费使用自动柜员机或借记卡。与此同时，SFNB 还不断开拓新业务，1998 年，它与 AOL(美国在线)达成协议，允许客户通过 AOL 访问 SFNB，此举使 SFNB 的客户数迅速增长。

5. 运营成本低

与其他银行服务手段相比，网络银行的运营成本最低。据介绍，在美国开办一个传统的分行需要 150 万～200 万美元，每年的运营成本为 35 万～50 万美元，而建立一个网络银行所需的成本为 100 万美元。1998 年美国 USweb 网络服务与咨询公司的一次调查发现，普通的全业务支行平均每笔交易成本约为 1.07 美元，而网络银行仅为 0.01～0.04 美元。

6. 增强亲和力

增加与客户的沟通、交流是企业获取必要信息、改进企业形象、贴近客户、寻找潜在客户的重要途径。在这方面，网络银行具有传统银行所无法比拟的优势。网络银行可通过统计客户对不同网上金融产品的浏览次数和点击率以及各种在线调查方式来了解客户的喜好与不同需求，设计出有针对性的金融产品，以满足客户需求。这不仅方便了客户，还增强了客户对银行的亲和力，提高了竞争力。

三、网络银行的分类

按照不同的分类方法，网络银行可以分为不同的类型。

(一)按照服务对象分类

按照服务对象分类，网络银行可分为企业网络银行和个人网络银行。

1. 企业网络银行

企业网络银行主要适用于企业与政府部门等企事业组织。企事业组织可以通过企业网络银行服务，实时了解企业财务运作情况，及时在组织内部调配资金，轻松处理大批量的网络支付和工资发放业务，并可处理信用证相关业务。对电子商务的支付来讲，企业网络银行一般涉及的是金额较大的支付结算业务，对安全性的要求很高。例如，中国工商银行企业网络银行是中国工商银行为企业客户提供的网上自助金融服务，广泛受到企业界的青睐。

2. 个人网络银行

个人网络银行主要适用于个人与家庭的日常消费支付与转账。个人可以通过个人网络银行服务，完成实时查询、转账、网络支付和汇款功能。个人网络银行服务的出现，标志着银行的业务触角直接伸向了个人客户的家庭PC桌面上，其方便实用真正体现出家庭银行的风采。例如，中国工商银行个人网络银行是中国工商银行为个人客户提供的网上自助金融服务，近年来在广大的个人客户群体中影响日益加大，越来越多的个人已成为中国工商银行个人网络银行的注册客户。

由于商务性质不同，企业网络银行和个人网络银行虽然在应用模式上基本类似，但在应用条件、业务功能上存在很多差异。

(二)按照有无现实的营业网点分类

按照有无现实的营业网点分类，网络银行可以分为纯网络银行和网络分支银行。

1. 纯网络银行

纯网络银行也称虚拟银行，是指没有实际的物理柜台作为支持的网上银行。它是完全依赖于互联网的无形电子银行，一般只有一个办公地址，没有分支机构，也没有营业网点，采用国际互联网等高科技服务手段与客户建立密切的联系，提供全方位的金融服务。如深圳前海微众银行、浙江网商银行等。

2. 网络分支银行

网络分支银行是指在现有的传统银行的基础上，利用互联网开展传统的银行业务交易服务的网上银行。也就是说，传统银行利用互联网作为新的服务手段为客户提供在线服务，实际上是传统银行服务在互联网上的延伸。这是目前网络银行存在的主要形式，也是绝大多数商业银行采取的网络银行发展模式。

四、网络银行的运作模式

网络银行的运作模式包括三个方面的内容，分别是网络银行的运行机制、网络银行的业务模式和网络银行的开发模式。

1. 网络银行的运行机制

从运行机制上讲，目前网络银行有两种模式。一种是完全依赖于互联网发展起来的全新网络银行。这类银行几乎所有银行业务交易都依靠互联网进行。深圳前海微众银行，是2014 年在深圳市市场监督管理局登记成立的银行，该银行既无营业网点，也无营业柜台，更无需财产担保，而是通过人脸识别技术和大数据信用评级发放贷款。另一种是指现在传统银行运用互联网，开展传统的银行业务交易处理服务，通过它发展家庭银行、企业银行等服务。在中国的七大类共 4000 多家银行中，目前已有大部分银行允许客户通过网络访问其网址，查看自己的账户信息，部分银行还提供网上存钱转账业务。

2. 网络银行的业务模式

从业务发展方面来看，目前网络银行有三种模式。第一种模式，把网络银行所针对的客户群设定为零售户，把网络银行作为银行零售业务柜台的延伸，达到 24 小时不间断服务的效果，并节省银行的成本。如我国的大部分商业银行都有成功的经验可供借鉴。第二种模式，网络银行以批发业务为主，即在网上处理银行间的交易(如拆借)、银行间的资金往来(结算和清算)业务。第三种模式，是前两种模式的结合，即网络银行包括两个方面的业务。应该说，每一种模式都有其道理，关键要看金融机构对其准备要推出的网络银行业务的市场定位和服务内容。例如，当零售客户群的基本素质比较低，并且网络接入率低时，可以考虑第二种模式。无论是零售业务还是批发业务，网络银行这种方式都有用武之地，关键要看银行如何来包装和推销自己。未来全功能的网络银行应采取的是第三种模式。

3. 网络银行的开发模式

一个银行要确定其网络银行前端软件和后端软件的开发，也就是确定采取哪种开发模式。一般来说，网络银行的开发模式有两种：其一，选择商用网络银行软件，如 Intuit 的 Quicken、微软的 Microsoft Money、IBM 的网络银行产品；其二，银行在银行软件公司的帮助下，合作开发。

第一种模式的优势是开发周期短、速度快、经济和方便。其缺点表现在两个方面：一是受商用软件公司的制约太大，存在让其他组织控制界面的危险，一旦用户安装了微软和 Intuit 的软件，那么换银行比换软件来得容易。因为对于用户来说所有银行都是一样的，每一个银行都无法与其他银行区分开来，无法提供新的产品，无法向用户建立自己的品牌效

应。二是这些商用软件公司(如 Intuit 和微软)会成为前面所说的供应链上的网关，限制了银行自主选择商户，也就是说，软件公司将决定银行对于供应链中的业务合作伙伴的选择。所以，一个精明的金融产品供应商，如保险公司，宁愿和软件公司协商也不愿和银行协商。与软件公司签订协议意味着它可以与许多银行(使用了软件公司网络银行产品)的用户建立联系，而和其中一家银行签订协议意味着它只可以和这一家银行的用户建立联系。

第二种模式的优势是培养了银行内部自己的软件专家，银行可以随时应付环境和用户的变化。其缺点是银行不擅长用户软件的开发，它们没有像软件专家那样的资源来持续地支持开发软件。

在开发模式上，银行可以部署以下三个战略。

(1) 将大量资金投入建立银行信息体系结构、技术结构和网络银行产品，并从根本上转变银行对用户的零售服务方式。

(2) 在网络银行供应链中寻找合作者，为客户提供价格适中的优质服务。

(3) 从产品导向模式转变到客户导向模式，目标是向不断增长的用户提供更大的便利和以用户为核心的服务来提高用户忠诚度。

五、网络银行的发展战略

(一)网络银行与银行发展总体战略

银行取得电子商务成功的关键在于能否将信息转变成市场洞察力。为了生存，银行必须从战略的高度去管理、分析和运用信息。把电子商务变成现实是需要有远见的，为此，银行必须考虑以网络银行战略为基础的发展策略，必须重新制定业务原则，并决定如何在网络环境下参与竞争，确定是基于以客户为中心的发展，还是以产品为中心的发展。此外，银行应当制订自身的科技发展计划，并把这些计划纳入基于网络银行中心的战略和战术计划中。

(二)银行组织的调整

在高度竞争的网络环境中，一家银行要想发展，不仅需要快速进入市场，而且需要主动和反应迅速的行为。银行必须调整和改革组织机构和企业文化，使之能适应崭新、灵活的网络世界。

(三)网络银行供应链上的供应商、客户

在发达国家，银行已不仅仅是资金的守护机构，它还严格限制着客户对于银行产品服务的选择，更重要的是作为金融产品的网关，其向包括金融产品在内的各类产品提供专业业务部门处理通道，这些部门包括保险公司、娱乐公司、旅游公司、投资管理公司、股票交易市场、政府税收部门。银行作为一个网关，向客户提供连接全世界任何地方服务者的途径。网络银行能更好地起到客户和其他金融产品中间人的作用。它通过互联网把其供应商、贸易伙伴和客户联系在一起，以此获得部分收入，如图 9-3 所示。

有些网络银行连接旅行社、宾馆等，如果这些旅行社、宾馆从该网络银行得到了客户，那么网络银行就会向他们收取一定的介绍费，相当于网络银行为他们做了广告，而收取他

们的广告费。例如，在 SFNB 的网页中的 PERKS 功能，提供了某些保险公司、网络商店的超链接，SFNB 起到了金融产品网关、中介人的作用。需要注意的是，网络银行不能为了获得广告费，随便将不相干的企业链接到自己的网页上，从而降低网页的质量，而应选择真正存在于供应链上的供应商和销售商。

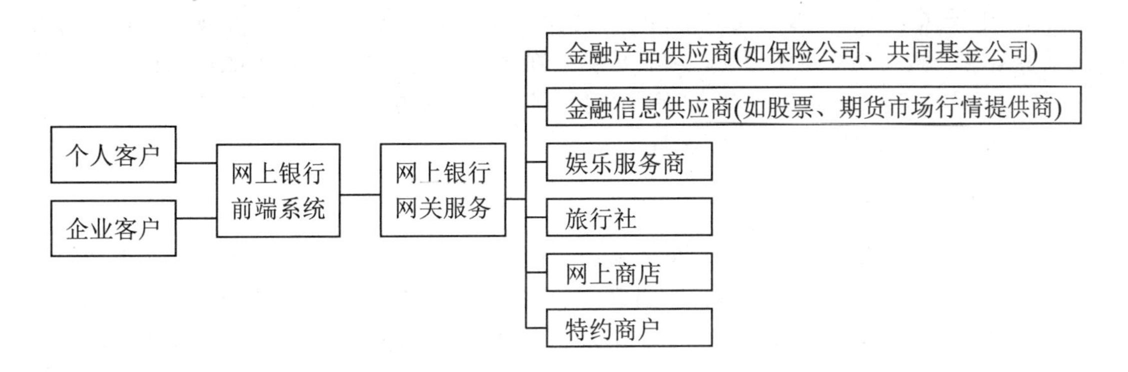

图 9-3　网络银行供应链

(四)网络银行的客户定位

建立网络银行首先要解决面向哪一类客户的问题。一般来说，网络银行有以下几类客户：某区域的个人、企业，全国范围的个人、企业，世界范围的个人、企业。只有确定了客户的类型才能决定为哪些类型的客户提供哪些银行产品，从而确定网络银行具有的功能。客户的类型是由银行本身的优势决定的。对于国际型大银行，一般网络银行的客户是全国范围，甚至世界范围的企业和个人。例如，美国花旗银行的网络银行的客户是全美、全世界的个人和企业。目前，中国银行的网络银行的客户是全国范围的个人，这些人必须持有长城卡，而且属于高收入阶层，也可以说是网络使用的先驱。招商银行的客户是某地区的个人和企业。对于初期上网的银行可以从面向少部分客户开始试点，之后再逐渐扩大客户范围。

(五)网络银行产品、价格的定位

1. 产品定位

由于产品和服务在网络环境中的商品化，网络银行必须把它们的产品有形化，建立新的增值点，以管理和保护自己的品牌。

一般来说，网络银行的产品与离线银行的产品相同，有以下几种：基本支票账户(无利息的活期储蓄)；利息支票账户(低利息的活期储蓄)；基本储蓄账户(定期储蓄)；大额可转让存单；信用卡；货币市场；货款；旅行支票。

围绕这些产品，网络银行应提供以下相应的服务。

(1) 开设、关闭账户。

(2) 存、贷款利率公布。

(3) 收费项目公布。收费项目是指按银行规定有些账户的服务是免费的，有些则是收费的。例如，SFNB 规定基本支票账户每月提供 20 次免费电子账单支付，超过 20 次就要收费，

而利息支票账户可以获得高于20次的电子账单支付次数，收费标准可查看收费信息公布。

(4) 显示对账单(各种账户包括信用账户)。对账单包括一个客户的各种账户余额、每种账户下的交易明细。

(5) 转账。客户可以在自己开设的不同账户之间转账。

(6) 电子账单支付。客户用网络银行付账单，代替手写支票付账单。例如，以前每月交电话费是写一张支票给电话公司，或打电话给在一家开设了本人信用卡账户的银行，然后进行电话交费。现在，可以在网络银行填写交付单，完成电子账单支付。

(7) 向客户主动发送服务电子邮件。

2. 价格定位

与产品内容相联系的是产品价格。从前文内容可知，不同的产品有不同的利率和收费标准，也就是价格。价格可以说是吸引客户的重要原因。客户总是希望把钱存到高利率、低收费的银行。在我国，不同银行的利率是有差异的，尽管这种差异很小，但不同的微众银行、网上银行等都会声称其利率较高而收费最低。

(六)吸引客户和保持客户

网络银行必须采取措施吸引和保留客户。例如，为客户提供优惠的产品，使客户操作界面简单，提供客户感兴趣的金融信息和在线问题解答。网络银行这些吸引客户的办法都是短期的，是在网络银行建立初期要达到的目标。从网络银行发展的长期策略来看，真正吸引客户的方法是帮助客户管理和控制资金。这才是吸引客户、保持客户对银行的忠诚度的最终策略。为此，要做好以下几个方面的工作。

(1) 认识到采取不定期支持长期维护用户忠诚度的重要性，也就是必须认识到网络世界服务一个客户与服务十万个客户在成本上没有差别。

(2) 让客户逐渐熟悉网上操作而获得银行的服务，这种熟悉使得客户对新增加的服务感兴趣。

(3) 提供集成服务，发展个人理财业务、信托业务，帮助客户分析资金如何更好地利用、再投资。

(七)网络银行后端的支付

开发前端界面固然重要，后台的操作和系统的重组也同样重要。网络银行的后台系统一般采取分批处理形式，从而导致后台处理缺乏实时性，在满足用户的需求上容易出现漏洞。例如，在前端用信用卡网上付款，但是几秒钟后，去查询网络银行信用卡账户，一般并没有这笔交易，因为银行对账户的维护不是实时的。

后台结构的复杂性在于大型银行里的每一个功能模块都在独立的主机系统中。在电子商务中，银行不得不将存储在主机数据库中的信息集成起来。这种集成也许需要对数据库设计和机构进行根本性的修改。

(八)网络银行的关键元素：安全、标准

为了保护IT投资并确保灵活而有效地与外部组织打交道，网络银行应采用通用的标准、

安全方式和后台接口等，并且与商业战略密切配合。

迄今为止，尽管网络银行如火如荼，但实际的网上交易发展还是比较缓慢，其主要原因是互联网的安全问题。由于网上交易可能引来网络入侵者，不管是盗窃还是更改电子现金资料，这些行为对于信用重于一切的银行来说，都是极大的风险。尽管许多网络银行在自己的网页中宣称其安全性是多么高，使用了诸如 SSL 的安全协议，绝不透露客户个人的隐私等，但很多消费者对网上交易安全仍心存疑虑。因此，如何缓解交易安全与操作方便性之间的矛盾，仍然是发展网络银行需要克服的最大障碍。

本章小结

本章介绍了电子支付在电子商务中的地位、电子支付的概念与发展阶段、电子支付系统的构成、电子支付系统的基本流程与要求，电子货币的概念、特点、分类、职能及运行条件，网上支付的内涵、特征、系统构成，第三方支付的定义、特征、交易流程、分类及其优缺点，网络银行的概念、特点、分类、运作模式及其发展战略，目的在于让读者了解基本的电子支付的内涵，了解其在工作、学习、生活中的应用，学会安全快捷地使用电子支付工具来从事有关的电子商务活动及其他活动，享受其中的便捷性。

思考题

1. 什么是电子支付？
2. 电子支付经历了哪几个发展阶段？
3. 电子支付系统的基本构成要素有哪些？
4. 简述电子支付的一般流程。
5. 简述电子货币的概念及特征。
6. 电子货币分类有哪些？
7. 如何看待电子货币的职能？
8. 网上支付的概念是什么？功能有哪些？
9. 简述网上支付系统的构成要素。
10. 第三方支付的概念和流程是什么？
11. 简述网络银行的定义、特点及分类。
12. 简述网络银行的运作模式。

第十章　电子商务安全与风险管理

【学习要求及目标】

1. 了解电子商务安全的主要问题及管理策略。
2. 了解电子商务面临的主要安全威胁。
3. 熟悉并掌握电子商务常用的访问控制和身份认证技术。
4. 了解防火墙、VPN、入侵检测系统。
5. 了解电子合同、电子签名法、电子认证制度和电子支付制度。

【核心概念】

对称加密　非对称加密　数字摘要　数字签名 PKI　防火墙　VPN　入侵检测系统

【引导案例】

亚马逊等多家电子商务网站遭遇 DNS 故障

据国外媒体报道，2009 年 12 月 24 日下午，由于 DNS(域名解析系统)提供商 Neustar 遭到 DDoS(分布式拒绝服务攻击)，导致亚马逊、沃尔玛和 Expedia 等大批电子商务网站周三下午无法访问。

Neustar 证实，本次攻击发生于 12 月 23 日周三下午，持续时间约为 1 小时。该公司一名发言人称，本次攻击的直接目标是 Neustar 位于加州圣荷塞帕洛阿尔托的机房。Neustar 副总裁艾伦•古德伯格(Allen Goldberg)则证实，攻击约开始于美国太平洋时间周三下午 4 点 45 分。

古德伯格表示，系统当时收到了异常多的请求，通过分析，将其定性为攻击。Neustar 随后迅速部署策略，并在 1 小时内将事态控制住，从而将问题限制在北加州地区。

与此同时，使用亚马逊网络托管服务的企业也受到了本次攻击的影响。亚马逊网络服务主管杰夫•巴尔(Jeff Barr)表示，亚马逊的 S3 和 EC2 云计算服务均受到了本次攻击的影响。

由于 Neustar 通过 UltraDNS 品牌提供服务，因此“UltraDNS”周三晚间曾一度成为谷歌上搜索量最大的关键词。

用户通常都是通过输入网址的方式访问网站，而要实现这种方式，网站就需要通过 DNS 提供商将字母组成的网址解析成 IP 地址。一旦 DNS 提供商收到过多恶意请求，系统就会过载，从而导致访问不畅。

亚马逊与其他几家大型网站于美国太平洋时间周三下午 5 点 40 分左右恢复正常，但一些小的网站一直到下午 6 点仍然无法正常访问。亚马逊于 6 点 40 分表示，DNS 服务已经恢复正常。

UltraDNS 也曾遭遇过类似的攻击，并导致亚马逊和 Salesforce 等网站无法访问。古德伯格称，周三的攻击比上次攻击规模小得多，他拒绝透露受此影响的用户名单。Neustar 目前尚未确定攻击来源。

但美国互联网数据监测机构 Packet Clearing House 研究主管比尔•伍德考克(Bill Woodcock)认为，此次攻击的影响范围恐怕不止于 UltraDNS 一家服务提供商。他表示，虽然目前无法判断本次攻击所带来的损失，但是在攻击发生的同时，一些欧洲的大型交换机也出现了路由问题，并导致大型互联网服务提供商的路由器遭遇数据拥堵，数据包处理能力下降。

(资料来源：新浪科技网，https://tech.sina.com.cn/i/2009-12-24/15573708229.shtml)

案例导学

这次事件貌似由 DNS 的大量查询请求所引起，对 DNS 服务器形成了一次饱和的 DDoS 攻击，导致某些运营商的 DNS 瘫痪。事实上，DDoS 攻击广泛存在于互联网中，而针对 DNS 服务器的 DDoS 攻击事件更是层出不穷，且形式越来越多样化。其主要包括以下几种：利用缓冲期溢出；海量流量堵塞带宽；伪造源 IP 发送海量 DNS 查询；源端口 53 的 UDP flood(攻击负载均衡设备)；真实协议栈大量查询随机域名引起迭代查询。

电子商务大量的商务活动都运作在公开的网络上，支付信息、订货信息、谈判信息、机密的商务往来文件等商务信息在计算机系统中存放、传输和处理，计算机诈骗、计算机病毒等造成的商务信息被窃、篡改和破坏，以及机器失效、程序错误、误操作、传输错误等造成的信息失误或失效，都严重威胁着电子商务系统的安全。尤其是基于因特网之上的电子商务活动，对安全通信提出了前所未有的挑战。

安全性是影响电子商务健康发展的关键。如何采取高效的安全措施保证电子商务的顺利展开，解决电子商务中存在的一系列法律问题，成为电子商务良好运作的基础。

第一节　电子商务安全概述

一、电子商务安全的含义

电子商务是一个社会与技术相结合的综合性系统，其安全性是一个多层次、多方位的系统的概念：从广义上讲，它不仅与计算机系统结构有关，还与电子商务应用的环境、人员素质和社会因素有关，它包括电子商务系统的硬件安全、软件安全、运行安全及电子商务安全立法；从狭义上讲，它是指电子商务信息的安全，主要包括两个方面，即信息的存储安全和信息的传输安全。

二、电子商务安全的主要问题

1. 网络协议安全性问题

由于 TCP/IP 本身的开放性，企业和用户在电子交易过程中的数据是以数据包的形式来传送的，恶意攻击者很容易对某个电子商务网站展开数据包拦截，甚至对数据包进行修改和假冒。

小贴士

TCP/IP

TCP/IP(Transmission Control Protocol/Internet Protocol)，中文译名为传输控制协议/因特网互联协议。这个协议是因特网最基本的协议、因特网国际互联网络的基础，简单地说，它就是由网络层的IP和传输层的TCP组成的。

(资料来源：百度百科
https://baike.baidu.com/item/TCP%2FIP%E5%8D%8F%E8%AE%AE/212915?fromtitle=tcp%2Fip&fromid=214077&fr=aladdin)

2. 用户信息安全性问题

目前最主要的电子商务基于B/S(Browser/Server)结构的电子商务网站，用户使用浏览器登录网络进行交易，由于用户在登录时使用的可能是公共计算机，如果这些计算机中有恶意木马程序或病毒，那么这些用户的登录信息如用户名、口令就可能会有丢失的危险。

3. 电子商务网站的安全性问题

有些企业建立的电子商务网站本身在设计制作时就会有一些安全隐患，服务器操作系统本身也会有漏洞，不法攻击者如果进入电子商务网站，大量用户信息及交易信息将被窃取。

三、电子商务的安全管理策略

电子商务安全管理策略涵盖范围很广，一个完整的电子商务安全管理策略一般可以分为物理安全策略、网络安全策略以及灾难恢复策略等。

(一)物理安全策略

物理安全策略是整个电子商务安全管理策略中不可忽视的重要基础。在基于因特网的电子商务整个交易过程中，对电子商务系统包含的相关物理设备有相当高的安全要求。影响电子商务系统安全的物理安全风险主要有自然灾害风险、人为风险和硬件防护风险。相应的物理安全策略也围绕上述三个物理安全风险展开。

1. 自然灾害安全防范策略

自然灾害安全防范策略主要包括防火、防水和防雷措施。设备所在场所应避免火灾、水灾的发生并采取相应的隔离措施，以保证在意外火灾、水灾下的设备防护。另外，电子商务系统的设备主要由电路组成，因此制定全方位、安全灵活的防雷措施是非常有必要的。

2. 人为风险防范策略

人为风险包括人为的操作失误引起的安全问题、设备防盗问题以及计算机犯罪问题等。人为操作方面引起的风险可以通过建立和健全安全制度来加以防范，同时要加强和培养安全意识。对于设备防盗问题，如果资金允许，可以建立较为完善的防盗系统；如果资金不

足，可以通过加强内部管理的方法加以解决。对于内外部人员的计算机犯罪问题，一是通过法律途径解决；二是加强自身安全防范意识。

3. 硬件防护策略

硬件防护策略包括电磁维护和硬件设备维护。电磁维护包括服务器及其他相关设备的电源保护、有效的防静电措施以及要抑制和防范电磁泄漏与电磁干扰。关于硬件设备维护，如果条件允许，可以增加设备信息保护装置。另外，除了日常维护以外，还需要定期对设备进行检修。

(二)网络安全策略

网络安全是电子商务系统安全的核心，需要从技术和管理两个方面入手。因此，网络安全策略分为技术策略和管理策略。

1. 技术策略

技术策略应主要从以下几个方面入手。

(1) 安装使用网络安全检测设备和相关软件。借助一些专用的网络安全监控设备和软件，加强对各种不法行为的监控和防范。

(2) 加强网络访问控制。访问控制是网络安全防范和保护的主要策略。它包括入网访问控制、网络权限控制、网络监测和锁定控制等。

(3) 采用防火墙技术。防火墙用来检查通过内部网和外部网间的信息往来，它可以鉴别网络服务请求是否合法，以便采取响应或拒绝的措施。

(4) 数据加密。数据加密是采用一定的加密技术，以防在传输过程中数据一旦被截获从而造成信息的泄露，其核心是加密的方式以及密钥的分配和管理。

(5) 引入鉴别机制。鉴别是查明另外一个实体身份和特权的过程，以确定其合法性，并做出响应。

2. 管理策略

管理策略的具体内容如下。

(1) 加强电子商务网络系统的日常管理和维护。

(2) 建立严格的保密制度。

(3) 加强对管理人员的监督和培训，落实工作责任制。

(4) 建立跟踪、审计和稽核制度。

(5) 完善病毒防范制度。

(6) 建立健全的相关法律法规制度。

(三)灾难恢复策略

对于电子商务系统来说，灾难主要是指意外的自然灾害以及黑客攻击等原因造成数据库被破坏。灾难恢复策略是为了在数据资源遭受破坏后迅速恢复系统功能，最大限度地保持数据资源的完整性，将损失降至最低。因此，灾难恢复主要包括备份和恢复两个环节。

1. 灾难备份

灾难备份的内容如下。

(1) 确定备份方案。

(2) 建立数据恢复中心。

(3) 建立完善的备份制度。

2. 数据恢复

数据恢复的内容如下。

(1) 评估数据损失情况。

(2) 确定数据恢复方案。

(3) 恢复数据。

第二节　威胁和攻击的种类

一、入侵性病毒

计算机病毒(Computer Virus)在《中华人民共和国计算机信息系统安全保护条例》中被明确定义为："编制或者在计算机程序中插入的破坏计算机功能或者毁坏数据，影响计算机使用，并且能够自我复制的一组计算机指令或者程序代码。"也可以说计算机病毒是一个程序、一段可执行代码。就像生物病毒一样，计算机病毒有独特的复制能力。计算机病毒的增长速度已远远超过计算机本身的发展速度，计算机病毒的破坏性越来越大，传播速度也越来越快，计算机病毒已成为电子商务发展的重大障碍之一。在最近几年，产生了以下几种主要病毒。

1. 系统病毒

系统病毒的前缀为 Win32、PE、Win95、W32、W95 等。这些病毒的一般共有特性是可以感染 Windows 操作系统的 *.exe 和 *.dll 文件，并通过这些文件进行传播。

2. 蠕虫病毒

蠕虫病毒的前缀是 Worm。这种病毒的共有特性是通过网络或者系统漏洞进行传播，大部分的蠕虫病毒都有向外发送带毒邮件、阻塞网络的特性。

3. 木马病毒、黑客病毒

木马病毒的前缀是 Trojan，黑客病毒的前缀名一般为 Hack。木马病毒的共有特性是通过网络或者系统漏洞进入用户的系统并隐藏，然后向外界泄露用户的信息；而黑客病毒则有一个可视的界面，能对用户的电脑进行远程控制。木马、黑客病毒往往是成对出现的，现在这两种类型越来越趋向于整合了。

4. 脚本病毒

脚本病毒的前缀是 Script。这类病毒的共有特性是使用脚本语言编写，通过网页进行传

播。脚本病毒还会有如下前缀：VBS、JS 等。

5. 宏病毒

其实宏病毒也是脚本病毒的一种，由于它的特殊性，因此在这里单独作为一类。宏病毒的第一前缀是 Macro，第二前缀是 Word、Word97、Excel、Excel97 的其中之一。

小贴士

黑客犯罪案例中“学艺”，网上银行盗取 10 万元

犯罪过程

2006 年 5 月，张韫从网上看到一个有关网络黑客窃取别人网上银行账户的事例，感到挺好奇，后来就在网上找到了一个黑客联盟，得知网上的“黑客培训基地”后，专门向黑客学习。不久，张韫花 100 元买来一张“灰鸽子”病毒软件，并联系到另一名黑客，将自己之前通过网上银行“黑”来的 200 元作为酬金，让这名黑客帮他“挂机”。这名黑客将他的软件挂在国内一家网站上，只要用户登录，病毒就会侵入计算机，远程监控用户的计算机，对用户的键盘使用和网上银行交易情况进行记录，获取用户网上银行的账号、密码、认证书等资料，控制和操纵用户计算机账户。当时张韫共监控过 300 多台计算机。

同年 11 月中下旬，张韫通过网络，监控到温州一公司网上银行账户上有 5 万元现金，考虑到数额较少，没有下手。12 月 1 日，张韫突然发现这家公司账户里又多出 6 万元，便花了 5 个虚拟货币从网上买了两个身份证资料，获取姓名、地址等信息后，通过其他途径在西安办了两张假身份证并在银行开户。

张韫担心在当地取款被发现，12 月 1 日，他乘火车从重庆出发，次日到达西安。2 日下午 2 时许，张韫拿到假证件和银行卡后，来到北大街一网吧的包厢，将网线接到自己的笔记本电脑上，仅 1 分钟就成功登录到那家温州公司，将账目划到他新开账户上。随后，他跑到距网吧最近的银行，从柜台取出 4.5 万元后，又“打的”来到该银行另一营业网点，从柜台取出 4.5 万元。赶到下一网点时银行已下班，他通过 ATM 机取出 5 000 元。天色渐晚，由于通过 ATM 每日最多只能取 5 000 元，他便找了一家酒吧喝酒。3 日凌晨 0 时后，他再次通过 ATM 机取了 5 000 元，当天上午，他购得机票，赶往机场准备逃回重庆。张韫以前没坐过飞机，安检人员检查时，他心里发虚，怕暴露身份，故意出示了假身份证，因此遭到怀疑，被警方抓获。张韫还从网上监控到 3 家账户上有较多资金，其中最多的一家有 200 万元。他本打算还向这些账户下手……

黑客软件分析

“灰鸽子”黑客程序功能非常强大、操作简单且容易上手，只要有一定计算机基础的人，都可在短时间内掌握这个黑客程序的用法。从技术上讲，这个黑客程序分为客户端和服务器端两部分，其中，服务器端安装在中了灰鸽子病毒的计算机上，客户端完全由黑客操纵。

在这种情况下，黑客通过客户端远程连接已中了灰鸽子病毒的计算机上的服务器端程序，然后利用服务器端强大的屏幕、键盘监控等功能，达到完全控制远程计算机的目的。用户在本地能看到的信息，使用“灰鸽子”远程监控也能看到。尤其是屏幕监控和视频、

音频监控比较危险。如果用户在计算机上进行网上银行交易，则远程屏幕监控容易暴露用户的账号，再加上键盘监控，用户的密码也岌岌可危。视频和音频监控则容易暴露用户自身的“相貌”“声音”等秘密。

和一般程序相比，这个黑客程序运行的原理比较特殊，如果用户的计算机没有一定的防护措施，是很难觉察到的。即使是计算机高手，也很难发现自己的计算机被别人远程监控。

特别提醒

要确保网上银行的操作安全，就一定要注意在常用的计算机上加载防火墙和防病毒软件。由于黑客进入计算机用户终端后，要进入网上银行，必须获取认证书，所以，用户一定要保存好证书，不要将信息常驻留在计算机上，用户可以用USB Key保管有关信息和资料。

“对于个人的密码，不要使用简单、易猜测的密码，如生日、车号、电话号码等。”网上银行用户从网上银行主页登录操作，而不要通过链接弹出的网站登录网上银行系统，也不要通过公共计算机操作登录网上银行系统。

(资料来源：新浪新闻中心，https://news.sina.com.cn/s/2006-12-05/090710685988s.shtml)

二、扩展类威胁

扩展类威胁主要有以下几种。

1. 间谍软件

间谍软件(Spyware)主要是用作偷取用户个人资料的恶意程序，如用户使用网上银行、网上购物等电子商务应用时，如果没有相关的防御措施与意识，那么用户的网银账号和密码就很容易被窃取。它们攻击的目的是盗取个人资料，获取非法利益。目前这种软件主要出现在电子商务应用中。

2. 广告软件

广告软件(Adware)一般表现为用户单击网站后就一连出现好多叠加着的网页，非常不好管。它通常都和某些工具软件绑在一起，当用户安装这些软件后，它也就跟着进入你的计算机了，不但占用系统资源，还常常连着一些色情网站。它除了强行向用户推送广告外，更会刺探用户的个人隐私资料，例如姓名、邮箱、银行资料、电话、地址等，因此具有很大的危害性，需要尽快清除。

3. 网络钓鱼软件

网络钓鱼软件(Phishing Ware)又称电子黑饵，是Phone和Fishing的缩写，是指盗取他人个人资料、银行及财务账户资料的网络相关诱骗行为。该软件可分为诱骗式及技术式两种。诱骗式是利用特制的电子邮件，引导收件人连接到特制的网页，这些网页通常会伪装成真正的银行或理财网页，令登录者信以为真，输入信用卡或银行卡号码、账户名称及密码等；技术性的软件则是将程序安装到用户的计算机中，直接盗取用户的个人资料或使用木马程序、按键记录程序等。

4. 放置特洛伊木马程序

特洛伊木马程序可以直接侵入用户的计算机并进行破坏，它常被伪装成工具程序或者游戏等应用，诱使用户打开带有特洛伊木马程序的邮件附件或从网上直接下载，一旦用户打开了这些邮件的附件或者执行了这些程序之后，它们就会像古特洛伊人在敌人城外留下的藏满士兵的木马一样，留在用户的计算机中，并在用户的计算机系统中隐藏一个可以在Windows 启动时悄悄执行的程序。当用户连接到因特网上时，这个程序就会通知黑客，来报告用户的 IP 地址以及预先设定的端口。黑客在收到这些信息后，再利用这个潜伏在其中的程序，任意地修改计算机的参数设定、复制文件、窥视整个硬盘中的内容等，从而达到控制用户计算机的目的。

三、网络侵害

网络侵害主要有以下几种。

1. 电子邮件攻击

电子邮件攻击主要表现为两种方式：一是电子邮件轰炸和电子邮件“滚雪球”，也就是通常所说的邮件炸弹，指的是用伪造的 IP 地址和电子邮件地址向同一信箱发送数以千计、万计甚至无穷次的内容相同的垃圾邮件，致使受害人邮箱被“炸”，严重者可能会给电子邮件服务器操作系统带来危险，甚至瘫痪；二是电子邮件欺骗，攻击者佯称自己为系统管理员，给用户发送邮件要求用户修改口令或在貌似正常的附件中加载病毒或其他木马程序，这类欺骗只要用户提高警惕，一般危害性不会太大。

2. WWW 欺骗技术

在网上，用户可以利用 IE 等浏览器对各种各样的 Web 站点进行访问，如阅读新闻组、咨询产品价格、订阅报纸、电子商务等。然而一般的用户恐怕不会想到有这些问题存在：正在访问的网页已经被黑客篡改过，网页上的信息是虚假的。例如，黑客将用户要浏览的网页的 URL 改写为指向黑客自己的服务器，当用户浏览目标网页的时候，实际上是向黑客服务器发出请求，那么黑客就可以达到欺骗的目的了。

3. 获取口令

获取口令常用的方法通常有三个：一是通过网络非法监听得到用户口令，这类方法有一定的局限性，但危害性极大，监听者往往能够获得其所在网段的所有用户账号和口令，对局域网的安全威胁巨大；二是在知道用户的账号后，利用一些专门软件强行破解用户口令，这种方法不受网段限制，但黑客要有足够的耐心和时间；三是在获得一个服务器上的用户口令文件后，用暴力破解程序破解用户口令，该方法的使用前提是黑客获得口令文件，此方法在所有方法中危害最大。

4. 网络监听

网络监听是主机的一种工作模式，在这种模式下，主机可以接收到本网段在同一条物理通道上传输的所有信息，而不管这些信息的发送方和接收方是谁。此时，如果两台主机进行通信的信息没有加密，只要使用某些网络监听工具，就可以轻而易举地截取包括口令和账号在内的信息资料。虽然网络监听获得的用户账号和口令具有一定的局限性，但监听者往往能够获得其所在网段的所有用户账号及口令。

5. 利用账号进行攻击

有的黑客会利用操作系统提供的默认账户和密码进行攻击，例如许多 UNIX 主机都有 Ftp 和 guest 等缺省账户(其密码和账户名同名)，有的甚至没有口令。黑客用 UNIX 操作系统提供的命令如 finger 和 ruser 等收集信息，不断提高自己的攻击能力。这类攻击只要系统管理员提高警惕，将系统提供的缺省账户关掉或提醒无口令用户增加口令一般都能克服。

第三节　电子商务通信安全

一、访问控制与身份认证

(一)加密介绍

密码技术是保护信息安全的重要手段之一，它是结合数学、计算机科学、电子与通信等诸多学科于一身的交叉学科。它包括从古代流传下来的暗号、暗语到密文信件，近代的电子机械密码，现代的公开密码算法，以及未来的量子密码等，为需要保密的信息提供保证信息机密性的加密功能，而且具有数字签名、身份验证、系统安全等功能。

1. 加密

我们将原始未经变换的信息称为明文。为了保护明文，将其通过一定的方法变换成使人难以识别的一种编码，即密文。这个变换处理的过程称为加密。

2. 解密

密文可以经过相应的逆变换还原成明文。这个变换处理的过程称为解密。

3. 密钥

对信息进行加密和解密通常是在原文和密文上增加或除去一些附加信息，这些附加信息就是我们常说的密钥。密钥是由数字、字母或特殊符号组成的字符串。在加密和解密过程中，控制加密变换的密钥称为加密密钥，控制解密变换的密钥称为解密密钥。加密密钥和解密密钥不一定相同。

4. 加密算法

如果把加密解密的变换处理过程抽象成数学函数，这个函数便是加密算法。用来实施加密的是加密函数，反之则是解密函数。

为了使密文信息更加安全可靠，应该经常变换密钥和算法。但由于算法设计起来比较困难，不可能与每一个人通信都采用不同的算法，因此通常的做法是使用不同的密钥。另外，密钥的位数决定着加密系统的安全性，密钥越长，破解密钥需要的计算时间就越长，因此也就越安全。

在网上交易过程中，明文通过加密变换成密文，交易各方使用密文进行通信。网上传输的密文即使被偷窃，窃取者由于没有解密手段也无法理解其含义，这样源信息就得到了保护。而解密手段对于信息的合法接收者来说是开放的，从而使源信息的内容得以安全传送。

(二)对称加密体系与 DES 算法

对称加密体系又称为密钥，其特点是：无论加密还是解密都使用同一把密钥，即加密密钥和解密密钥相同。

对称加密体系采用相同的加密密钥和解密密钥进行工作，这意味着双方都可以利用该密钥进行加解密，当然这种加密方法是基于双方共同保守秘密的基础之上的。

首先，发送方对要传送的明文使用密钥进行加密；然后，利用互联网把密文传送给接收方，再找寻一条安全的途径把密钥发送给接收方；接收方利用密钥对收到的密文进行解密，从而获得明文信息。如果企业有 N 个合作者，则该企业需要有 N 个不同的密钥，这就增加了企业密钥的管理难度。利用对称加密机制的工作流程如图 10-1 所示。

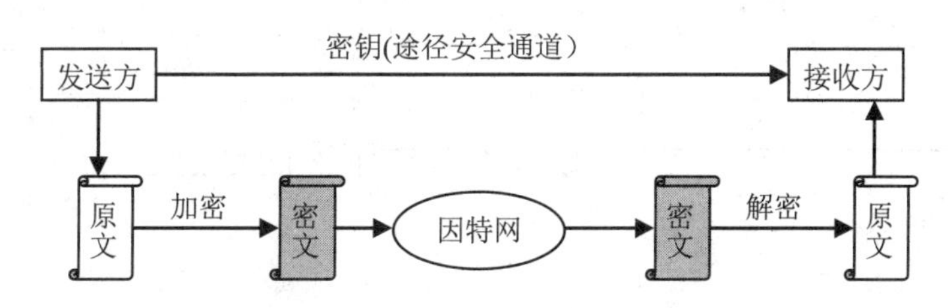

图 10-1 对称加密机制的工作流程

(三)非对称加密体系与 RSA 算法

非对称加密，或称公用密钥加密，是指通信各方使用两个不同的密钥进行加密和解密。一个是只有发送方知道的专用密钥，另一个则是对应的公用密钥，任何人都可以获得公用密钥。专用密钥和公用密钥在加密算法上相互关联，一个用于数据加密，另一个用于数据解密。

由于非对称加密体制的工作原理是由公开密钥不能推导出私有密钥，因此用户可以把公开密钥像电话号码一样公布在网站等公共媒体上，任何生意伙伴都可以利用其公开密钥对信息进行加密，而用户在接到密文后就可以利用自己持有的私有密钥对其进行解密，由于用户是唯一持有私有密钥的人，其他人即使获得了加密文件也无法解开利用。非对称加密体制的工作流程如图 10-2 所示。

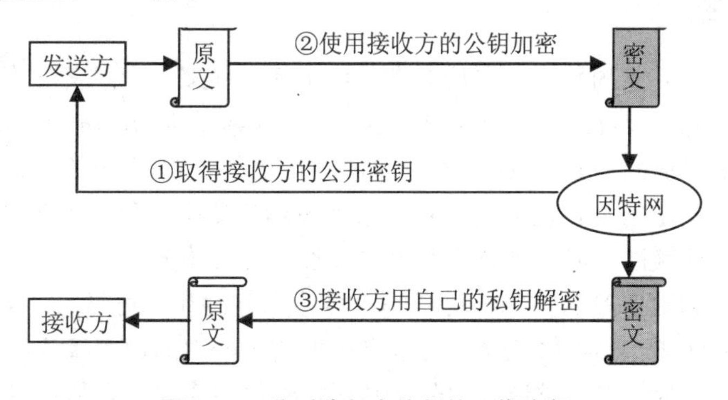

图 10-2 非对称加密体制的工作流程

(四)数字摘要与 Hash 算法

电子商务中通信双方在互相传送如电子合同、电子支票等数据信息时，不仅要对相关数据进行保密，不让第三者知道，还要能够知道数据在传输过程中有没有被别人改变，也就是要保证数据的完整性，其中一个有效手段就是采用数字摘要技术。

1. 数字摘要的原理

数字摘要，就是发送方对被传送的信息报文根据某种数学算法(通常是 Hash 算法)计算出一个此信息报文的摘要值(数字摘要与原始信息报文之间有一一对应的关系)，并将此摘要值与原始信息报文一起通过网络传送给接收方，接收方根据此摘要值来检验信息报文在网络传送过程中有没有发生变化，判断信息报文的真实与否，从而判断信息报文的完整性。其过程示意图如图 10-3 所示。

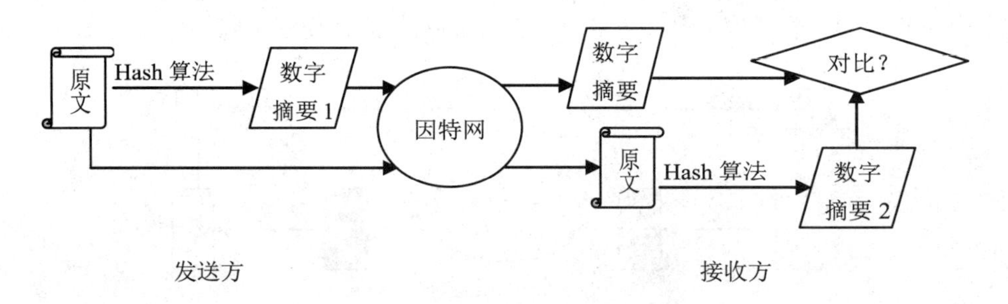

图 10-3 数字摘要过程示意图

2. Hash 算法

Hash 算法是一个单向的、不可逆的数学算法。信息报文经此算法处理后，能产生一个数字摘要，但不可能由此数字摘要再用任何办法或算法来还原原来的信息报文，从而保护了信息报文的机密性。

Hash 算法是公开的，接收者收到信息报文和数字摘要后，可以用同样的 Hash 算法处理收到的信息报文，得到新的数字摘要。只要比较两个数字摘要是否相同，就可以确定所收到的信息报文在传送过程中是否被改变或是否是真的。不同的信息原文将产生不同的数字摘要，对原文数据哪怕仅改变一位数据，数字摘要也将会产生很大变化。

(五)数字签名

在电子商务中，完善的数字签名应具备签字方不能抵赖、他人不能伪造、在公证人面前能够验证真伪的能力。目前的数字签名是建立在公共密钥体制基础上的，其基本原理是：发送方用私钥对所传输的报文加密(签名)，接收方用公共密钥解密(核对签名)。

由于数字签名使用的是发信方的私钥，事后发信方则无法抵赖其所发出的报文，从而实现了交易的不可抵赖性。但这种方式在报文较长时会影响效率。

结合数字摘要和数字签名技术，可以解决传输完整性和不可抵赖性问题，同时又解决了加密方法的效率问题。具体做法是：发送方将报文所产生的数字摘要用自己的私钥签名，连同报文一起寄出。接收方用发送者的公共密钥解密数字摘要，再利用 Hash 算法重新计算

收到报文的数字摘要，两相对比后即可认定报文在传输过程中是否被篡改过。由于私钥只有发送者本人拥有，因此它的签名具有不可否认性，即信息的确是发送人发出的。需要注意的是，数字签名是一种公钥加密方法，但数字摘要并不是加密算法，它只是形成报文的摘要以防篡改。数字签名的过程如图 10-4 所示。

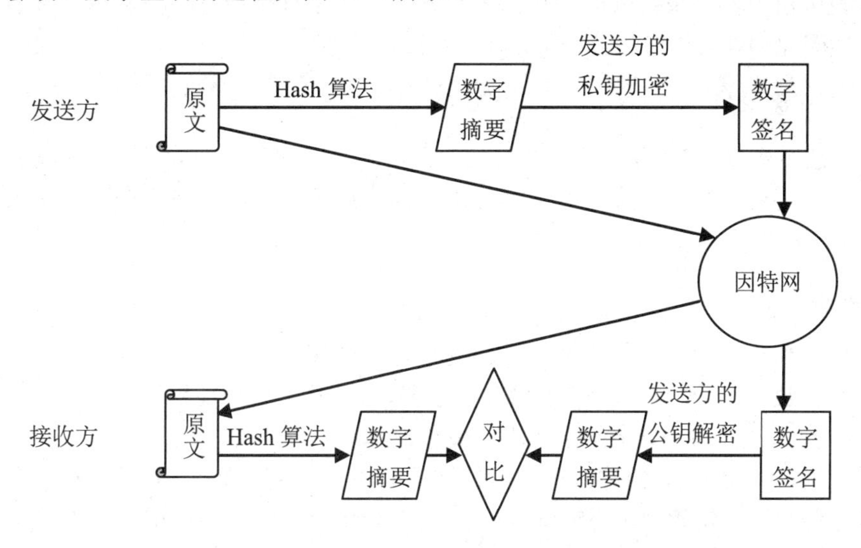

图 10-4　数字签名的过程

二、PKI

(一)PKI 的定义

PKI(Public Key Infrastructure)即“公钥基础设施”，是指用公钥概念和技术来实施具有普适性的安全服务基础设施。

(二)PKI 的基本组成

完整的 PKI 系统必须具有权威认证机构(CA)、数字证书库、密钥备份及恢复系统、证书作废系统、应用接口(API)等基本构成部分，构建 PKI 也将围绕着这五大系统来着手。

PKI 技术是信息安全技术的核心，也是电子商务的关键和基础。PKI 的基础技术包括加密、数字签名、数据完整性机制、数字信封、双重数字签名等。一个典型、完整、有效的 PKI 应用系统至少应具备以下功能：公钥密码证书管理；黑名单的发布和管理；密钥的备份和恢复；自动更新密钥；自动管理历史密钥；支持交叉认证。

1. 认证机构

认证机构(CA)即数字证书的申请及签发机关，CA 必须具备权威性。

2. 数字证书库

数字证书库用于存储已签发的数字证书及公钥，用户可由此获得所需的其他用户的证书及公钥。

3. 密钥备份及恢复系统

如果用户丢失了用于解密数据的密钥，则数据将无法被解密，这将造成合法数据丢失。为避免出现这种情况，PKI 提供了备份与恢复密钥的机制。但需要注意的是，密钥的备份与恢复必须由可信的机构来完成。并且，密钥备份与恢复只能针对解密密钥，签名私钥为确保其唯一性因此不能够作备份。

4. 证书作废系统

证书作废处理系统是 PKI 的一个必备的组件。与日常生活中的各种身份证件一样，证书有效期以内也可能需要作废，原因可能是密钥介质丢失或用户身份变更等。为实现这一点，PKI 必须提供作废证书的一系列机制。

5. 应用接口

PKI 的价值在于使用户能够方便地使用加密、数字签名等安全服务，因此一个完整的 PKI 必须提供良好的应用接口(API)系统，使得各种各样的应用能够以安全、一致、可信的方式与 PKI 交互，以确保安全网络环境的完整性和易用性。

通常来说，CA 是证书的签发机构，是 PKI 的核心。众所周知，构建密码服务系统的核心内容是如何实现密钥管理。公钥体制涉及一对密钥(即私钥和公钥)，私钥只由用户独立掌握，无须在网上传输；而公钥则是公开的，需要在网上传送，故公钥体制的密钥管理主要是针对公钥的管理，目前较好的解决方案是数字证书机制。

第四节　电子商务网络安全

一、防火墙技术

(一)防火墙的概念

建筑学中的防火墙是用来防止大火从建筑物的一部分蔓延到另一部分而设置的阻挡设施。计算机网络的防火墙是一个由软件和硬件设备组合而成的、在内部网(可信赖的安全网络)和外部网(不可靠的网络环境)之间的界面上构造的保护屏障，如图 10-5 所示。只有被允许的通信才能通过防火墙，从而造成内部网与外部网的隔离，可以限制外部用户对内部网络的访问和内部用户对外部网络的访问。它控制所有内部网与外部网之间的数据流量，防止企业内部信息流入因特网，控制外部有害信息流入因特网。另外，防火墙还能执行安全策略，记录可疑事件。

防火墙是一种安全有效的防范技术，是访问控制机制、安全策略和防入侵的措施。从狭义上讲，防火墙是指安装了防火墙软件的主机或路由器系统；从广义上讲，防火墙还包括整个网络的安全策略和安全行为。

(二)防火墙的构成

防火墙主要包括安全操作系统、过滤器、网关、域名服务和 E-mail 处理五部分，如

图 10-6 所示。有的防火墙可能在网关两侧设置内、外过滤器，外过滤器保护网关不受攻击，网关提供中继服务，辅助过滤器控制业务流；而内过滤器在网关被攻破后提供对内部网络的保护。

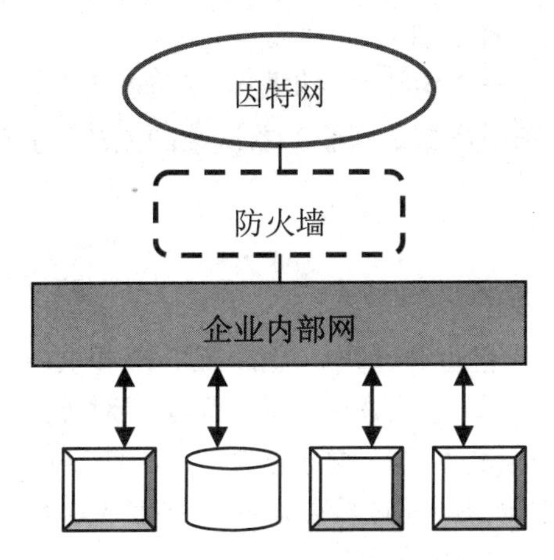

图 10-5　防火墙系统示意图

防火墙的主要目的是控制数据组，只允许合法流通过。它要对内域网和因特网之间传递的每一数据组进行干预。过滤器则执行由防火墙管理机构制定的一组规则，检验各数据组决定是否允许放行。这些规则按 IP 地址、端口号码和各类应用等参数确定。单纯靠 IP 地址的过滤规则是不安全的，因为一个主机可以用改变 IP 源地址来蒙混过关。

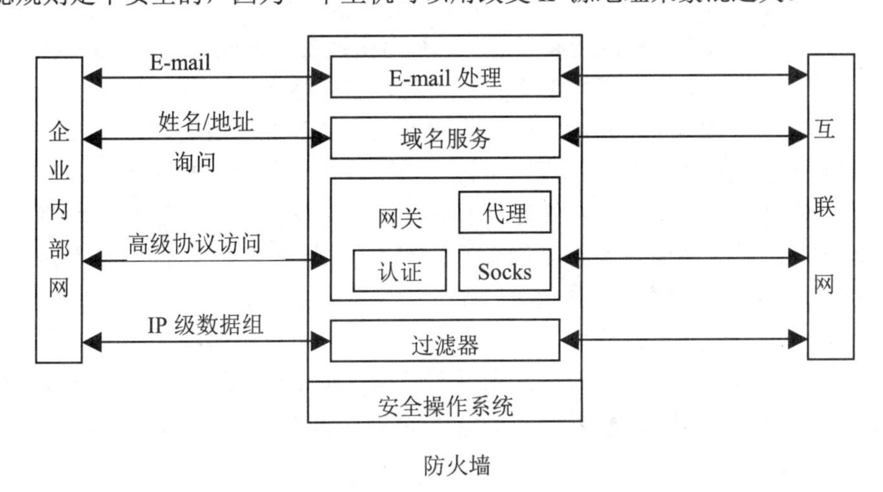

图 10-6　防火墙的构成

(三)防火墙的功能

具体来说，防火墙系统可以保护计算机免受以下几类攻击。

(1) 未经授权的内部访问。一个在因特网上的未被授权用户想访问内部网的数据或使用其中的服务。

(2) 危害证明。外部用户通过非法手段(如复制、复用密码)来取得访问权限。

(3) 未经授权的外部访问。即内部用户试图在因特网上取得未经授权的访问权限或服务

(如公司内部雇员试图访问一些娱乐网站)。

(4) 电子欺骗。即攻击者通过伪装的因特网用户进行远程登录，从事各种破坏活动。

(5) 特洛伊木马。即通过在合法命令中隐藏非法指令来达到破坏目的(如在进行 E-mail 发送连接时将指令转为打开一个文件)。

(6) 渗透。即攻击者通过一个伪装的主机隐蔽其攻击企图。

(7) 泛洪。即攻击者试图用增加访问服务器次数的方法使其过载。

(四)防火墙的类型

1. 包过滤型防火墙

包过滤型防火墙可以动态检查通过防火墙的 TCP/IP 报文头中的报文类型、源 IP 地址、目标 IP 地址、源端口号等信息，与预先保存的清单进行对照，按预定的安全策略决定哪些报文可以通过防火墙，哪些报文不可以通过防火墙。一个路由器便是一个“传统”的包过滤型防火墙，大多数的路由器都能通过检查这些信息来决定是否将所收到的包转发，但它不能判断出一个 IP 包来自何方，去向何处。

而先进的包过滤型防火墙可以判断这一点，它可以提供内部信息以说明所通过的连接状态和一些数据流的内容，把判断的信息同规则表进行比较，在规则表中定义了各种规则来表明是否同意或拒绝包的通过。包过滤(Packet Filter)技术是在网络层中对数据包实施有选择地通过。依据系统内事先设定的过滤逻辑，检查数据流中每个数据包后，根据数据包的源地址、目的地址、所用的 TCP 端口与 TCP 链路状态等因素来确定是否允许数据包通过。

包过滤技术作为防火墙的应用有三类：一是路由设备在完成路由选择的数据转发之外，同时进行包过滤，这是目前较常用的方式；二是在工作站上使用软件进行包过滤，这个价格较贵；三是在一种称为屏蔽路由器的路由设备上启动包过滤功能。包过滤防火墙检查每一条规则直至发现包中的信息与某规则相符。如果没有一条规则能符合，防火墙就会使用默认规则，一般情况下，默认规则就是要求防火墙丢弃该包。通过定义基于 TCP 或 UDP 数据包的端口号，防火墙能够判断是否允许建立特定的连接，如 Telnet、FTP 连接。

包过滤路由器最大的优点就是简捷、速度快、费用低、对用户透明，并且对网络性能的影响很小，不需要使用者使用用户名和密码来登录。这种防火墙速度快而且易于维护，通常作为第一道防线。但是，包过滤路由器的弊端也是很明显的，因为它只检查地址和端口，对网络更高协议层的信息无理解能力，因此对网络的保护很有限。其工作原理如图 10-7 所示。

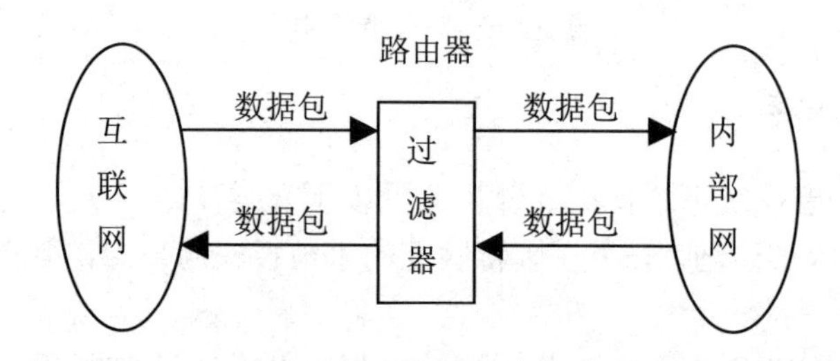

图 10-7　包过滤型防火墙的工作原理

2. 应用级网关

应用级网关使用代理技术，在内部网与外部网之间建立一个单独的子网，该子网有一个代理主机，通过路由器和网关分别与内、外网连接，代理服务主机对外部和内部用户的网络服务请求进行认证，对于合法用户的服务请求，代理服务主机则连接内部网与外部网，自己作为通信的中介，外部用户只能获得经过代理的内部网服务，这样就能保护内部网络资源不受侵害。它针对特别的网络应用服务协议即数据过滤协议，能够对数据包进行分析并形成相关的报告。应用级网关对某些易于登录和控制所有输出输入的通信环境给予严格的控制，以防有价值的程序和数据被窃取。在实际工作中，应用网关一般由专用工作站系统来完成。但每一种协议需要相应的代理软件，并且在使用时工作量大，效率不如包过滤型防火墙。

应用级网关有较好的访问控制，是目前最安全的防火墙技术，但实现困难，而且有的应用级网关缺乏“透明度”。在实际使用中，用户在受信任的网络上通过防火墙访问因特网时，经常会发现存在延迟，并且必须进行多次登录(Login)才能访问因特网或 Intranet。应用级网关的工作原理如图 10-8 所示。

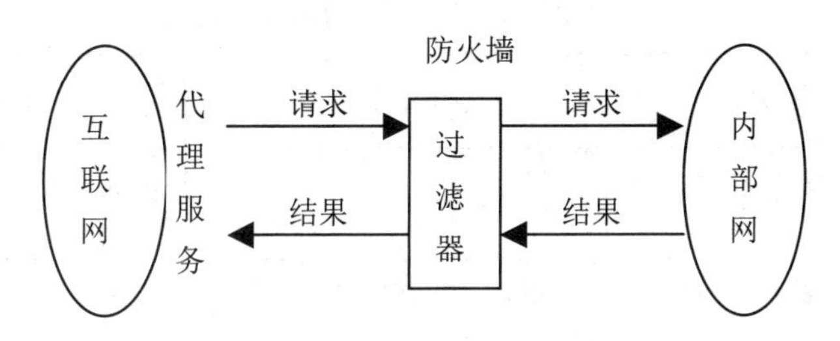

图 10-8 应用级网关的工作原理

3. 电路级网关

电路级网关用来监控受信任的客户或服务器与不受信任的主机间的 TCP 握手信息，由此来决定该会话(Session)是否合法。电路级网关是在 OSI 模型的会话层上过滤数据包，这样比包过滤防火墙的等级还要高两层。

实际上电路级网关并非作为一个独立的产品存在，它与其他的应用级网关结合在一起，如 Trust Information Systems 企业的 Gauntlet Internet Firewall、DEC 企业的 AltaVista Firewall 等产品。另外，电路级网关还提供一个重要的安全功能：代理服务器(Proxy Server)。

代理服务器是设置在因特网防火墙网关的专用应用级代码。这种代理服务器准许网管员允许或拒绝特定的应用程序或一个应用的特定功能。包过滤技术和应用网关通过特定的逻辑判断来决定是否允许特定的数据包通过，一旦判断条件满足，防火墙内部网络的结构和运行状态便“暴露”在外来用户面前。这就引入了代理服务的概念，即防火墙内外计算机系统应用层的“链接”由两个终止于代理服务的“链接”来实现，从而成功地实现了防火墙内外计算机系统的隔离。同时，代理服务还可用于实施较强的数据流监控、过滤、记录和报告等功能。代理服务技术主要通过专用计算机硬件(如工作站)来承担。通过代理服务器的数据传送如图 10-9 所示。

代理服务器技术是防火墙技术中最受推崇的一种安全技术措施，其优点在于可以将被

保护的网络内部结构屏蔽起来，增强网络的安全性能，同时可用于实施较强的数据流监控、过滤、记录和报告等功能。其缺点在于需要为每个网络服务专门设计、开发代理服务软件及相应的监控过滤功能，并且由于代理服务器具有相当大的工作量，需专门的工作站来承担。代理服务器对出入数据进行两次处理，所以会降低性能，这是应用网关的主要缺陷。此外，对于新出现的因特网服务，防火墙厂商可能要在几个月之后才能为其提供相应的应用代理，这也是应用级网关不尽如人意的地方。

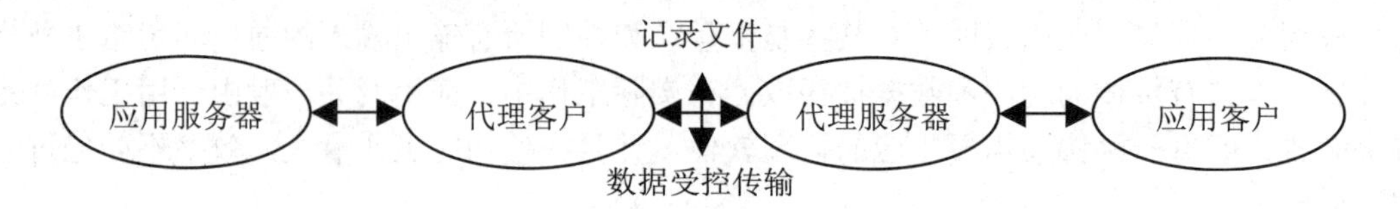

图 10-9　通过代理服务器的数据传送示意图

上述三种技术的优缺点比较如表 10-1 所示。结合这三种防火墙技术的优点，可以产生通用、高效和安全的防火墙，规则检查防火墙便是这方面的典型例子。

表 10-1　防火墙技术的优缺点比较

类　别	包过滤技术	应用级网关	电路级网关
优点	效率高，对应用和协议是透明和综合的	安全系数高	屏蔽被保护的网络内部结构及功能多
缺点	不太安全，维护、运营成本高	专用的用户程序和用户接口，费用高	为每个网络专门开发和设计，具有相当大的工作量

4. 规则检查防火墙

规则检查防火墙结合了包过滤防火墙、电路级网关和应用级网关的特点。同包过滤防火墙一样，规则检查防火墙能够在 OSI 网络层上通过 IP 地址和端口号过滤进出的数据包。它也像电路级网关一样，能够检查 SYN 和 ACK 标记和序列数字是否逻辑有序。它还像应用级网关一样，可以在 OSI 应用层上检查数据包的内容，查看这些内容是否符合企业网络的安全规则。

规则检查防火墙虽然具备了前三者的特点，但是不同于应用级网关的是，它并不打破客户机/服务机模式来分析应用层的数据，它允许受信任的客户机和不受信任的主机建立直接连接。规则检查防火墙不依靠与应用层有关的代理，而是依靠某种算法来识别进出的应用层数据，这些算法通过已知合法数据包的模式来比较进出数据包，这样从理论上就能比应用级代理在过滤数据包上更有效。

二、VPN

(一)什么是 VPN

VPN 的英文全称是 Virtual Private Network，中文称作虚拟专用网络。虚拟专用网络不

是真实的专用网络，但却能够实现专用网络的功能，可以将其理解为虚拟出来的企业内部专线。VPN 通过一个公用网络(通常是因特网)建立一个临时的、安全的连接，是一条穿过混乱公用网络的安全、稳定的隧道。

虚拟专用网指的是依靠 ISP(因特网服务提供商)和其他 NSP(网络服务提供商)，在公用网络中建立专用的数据通信网络的技术。在虚拟专用网中，任意两个节点之间的连接并没有传统专网所需的端到端的物理链路，而是利用某种公众网的资源动态组成的。所谓虚拟，是指用户不再需要拥有实际的长途数据线路，而是使用因特网公众数据网络的长途数据线路。所谓专用网络，是指用户可以为自己制定一个最符合自己需求的网络。

(二)VPN 安全技术

VPN 安全技术主要有以下几种。

1. 隧道技术

隧道技术是 VPN 的基本技术，类似于点对点连接技术，它在公用网建立一条数据通道(隧道)，让数据包通过这条隧道传输。隧道是由隧道协议形成的，隧道协议又分为第二、三层隧道协议。第二层隧道协议是先把各种网络协议封装到 PPP 中，再把整个数据包装入隧道协议中。这种双层封装方法形成的数据包靠第二层协议进行传输，第二层隧道协议有 L2F、PPTP、L2TP 等。L2TP 协议是目前 IETF 的标准，由 IETF 融合 PPTP 与 L2F 而形成。第三层隧道协议是把各种网络协议直接装入隧道协议中，形成的数据包依靠第三层协议进行传输。第三层隧道协议有 VTP、IPSec 等。IPSec(IP Security)是由一组 RFC 文档组成，定义了一个系统来提供安全协议选择、安全算法，确定服务所使用密钥等服务，从而在 IP 层提供安全保障。

2. 加解密技术

加解密技术是数据通信中一项较成熟的技术，VPN 可直接利用现有技术。

3. 密钥管理技术

密钥管理技术的主要任务是如何在公用数据网上安全地传递密钥而不被窃取。现行密钥管理技术又分为 SKIP 与 ISAKMP/OAKLEY 两种。SKIP 主要是利用 Diffie-Hellman 的演算法则，在网络上传输密钥；在 ISAKMP 中，双方都有两把密钥，分别用于公用、私用。

4. 使用者与设备身份认证技术

使用者与设备身份认证技术最常用的是使用者名称与密码或卡片式认证等方式。

三、入侵检测系统

(一)入侵检测系统的概念

传统上，公司一般采用防火墙作为安全的第一道防线。而随着攻击者知识的日趋成熟，攻击工具与手法的日趋复杂多样，单纯的防火墙策略已经无法满足安全高度敏感部门的需要，网络的防卫必须采用一种纵深的、多样的手段。与此同时，当今的网络环境也变得越来越复杂，各式各样的复杂设备，需要不断升级、补漏的系统使得网络管理员的工作任务不断加重，不经意的疏忽便有可能造成重大的安全隐患。在这种环境下，入侵检测系统成了安全市场上新的热点，它不仅愈来愈多地受到人们的关注，而且已经开始在各种不同的环境中发挥其关键作用。

本书中的“入侵”(Intrusion)是个广义的概念，不仅包括被发起攻击的人(如恶意的黑客)取得超出合法范围的系统控制权，也包括收集漏洞信息、造成拒绝访问(Denial of Service)等对计算机系统造成危害的行为。

入侵检测(Intrusion Detection)，顾名思义，就是对入侵行为的检查和测试。它通过对计算机网络或计算机系统中的若干关键点收集信息并对其进行分析，从中发现网络或系统中是否有违反安全策略的行为和被攻击的迹象。进行入侵检测的软件与硬件的组合便是入侵检测系统(Intrusion Detection System，IDS)。与其他安全产品不同的是，入侵检测系统需要更多的智能，它必须可以将得到的数据进行分析，并得出有用的结果。一个合格的入侵检测系统能大大简化管理员的工作，保证网络服务器安全地运行。

(二)入侵检测系统的功能

具体来说，入侵检测系统主要有以下几种功能。

(1) 监测并分析用户和系统的活动。

(2) 核查系统配置和漏洞。

(3) 评估系统关键资源和数据文件的完整性。

(4) 识别已知的攻击行为。

(5) 统计分析异常行为。

(6) 操作系统日志管理，并识别违反安全策略的用户活动。

由于入侵检测系统的市场在近几年中飞速发展，许多公司投入这一领域上来。除了国外的 ISS、axent、NFR、cisco 等公司外，国内也有数家公司(如中联绿盟、中科网威等)推出了自己相应的产品。但就目前而言，入侵检测系统还缺乏相应的标准。目前，试图对 IDS 进行标准化的工作有两个组织，即 IETF 的 Intrusion Detection Working Group (IDWG)和 Common Intrusion Detection Framework(CIDF)，但进展非常缓慢。目前尚没有被广泛接受的标准出台。

第五节　电子商务交易安全

一、电子合同

联合国国际贸易法委员会在 1996 年 6 月 14 日通过的《电子商务示范法》允许贸易双方通过电子手段传递信息、签订买卖合同和进行货物所有权的转让，为实现国际贸易的“无纸操作”提供了法律保障。我国于 1999 年 10 月开始实施的新的《中华人民共和国合同法》也在合同中引入了数据电文形式，从而在法律上确认了电子合同的合法性。了解和研究电子合同这一新的合同形式，对于依法开展电子商务活动具有十分重要的意义。

(一)数据电文的法律承认

联合国《电子商务示范法》第 2 条规定：“‘数据电文’是指经由电子手段、光学手段或类似手段生成、储存或传递的信息，这些手段包括但不限于电子数据交换(EDI)、电子邮件、电报、电传或传真。”根据《电子商务示范法》的规定，利用数据电文进行的各种信息传输是有效的，“不得仅仅以某项信息采用数据电文形式为理由而否定其法律效力、有效性或可执行性”。《中华人民共和国合同法》也已将数据电文列为“可以有形地表现所载内容的形式”。

(二)电子合同的书面形式

联合国《电子商务示范法》第 6 条规定：“如法律要求信息须采用书面形式，则假若一项数据电文所含信息可以调取以备日后查用，即满足了该项要求。”很明显，《电子商务示范法》第 6 条的目的是注重于信息可以复制和阅读这一基本概念。实际上，它表达的这一概念提供了一种客观标准，即一项数据电文内所含的信息必须是可以随时查找到以备日后查阅。使用“可以调取”字样意指计算机数据形式的信息应当是可读和可解释的，使这种信息成为可读所必需的软件应当保留。“以备”一词并非仅指人的使用，还包括计算机的处理。至于“日后查用”概念，它指的是“耐久性”或“不可更改性”等会确立过分严厉的标准的概念，以及“可读性”或“可理解性”等会构成过于主观的标准的概念。

《中华人民共和国合同法》也将传统的书面合同形式扩大到数据电文形式。其第 11 条规定：“书面形式是指合同书、信件以及数据电文(包括电报、电传、传真、电子数据交换和电子邮件)等可以有形地表现所载内容的形式。”也就是说，不管合同采用什么载体，只要可以有形地表现所载内存，即视为符合法律对“书面”的要求。这些规定符合联合国国际贸易法委员会建议采用的“功能等同法”(Functional-Equivalent Approach)的要求。

二、电子商务签名法的主要内容

被称为“我国首部真正意义上的信息化法律”的《中华人民共和国电子签名法》于 2004 年 8 月 28 日在十届全国人大常委会第 11 次会议上获得通过。它的主要内容包括：总则、数据电文、电子签名与认证和法律责任四大部分。其中，总则指出制定《中华人民共和国电子签名法》的宗旨、目的及其使用范围；数据电文即电子文件，是被电子签名的对象，定义了什么是数据电文并明确规定电子文件与纸介质书面文件具有同等效力，以使现行的民商事法律同样适用于电子文件；电子签名部分应为本法案的重点，它规定电子签名的法律效力及电子签名的安全条件以及对第三方认证机构的要求及市场准入的条件；法律责任部分，则规定参与电子签名活动中各方所应执行和遵守的权利和义务。

小贴士

《电子签名法》第一案

2004 年 1 月，杨先生结识了女孩韩某。同年 8 月 27 日，韩某发短信给杨先生，向他借钱应急，短信中说：“我需要 5000 元，刚回北京做了眼睛手术，不能出门，你汇到我卡里。”杨先生随即将钱汇给了韩某。一个多星期后，杨先生再次收到韩某的短信，又借给韩某 6000

元。因都是短信来往，两次汇款杨先生都没有索要借据。此后，因韩某一直没提过借款的事，而且又再次向杨先生借款，杨先生产生了警惕，于是向韩某催要。但一直索要未果，于是起诉至北京市海淀区法院，要求韩某归还其 11000 元钱，并提交了银行汇款单存单两张。但韩某却称这是杨先生归还以前欠她的欠款。为此，在庭审中，杨先生在向法院提交的证据中，除了提供银行汇款单存单两张外，还提交了自己使用移动电话一部，其中记载了部分短信息内容。后经法官核实，杨先生提供的发送短信的手机号码拨打后接听者是韩某本人。而韩某本人也承认，自己从去年七八月份开始使用这个手机号码。

法院经审理认为，依据 2005 年 4 月 1 日起施行的《中华人民共和国电子签名法》中的规定，经法院对杨先生提供的移动电话短信息生成、储存、传递数据电文方法的可靠性；保持内容完整性方法的可靠性；用以鉴别发件人方法的可靠性进行审查，可以认定该移动电话短信息内容作为证据的真实性。根据证据规则的相关规定，录音录像及数据电文可以作为证据使用，但数据电文直接作为认定事实的证据，还应有其他书面证据相佐证。

杨先生提供的通过韩女士使用的号码发送的移动电话短信息内容中载明的款项往来金额、时间与中国工商银行个人业务凭证中体现的杨先生给韩女士汇款的金额、时间相符，且移动电话短信息内容中亦载明了韩女士偿还借款的意思表示，两份证据之间相互印证，可以认定韩女士向杨先生借款的事实。据此，杨先生所提供的手机短信息可以认定为真实有效的证据，证明事实真相，法院对此予以采纳，对杨先生要求韩女士偿还借款的诉讼请求予以支持。

(资料来源：110 法律咨询网，http://www.110.com/ask/question-14277556.html)

三、电子认证制度

认证是判明和确认交易双方真实身份的重要环节，是开展电子商务的重要条件。只有确保双方身份的真实性，数据的完整性、可靠性及交易的不可抵赖性，才能确保电子商务安全有序地进行。

认证机构是指在其营业中颁发用于数字签名的密钥身份证书的实体，它的服务成果是一种无形的信息，包括交易相对人的身份、公共密钥、信用状况等情报。它所提供的是经过核实的电子商务交易人所关心的基本信息(即有关交易当事人为事实状况的信息)，通常包括交易人是谁、在何处、以何种数字签名方式与之交易、其信用状况如何等；它还对公共密钥行使辨别及认证等管理职能，以防止发件人抵赖或减少因密钥的丢失、损毁或解密等原因造成电子文件环境交易的不确定因素及不安全性风险。因此，认证是一种专业化的信用服务，并非一般的实现某种商品使用价值的服务。认证机构证书信息的公正性，是其业务存在的根本条件，否则该机构就没有必要存在。另外，从其营业目的上看，认证机构属于公用企业，以向全社会提供电子商务交易信用为己任，并非单纯追求盈利的企业。作为一种特许的营业，认证机构的成功，来自于规模化的经营业绩，而决不能依靠向用户收取高额服务费来维持其经营。

四、电子支付制度

电子支付是指以电子计算机及其网络为手段，将负载有特定信息的电子数据取代传统的支付工具用于资金流程，并具有实时支付效力的一种支付方式。支付是电子商务活动的核心，国际通行的网上支付工具和支付方式主要有银行卡支付、电子现金、电子支票以及电子资金转账、支付等。

1) 电子支付的安全性

电子支付使传统交易从纸面单据的形式进一步虚拟化，使主要规范纸面交易的传统法律规范需要变化、修正，因此产生了新的法律风险，即一方面是技术方面的安全问题，另一方面是法律方面的安全问题。

2) 电子支付当事人之间的权利和义务关系

银行、客户概念中所包含的多个当事人概括为三种：指令人、接收银行和收款人。其权利和义务关系涉及指令人的权利和义务、接收银行的权利和义务、收款人的权利和义务等方面的内容。

3) 电子支付中的法律责任

法律责任是指在电子支付法律关系中，由于一方当事人的过错或违反法律规定而应当承担的民事责任。

过错推定责任是一种特殊的过错责任原则，就是指在违约或者其他民事责任时，债务人违约，包括造成对方当事人的损害，首先就从违约事实以及损害事实中推定致害一方的当事人在主观上有过错。它包括两个方面的内容：①国际违约责任；②无法查清过错和未经授权支付的责任。

4) 承担法律责任的方式

民事责任方式是指违反约定或者法定义务的行为人承担民事责任的具体方式。其主要包括以下内容。

(1) 银行承担责任的形式：返回资金，支付利息；补足差额，偿还余额；偿还汇率波动导致的损失。

(2) 认证机构承担责任的方式：采取补救措施；继续履行；赔偿损失。

(3) 其他参与主体(如付款人、认证用户)：终止不当行为、采取挽救措施；及时通知，防止损失扩大；赔偿损失。

本 章 小 结

本章首先介绍了电子商务安全的含义，电子商务安全面临的主要问题及电子商务安全的管理策略；其次阐述了入侵性病毒、扩展类威胁和常见的网络侵害；接着详细分析了电子商务的通信安全，包括对称加密、非对称加密、数字摘要、数字签名等访问控制与身份认证技术，公钥基础设施(PKI)的含义和构成；接着讲述了电子商务网站安全的应用技术，包括防火墙技术的概念、构成、功能和分类，虚拟专用网(VPN)的含义和安全技术，入侵检测系统的概念和功能；最后介绍了电子合同、电子签名签名法的主要内容、电子认证制度

和电子支付制度等确保电子商务交易安全的技术。目的在于使读者了解电子商务安全的重要性、电子商务面临的主要安全问题，学会使用电子商务安全技术来安全地从事电子商务活动。

思 考 题

1. 电子商务的安全策略包括哪些？
2. 电子商务所受到的攻击和威胁的类型有哪些？
3. 什么是对称加密和非对称加密？
4. 试说明数字摘要和数字签名的形成过程。
5. 简述防火墙的定义与分类。
6. 简述 VPN 的含义及安全技术。
7. 什么是 CA 中心？它与 PKI 有什么关系？
8. 什么是电子合同？

参 考 文 献

[1] Douglas E.Comer, Computer Networks and Internets[M]. 北京：电子工业出版社，2002.

[2] Fitzsimmons J. Mona M, Service Operations Management[M]. New York: McGraw-Hill, 2003.

[3] Framkom S. W, Kou Weidong, Tan C. J, An investigation on multiple e-payments and micro-payment technical and market view，parallel and distributed processing symposium[J]. Proceedings International. IPDPS 2002: 15-19: 216-223.

[4] J. Strauss, A. El-Ansary, R. Frost, E-Marketing (4th Edition) [M]. Upper Saddle River: Prentice Hall, March14, 2005.

[5] M. Meyerson, M. E. Scarborough, Mastering Online Marketing[M] .Entrepreneur Press, November 21, 2007.

[6] Me Gianliugi, Payment security in mobile environment[J]. Computer Systems and Applications, 2003. Book of Abstracts. ACS/IEEE International Conference on 14-18, July 2003, 34-39.

[7] R. Anderson, C. Blexrud. Professional Active Server Pages 3.0[M]. 北京：机械工业出版社，2007.

[8] Kim, J.I. and Shunk, D.L. Matching indirect procurement process with different B2B e-procurement systems. Computers in Industry, 2004, 53(2), 153-164.

[9] Lewis, I., A. Talalayevsky. Improving the interorganizational supply chain through the optimization of information flows[J]. The Journal of Enterprise Information Management, 2004, 17(3), 229-237.

[10] Abdmouleh, A., M. Spadoni, F.O. Vernadat. Distributed client/server architecture for CIMOSA-based enterprise components[J]. Computers in Industry, 2004, 55(3), 239-253.

[11] F. D'Aubeterre. A design theory for secure semantic ebusiness processes (ssebp)[J]. The University of North Carolina at Greensboro, January 2008.

[12] Alemayehu Molla, Paul S. Licker. eCommerce adoption in developing countries：a model and instrument. Information and Management Volume 42 , Issue 6.September 2005: 877-899.

[13] Noman Rana. e-Marketing Intelligence - Transforming Brand and Increasing Sales - Tips and Tricks with Best Practices. Self-Help Publishers, 2009.

[14] Min He, Liying Shi. Proceedings of the 2009 International Symposium on Information Engineering and Electronic Commerce[S]. IEEE Computer Society, May 2009：701-706.

[15] B. Venkatash, How Search Cost Affects Product Prices. Businessline, 2004(3).

[16]俞华，徐娜. 直播电商与电视购物、传统电商的比较分析[J]. 中国国情国力，2021(07)：24-26.

[17]俞华，肖克. 我国直播电商的社会环境、发展历程和未来趋势[J]. 中国国情国力，2021(08)：27-32.

[18]陈冰冰. 直播电商的发展现状和趋势研究[J]. 商展经济，2021(24)：35-37.

[19]王成文，尚继茹. 直播电商运作的“环状模型”研究[J]. 国际品牌观察，2021(29)：74-77.

[20]何克昌. 网络直播的法律风险及其防范[J]. 科技风，2018(22)：244.

[21] 余以胜，林喜德，邓顺国. 直播电商：理论、案例与实训(微课版)[M]. 北京：人民邮电出版社，2021.

[22] 张雨雁，应中迪，黄宏. 直播电商与案例分析[M]. 北京：人民邮电出版社，2022.

[23] 韦亚洲，施颖钰，胡咏雪. 直播电商平台运营[M]. 北京：人民邮电出版社，2021.

[24] 帅青红，张宽海. 金融电子化基础[M]. 成都：西南财经大学出版社，2004.

[25] 刘红军，王敏晰，彭立. 电子商务技术教程[M]. 北京：机械工业出版社，2006.
[26] 肖德琴. 电子商务安全保密技术与应用[M]. 广州：华南理工大学出版社，2003.
[27] 王越等. 信息系统与安全对抗理论[M]. 北京：北京理工大学出版社，2006.
[28] 方美琪，刘鲁川. 电子商务设计师教程[M]. 北京：清华大学出版社，2005.
[29] 张长岭. 网上购物[M]. 北京：中国国际广播出版社，2005.
[30] 何跃. 网络程序设计教程——ASP 程序设计[M]. 成都：电子科技大学出版社，2005.
[31] 列洪海. 网络数据库开发实战[M]. 北京：中国铁道出版社，2006.
[32] 何海霞. 网页设计四合一完全征服教程[M]. 北京：航空工业出版社，2006.
[33] 杨力学. ASP 商业网站整站集成开发 [M]. 北京：电子工业出版社，2007.
[34] 陆惠恩. 实用软件工程[M]. 北京：清华大学出版社，2006.
[35] 刘晓君，席酉民. 拍卖理论与实务[M]. 北京：机械工业出版社，2001.
[36] 雷宏振. 现代电子商务导论[M]. 北京：中国人民大学出版社，2004.
[37] 黄刘生. 电子商务安全问题[M]. 北京：北京理工大学出版社，2005.
[38] 卢志刚. 电子商务概论[M]. 北京：机械工业出版社，2008.
[39] 覃征，韩毅，李顺东，等. 电子商务概论[M]. 北京：高等教育出版社，2001.
[40] 袁红清，李绍英. 电子商务理论与实训[M]. 北京：经济科学出版社，2009.
[41] 张瑞彤，郑丰. 电子商务[M]. 北京：清华大学出版社，2006.
[42] 李翔. 电子商务[M]. 北京：机械工业出版社，2002.
[43] 邵兵家. 电子商务概论[M]. 北京：高等教育出版社，2006.
[44] 石鉴. 电子商务概论[M]. 北京：机械工业出版社，2008.
[45] 李晓燕，李福泉，郭爱芬. 电子商务概论[M]. 西安：西安电子科技大学出版社，2004.
[46] 张宽海，梁成华. 电子商务概论[M]. 北京：电子工业出版社，2003.
[47] 帅青红，匡松. 电子商务安全与 PKI 技术[M]. 成都：西南交通大学出版社，2001.